Charles Phillips

Die berühmtesten RITTER

tosa

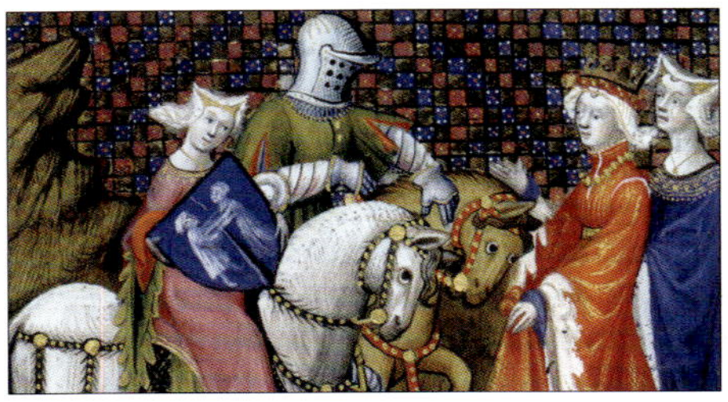

INHALT

Erstveröffentlichung unter dem Titel:
„The complete illustrated History of Knights & the Golden Age of Chivalry"

Übersetzung:
Annerose Sieck

Genehmigte Lizenzausgabe
tosa GmbH
Fränkisch-Crumbach 2011
www.tosa-verlag.de

ISBN 978-3-86313-300-9

BILDNACHWEIS

Art Archive: 2 o.l., 2 o.m., 2 u.m., 4–5, 5, 7, 8 u.l., 9, 10, 13, 14 o., 15, 16 o., 18 u., 23, 24, 25, 26 u., 27, 28 u., 29, 31 o., 34 o., 35 u., 36 o., 37, 38, 40 u., 47 u., 52 o., 63 u., 67 u., 72, 75 o., 82 o., 91 u., 92, 95, 96, 97 o., 102, 103, 107, 112–113, 117 o., 123 o., 126

AKG: 2 u.l., 14 u., 18 o., 20, 21, 22, 26 o., 33 o., 40 o., 46 o., 50, 51 o.l., 51u., 55 o.r., 60, 64–65, 65, 75 u., 76 o., 78, 79, 80, 84 u., 87, 88, 89 o., 93 o., 97 u., 99 u., 100 o., 105, 109 o., 110 u., 111, 114, 115 o., 116 u., 118 o., 119, 121, 127 o.

Bridgeman Art Library: 1, 2 o.r., 2 u.r., 6, 7, 8 u.r., 9, 11, 12, 13 u., 13, 16 u., 17, 19, 28 o., 30–31, 32, 33 u., 34 u., 35 o., 36 u., 39, 41, 42–43, 43, 44 o., 45, 47 o., 48, 49 u., 51 o.r., 52 u., 53, 54, 55 o.l., 56, 57, 58, 59, 61, 62, 63 o., 66, 68, 69, 70, 71, 73, 74, 76 u., 77, 81, 82 u., 83 o., 84 o., 85 o., 86, 89 u., 90, 91 o., 93 u., 94–95, 98, 99 o., 100 u., 101, 104, 106, 107, 108, 109 u., 110 o., 112, 113, 115 u., 116 o., 117 u., 118 u., 120, 122, 123 u., 124, 125, 127 u., Cover

istock images: 9, 44 u., 67 o., 85 u., Cover

EINFÜHRUNG

Die Ursprünge des mittelalterlichen Rittertums reichen bis in das 8. Jh. n. Chr. zurück. Nachdem die Mauren den größten Teil Spaniens erobert hatten und sich anschickten, die Pyrenäen zu überqueren, sah sich das fränkische Reich einer akuten Gefahr durch Muslime ausgesetzt.

DIE VORLÄUFER DER RITTER

Der fränkische Hausmeier Karl Martell (688–741) erkannte als Erster, dass man eine Möglichkeit finden musste, der ungewöhnlichen Angriffstaktik der Muslime etwas entgegenzusetzen. Diese fanatischen Kämpfer brausten auf ihren schnellen Pferden heran, überschütteten den Gegner mit Pfeilen und griffen, nachdem sie die feindlichen Schlachtreihen in Unordnung gebracht hatten, von mehreren Seiten an. Wo sie auf unüberwindlichen Widerstand stießen, zogen sie sich zurück, um urplötzlich aus einer anderen Richtung wieder aufzutauchen und das tödliche Spiel von Neuem zu beginnen.

Für Karl Martell war klar: Wollte das fränkische Reich nicht das gleiche Schicksal erleiden wie Spanien, musste es den arabischen Reiterarmeen eine eigene und schlagkräftige Truppe entgegensetzen. In den folgenden Jahren bauten die Franken eine Truppengattung auf, die man heute als „fränkische Panzerreiter" bezeichnet – die Vorläufer der späteren Ritter. Sie wurden im Laufe der Zeit im Frankenreich der Merowinger und Karolinger mehr und mehr zum Träger der Stoßkraft in kriegerischen Auseinandersetzungen, auch wenn das Fußvolk und die leichte Reiterei weiterhin die Masse der Militärmacht stellten.

EIN RITTER BRAUCHTE GELD

Der große materielle Aufwand, den der Einzelne für den Kriegsdienst zu leisten hatte, führte schon in karolingischer Zeit dazu, dass nur solche Freien, die mehr als neun Hofstellen besaßen, voll „wehrpflichtig" waren. Alle anderen mussten gemeinsam einen Kämpfer aus den eigenen Reihen entsenden und seinen Kriegsdienst finanzieren.

Noch höher war der Aufwand für den Panzerreiter. Er brauchte ein besonders ausgebildetes Kriegspferd, eine teure Panzerung und oft auch noch mehrere Knechte. Entsprechend kamen als Panzerreiter nur Reiche – aus eigenem Besitz oder aus königlichen oder hochadligen Lehen – infrage. Ab dem 13. Jh. war die „Ritterbürtigkeit", also die Abstammung von adligen ritterlichen Vorfahren, meist Voraussetzung für die Aufnahme in den Ritterstand.

In einem feierlichen Akt – ursprünglich die Schwertleite, später der Ritterschlag – wurde man vom Herrscher oder einem anderen Adligen zum Ritter erhoben, vorausgesetzt man brachte die erforderlichen Merkmale und Qualitäten mit.

DIE AUSBILDUNG ZUM RITTER

Zur Blütezeit des Rittertums erforderte die Aufnahme in den Ritterstand eine vieljährige Vorbereitung. Im Alter von sieben Jahren begann der zukünftige Ritter seine Ausbildung, indem er als Knabe an einen Fürstenhof oder als Edelknabe (Page) zu einem Ritter gesandt wurde. Zugleich wurde er von Geistlichen, altbewährten Knappen, aber auch von fahrenden Sängern in den Kenntnissen und Fertigkeiten unterrichtet, welche die höhere Bildung der damaligen Zeit ausmachten. Im Alter von vierzehn Jahren wurde der Edelknabe zum Knappen „befördert". Hatte er seine militärischen Fähigkeiten voll entwickelt und seine Charakterstärke unter Beweis gestellt, konnte er zum Ritter geschlagen werden.

VOM KREUZRITTER ZUM HÖFISCHEN RITTER

Als sich der zukünftige „Schwarze Prinz" im August 1346 in Crécy (wo die Engländer über die Franzosen siegten) als Ritter seine „Sporen" verdiente, war es bereits 247 Jahre her, dass die europäischen Ritter des 1. Kreuzzugs (1099 n. Chr.) Jerusalem von den Muslimen zurückerobert hatten. Die Kreuzritter, die an diesem Abenteuer im Heiligen Land teilgenommen hatten, waren maßgeblich für die Perfektion des Rittertums, die sich im Laufe der Jahrhunderte entwickelte.

1346 waren die Ritter des Kreuzzugs für die Kämpfenden in Crécy eine Inspiration. Das Verständnis eines Kreuzritters vom Rittertum war dasselbe, das der Schwarze Prinz oder Edward III. bzw. deren Nachfolger vertraten. Jedoch war für viele Ritter des 1. Kreuzzugs der religiöse Glaube das wichtigste Motiv für ihr Handeln. Sie kämpften in einer internationalen Christenarmee, um das Heilige Land von den Muslimen zu befreien. Die Ritter in Crécy kämpften hingegen in einer nationalen Armee oder Allianz; das taten sie vor allem für ihren König.

DER NIEDERGANG DES RITTERSTANDES

Mit dem Aufkommen von Feuerwaffen und schwerer Infanterie verlor die vom Rittertum geprägte Kampfweise ihre Bedeutung. Gegen Ende des 15. Jhs. hatten die Ritter ihre Rolle im Alltagsleben der europäischen Staaten und Völker ausgespielt. Sie hatten sich überlebt – auf dem Schlachtfeld ebenso wie als gesellschaftliche Klasse.

KAPITEL 1

DIE GOLDENE ZEIT DES RITTERLICHEN EDELMANNS

Im 14. Jh. schrieb Jean Froissart in der Präambel seiner „Chronik", es sei seine Absicht, über „ehrenhafte Abenteuer, großmütige Unternehmungen und Heldentaten" zu berichten, die im langen Krieg zwischen England und Frankreich geschehen seien. Ein innerer Zwang trieb ihn an und er schrieb, damit die Handlungen „in ewiger Erinnerung" blieben und furchtlose Männer ermutigten.

Die Kriege wurden damals unerbittlich geführt, oft auf eher unritterliche Art: mit brutalen Stoßtrupps, welche die Taktik der „verbrannten Erde" einsetzten, und häufigem Auftreten von Mördern, die sich durch die Städte plünderten und töteten. Doch Froissart sah darin „edle Unternehmungen", weil er alles durch eine rosarote Linse betrachtete.

Zur Zeit Froissarts existierte der Ritterkodex bereits seit 300 Jahren. Er war ein Leitfaden für ritterliches Verhalten, der dazu anregte, Loyalität, Mut, Höflichkeit, Großzügigkeit und Menschlichkeit auszuüben – sowohl im Krieg als auch im Frieden. Der Kodex erschien im späten 11. Jh. und überlebte als ethisches Ideal viele Jahrhunderte. Oft stimmten dieser Kodex und das Verhalten der Ritter nicht überein, was seine Bedeutung aber nicht minderte: Er beeinflusste alle Bereiche des Ritterlebens und prägte dadurch Selbstbild und Streben der Ritter, ähnlich der Wechselwirkung zwischen Religiosität und Alltag eines Gläubigen, der nicht unablässig seine Verhaltensregeln befolgt.

▲ *Die Rückkehr König Johanns II. von Frankreich nach London 1362.*

◄ *Jean Froissart überreicht der Herzogin von Burgund eine Kopie seiner „Chronik". Er sah edles und ritterliches Verhalten, wo andere mit einer anderen Sicht der Dinge wohl eher abgebrühte Krieger und brutales Vorgehen entdeckten.*

EIN LOYALER UND MUTIGER RITTER

LOYALITÄT, COURAGE, TAPFERKEIT UND EHRE

Auf dem Schlachtfeld, auf Turnieren und in Wettstreiten, die in der Ritterliteratur beschrieben werden, hieß ein Ritter Schwierigkeiten willkommen, waren sie doch Gelegenheiten, seinen Heldenmut unter Beweis zu stellen. Er wusste, dass er stets aus Loyalität heraus handeln und seinem Herrn, seiner Herrin und seinem Glauben treu ergeben sein sollte. Mut und Loyalität waren Schlüsseltugenden.

COURAGE UND LOYALITÄT

In Ramon Llulls „Buch über den Ritterorden" (ca. 1265) beschrieb er den Mut als wichtigste Rittertugend und betrachtete Loyalität als einen Weg, seine Tapferkeit zu beweisen. Wolfram Eschenbach, ein deutscher Ritter aus dem 13. Jh., schrieb den Versroman „Parzival", ein Meisterstück der mittelalterlichen Literatur. Er betonte darin in erster Linie die Loyalität. Im „Parzival" lernt der Held, einer der Ritter aus der Artusrunde, durch viele Abenteuer und auf der Suche nach dem Heiligen Gral, wie bedeutend loyaler Glaube – an die Liebe, an Gott und das Christentum und an seine Ritterkameraden – sein kann. In seiner Vision führt die essenzielle Loyalität den Ritter in Liebe, Religion und säkularer Welt an.

Die Statuten der kastilischen Ritterbruderschaft – also der Orden vom Band – interpretierten Rittertum ähnlich. Der Orden erklärte, „dass weltweit die wichtigsten Tugenden eines Ritters Treue und Loyalität" seien.

TAPFERKEIT

Ein Ritter musste tapfer sein, um seinen Heldenmut im ganzen Ausmaß leben zu können: Tapferkeit bedeutete Gewandtheit im Umgang mit der Waffe. In großem Maße hing dies von der natürlichen Begabung ab, von der große Ritter wie William Marshal, Jacques de Lalaing oder der Schwarze Prinz so viel besaßen. In geringem Maße konnte Tapferkeit natürlich auch durch Praxis erworben werden und man erwartete von Rittern, dass sie an ihrer Reitkunst und Waffenhandhabung feilten.

AUSDRUCK VON RITTERLICHKEIT

Im Mittelalter gab es drei wichtige Schauplätze, auf denen Ritter ihre Fähigkeiten unter Beweis stellen konnten. Die Kardinaltugenden eines Ritters durften hier auf unterschiedliche Weise demonstriert werden.

Da war zum einen das Leben des Ritters als feudaler Recke – seine Loyalität galt seinem Feudalherrn; für ihn zog er in die Schlacht. Daneben gab es ein Leben des Ritters als religiöser Kämpfer – hier galt seine Loyalität Christus. Man erwartete von ihm, gegen Sarazenen und andere Abtrünnige zu

▼ *König Alfons XI. von Kastilien und León (1311–1350), der Gründer des Schärpenordens, betonte insbesondere die Loyalität unter den Rittertugenden.*

kämpfen, um Kirche, Pilger, Frauen und Kinder zu schützen.

Schließlich lebte ein Ritter innerhalb der höfischen Liebe das Leben eines edlen Liebhabers. Seine Loyalität galt seiner Dame und seine Tapferkeit bewies er damit, dass er ihr gehorchte und versuchte, nur für sie Turniere und Wettkämpfe zu gewinnen.

In der Geschichte des Rittertums gab es besondere Zeitabschnitte. Das Ideal von der religiösen Ritterlichkeit erreichte seinen Höhepunkt im späten 11. bis 13. Jh. – die Zeit der Kreuzzüge. Der Kreuzritter war in der Theorie die perfekte Inkarnation von Ritterlichkeit. Er griff nicht etwa deshalb zu den Waffen, um einen politischen Kampf zwischen Prinzen und Baronen zu entscheiden oder ein Turnier siegreich zu bestreiten, sondern um sich in den Dienst der Kirche und des Christentums zu stellen.

Dieser religiösen Ritterlichkeit folgte eine Phase des säkularen Rittertums. Dies war die Zeit der Kämpfe des Hundertjährigen Krieges im 14. und 15. Jh., als sich das Ideal des Kreuzritters im Niedergang befand und Ritter vor allem für König und Land kämpften. Kurz vor Ende der ersten Periode begann die höfische Liebe als Ideal für viele Ritter mit der religiösen Leidenschaft zu konkurrieren. Eine weitere Entwicklung war schließlich die höfische Ritterlichkeit: säkulare Bruderschaften wie der Hosenbandorden oder der Orden vom Stern wurden im 14. und 15. Jh. gegründet. Damals waren Ritter Höflinge ihres Monarchen und der Rang spielte plötzlich eine Rolle.

VIELFÄLTIGE BEDEUTUNGEN

Das Wort „Ritterlichkeit“ taucht in verschiedentlichen Dokumenten des 11. bis 15. Jhs. mit unterschielicher Bedeutung auf. Gelegentlich war damit ein Sammelbegriff gemeint, um eine Gruppe mittelalterlicher, bewaffneter Ritter zu umschreiben, oder es galt als Alternativwort für „Ritterstand“ – quasi als Etikett für die Zugehörigkeit. In einem Roman oder Chanson konnte „Ritterlichkeit“ eine ritterliche Handlung in einer Schlacht meinen. Im späten 11. Jh. wurde der Ritterkodex zum Leitfaden für ritterliches Verhalten und von Ritterlichkeit sprach man, wenn man Handlungs- und Lebensweise eines Ritters beschreiben wollte. Heute bedeutet „Ritterlichkeit“ eine Form der Galanterie und meint vor allem ehrenhaftes Verhalten.

▼ *Sir Galahad aus der Runde König Artus' wurde zum Inbegriff ritterlicher Tugenden.*

▲ *Vor dem „Parzival“ Eschenbachs hob ein frühes Versepos über Parzival (geschrieben von Chrétien de Troyes ca. 1181–1191) seine heilige Unschuld hervor. Die Geschichte hat Ähnlichkeit mit einer Waliser Fabel, in der ein Mann wie Parzival ausreitet, um etwas über die Ritterlichkeit zu lernen.*

KÖNIG EDWARD, DER KREUZRITTER

KÖNIG EDWARD I. VON ENGLAND

Seit seiner Jugend bereits ein großer Ritter, nahm Edward noch als Prinz am 9. Kreuzzug (1271–1272) teil. Zeitgenössische Chronisten bejubelten ihn als neuen Richard Löwenherz. Nachdem er König von England geworden war, richtete er seine militärische Aufmerksamkeit insbesondere auf die Nachbarländer Wales und Schottland. Nach seinem Tod 1307 wurde sein Marmorgrab in Westminster Abbey mit der Aufschrift versehen: „Edwardus Primus, Scottorum Malleus" (Edward I., Hammer der Schotten). Diese Inschrift wurde vermutlich im 16. Jh. hinzugefügt, als Edward I. ein Vorbild in Sachen Ritterlichkeit war. Er war die Hauptfigur des Stückes „Die berühmte Chronik von König Edward I.", das George Peel im 16. Jh. verfasste.

RITTERSCHLAG UND ERSTE EROBERUNGEN

Edward wurde im Alter von 15 Jahren von König Alfons X. von Kastilien zum Ritter geschlagen, noch vor seiner Heirat mit Alfons' 13 Jahre alter Tochter am 1. November 1254. Mit 20 bewies er 1259 sein Können in einer Schlacht seines Vaters gegen den walisischen Prinzen Llywelyn ap

▼ *König Edwards Kreuzzugpartner König Ludwig IX. von Frankreich starb 1270.*

EDWARD I. VON ENGLAND
Geburt: 17. Juni 1239
Tod: 7. Juli 1307
Ritterschlag: 1254
Berühmt für: die Eroberung von Wales und seine ständige Feindschaft zu Schottland
Größte Erfolge: Unterwerfung von Wales

Gruffydd; 1265 zeigte er sein strategisches Können, als er die kleine Armee des Rebellenritters Simon de Montfort isolierte, um ihn in der Schlacht von Evesham in Worcestershire zu besiegen.

KREUZRITTER

1268 brach Edward mit 130 Rittern auf, um am 8. Kreuzzug an der Seite Ludwigs IX. von Frankreich teilzunehmen. Der Kreuzzug wurde ausgerufen, um den Hafen von Acre, die Hauptstadt des restlichen Königreichs von Jerusalem, zu befreien. Er wurde jedoch nach Tunis in Afrika umgeleitet. Ludwig starb, noch bevor Edward angekommen war, und der Kreuzzug war vergeblich.

Edward rückte dessen ungeachtet nach Acre vor, ein Feldzug, der als 9. Kreuzzug in die Geschichte einging. Er hatte Erfolg und konnte die Belagerung von Tripolis aufheben und einen Mordversuch während der Aushandlung eines Waffenstillstands abwehren. Er verzichtete auf Verhandlungen und lancierte gerade einen Angriff auf Jerusalem, als ihn die Nachricht erreichte, dass sein Vater Heinrich III. gestorben sei. Daraufhin unterschrieb Edward unverzüglich einen Friedensvertrag und konnte nach England reisen, um sich zum König krönen zu lassen.

KRIEG IN WALES UND SCHOTTLAND

Edward erwies sich in den Kriegen gegen Wales als großer General und Stratege. In den Jahren 1276–1277 zerschmetterte er den von Llywelyn ap Gruffydd angeführten Waliser Widerstand und 1282–1283 besiegte er dessen Bruder Dafydd. Edward ließ zehn Festungen errichten, um die englische Kontrolle über Wales zu verstärken, darunter jene in Beaumaris, Caernarfon und Harlech. 1284 wurde Wales unter dem Statut von Rhuddlan Teil von England.

Was Schottland anbetraf, war Edward gleichermaßen energisch. 1296 stürmte er Berwick, fast die gesamte Bevölkerung starb bei diesem Angriff. Danach besiegte er die schottische Armee bei Dunbar und brachte den schottischen Krönungsstein, den Stein aus der Stadt Scone, nach London. Er forcierte die Abdankung König John Balliols und nahm ihm seine Krone.

Edward wollte Schottland erobern und England einverleiben, aber der schottische Widerstand war nicht so leicht zu brechen wie der in Wales. Edward musste eine Reihe von Schlachten auf und hinter seinen Nordgrenzen führen, auch 1298, als er den schottischen Freiheitskämpfer Sir William Wallace in der Schlacht von Falkirk besiegte. Als Edward I. 1307 an der Ruhr starb, war er auf dem Weg in Richtung Norden wieder einmal im Kampf gegen Schottland.

▼ *Edward wurde am 19. August 1274 in Westminster Abbey gekrönt.*

▲ *In der Ära König Edwards erwartete man die Zurschaustellung von Frömmigkeit.*

▲ *Edward heiratete 1254 Eleonore von Kastilien in einem kastilischen Konvent.*

Glaubt man den Chronisten, wollte er, dass seine Gebeine in einem Bleisarg bestattet würden. Ein Goldsarg sei demjenigen vorbehalten, der Schottland erobern würde.

EDWARD UND RITTERLICHKEIT

Edward war von imposanter Gestalt: Er war 1,90 m groß – im 13. Jh. eine beachtliche Größe. Zudem besaß er dickes, lockiges Haar, das in seiner Jugend blond war. Er hatte den Spitznamen „Langschenkel". Möglicherweise wies er in einigen Bereichen der militärischen Ritterlichkeit Defizite auf. Er war erbarmungslos, was die Behandlung seiner besiegten Feinde anbetraf: 1265 wurde Simon de Montfort, 1283 Prinz Dafydd von Gwynedd und 1305 Sir William Wallace grausam zu Tode verstümmelt. In anderen Bereichen galt er als Vorbild der Ritterlichkeit.

Sicher war er sehr tapfer und widmete sich ritterlichen Freizeitvergnügungen, wie Jagd und Falkenbeize. Ganz nach Tradition hatte er drei Lieblingspferde: sein Kriegspferd hieß Lyard, sein Jagdpferd Ferrault. Sein drittes Pferd, der absolute Favorit, hatte er nach dem großen Pferd von Renaud de Montauban Bayard genannt.

Edward war seit seiner Jugend ein kühner Turnierkämpfer und interessierte sich sehr für die Artustradition. Er war verantwortlich für die Umbettung der angeblichen Gebeine von Artus und Guinevere, die in Glastonbury entdeckt und 1278 dort in der Abtei beigesetzt wurden. 1284 hielt Edward in Nefyn in Wales eine „Tafelrunde" à la König Artus ab, um die Eroberung Wales' zu feiern, und er residierte über viele andere, z. B. 1279 in Kenilworth, 1281 in Warwick und 1302 in Falkirk.

Er stellte auch religiösen Eifer zur Schau. So gründete er 1277 in Cheshire die Vale Royal Abbey – angeblich hatte er geschworen, eine Abtei für die Zisterziensermönche zu bauen, nachdem diese ihn 1263 gerettet hatten. Damals hatte er bei einer Überquerung des Kanals Schiffbruch erlitten. Angeblich brachte er aus dem 9. Kreuzzug ein Stück von dem Kreuz mit, an dem Jesus gekreuzigt worden war. Er soll es den Mönchen gegeben haben. Seiner Dame gegenüber verhielt sich Edward so hingebungsvoll, wie es sich für einen Ritter gehörte. Das galt vor allem für seine erste Frau Eleonore von Kastilien, die mit ihm reiste, so oft sie konnte. Selbst auf den Kreuzzug begleitete sie ihn. Als sie 1290 starb, ließ er eine prächtige Reihe von zwölf Gedenkkreuzen errichten.

▼ *Der Bau der Festung von Beaumaris wurde 1295 begonnen. Sie zählt zu den größten Burgen, die Edward erbauen ließ, um die Eroberung von Wales zu konsolidieren.*

DIE SANFTEN EIGENSCHAFTEN EINES RITTERS

HÖFLICHKEIT, GROẞZÜGIGKEIT UND MENSCHLICHKEIT

Zusätzlich zu Mut, Loyalität und Tapferkeit waren andere Eigenschaften erforderlich, um ein echter Ritter zu sein. Dazu gehörten „largesse“ oder Großzügigkeit, „mesure“ oder Mäßigung und „franchise“ oder edle Haltung.

Es gab niemals eine endgültige Darlegung von Verhaltensmerkmalen, die mit dem Ritterkodex verbunden waren. Diverse Autoritäten – einige aktive Ritter, religiöse Kommentatoren oder Philosophen, Dichter, deren Werke die Rittertaten priesen – betonten unterschiedliche Eigenschaften, je nach Fokus, auf den sie gerade abzielten. Der Ritterphilosoph Ramon Llull achtete in seinem Buch über den Ritterstand darauf, die Vielzahl der Wege, mit denen ein Ritter seine Tapferkeit ausdrücken konnte, hervorzuheben. Llull warnte vor dem Geprahle, das viele Ritter an den Tag legten. Seiner Ansicht nach sollte sich ein Ritter nicht auf die feine Rede konzentrieren, weil dies zu Missverständnissen führte; er sollte nicht glauben, dass edle Waffen und ein prächtiges Pferd die wahren Zeichen von Mut seien, denn das könnte Feigheit kaschieren. Mut, so schrieb Llull, hatte nichts mit einer prächtigen Ausstattung zu tun, sondern müsse authentisch sein und seinen Ausdruck in Eigenschaften wie Glaube, Hoffnung, Nächstenliebe, Gerechtigkeitssinn, körperlicher Kraft, Bescheidenheit und Loyalität finden.

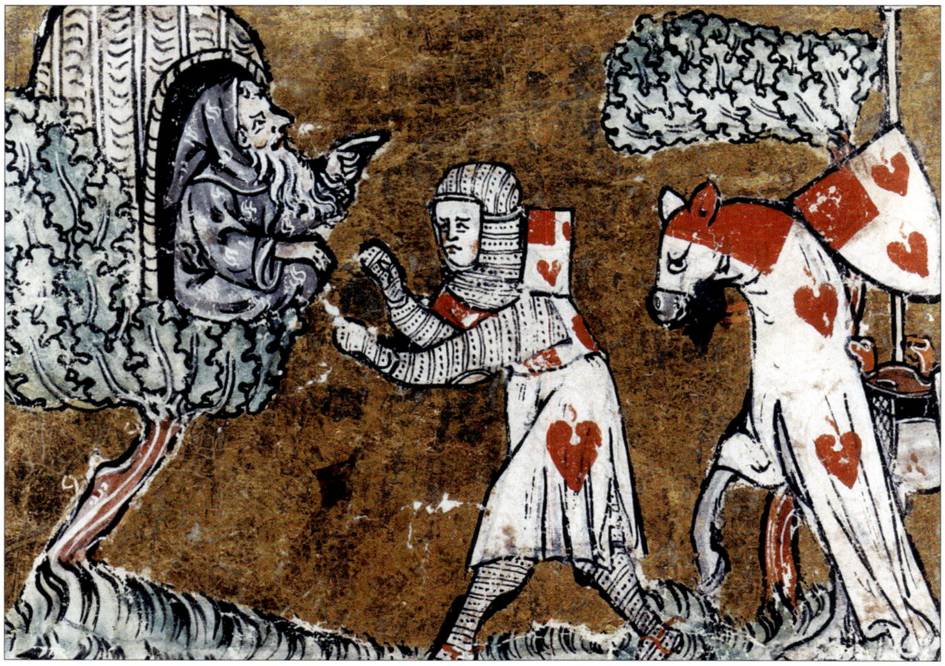

▲ *Auf seinen Abenteuern traf Lancelot viele Eremiten, die er höflich behandelte. Von einem erfuhr er, dass der ideale Ritter Sir Galahad sein Sohn war.*

▼ *Sir Lancelot befleckte seinen Namen, als er eine ehebrecherische Beziehung zu Königin Guinevere aufnahm. In dieser Illustration aus dem 15. Jh. sehen andere Ritter, wie Lancelot gerade aus dem Schlafzimmer der Königin kommt.*

DIE EIGENSCHAFTEN LANCELOTS

In einem Meisterwerk der Ritterliteratur – „Le Morte d'Arthur“, das Sir Thomas Malory im 15. Jh. verfasste – gab Hektor eine bewegende Klage über Lancelot zum Besten. Diese Klage gibt Einblick in die sanften Tugenden, die ein Ritter des Mittelalters haben sollte. Hektor nannte Lancelot den „Kopf aller christlichen Ritter“ und erklärte, dass er „der zuvorkommenste aller Ritter war, die jemals einen Schild trugen“, „der treueste Freund, der jemals ein Pferd ritt“, der „ehrlichste Liebhaber, den eine Frau haben konnte“, der „gütigste Recke, der ein Schwert trug“, der „tüchtigste Mensch des Ritterstandes“, der „sanfteste Mann und der mildeste unter den Rittern, die sich versammelt hatten, um mit Damen zu speisen“.

Zusätzlich zu all diesen sanften Eigenschaften war Lancelot leidenschaftlich im Schlachtgetümmel, wenn er seinem Feind gegenüberstand – „der strengste Ritter, der jemals eine Lanze trug“. In Malorys Werk wird Sir Lancelot als Ritter präsentiert, der keine Ebenbürtigen hat, quasi als Inbegriff der Ritterlichkeit, obwohl andere Teile der Artus-Literatur seine Größe wegen seiner ehebrecherischen Liebe zu Guinevere untergraben.

LARGESSE

Es war ein wichtiges Element des Ritterkodexes, dass Ritter freigiebig sein sollten. Großzügigkeit oder „largesse“ wurde als verschwenderisches oder gar leichtsinniges Geben charakterisiert. Das nahm hauptsächlich die Form großer Zahlungen an, um militärisches Gefolge und Bedienstete für ihre loyalen Dienste und Taten zu belohnen. Der Schwarze Prinz beispielsweise belohnte Sir John Chandos und Sir James Audley sehr großzügig nach der Schlacht von Poitiers im Jahr 1356. Aber auch ein großer Feudalherr konnte seinen edlen Charakter und seine soziale Ader demonstrieren, indem er reichlich für Bewirtung und Unterhaltung ausgab. Der Sohn König Johns, Richard, erster Earl von Cornwall, ließ anlässlich seiner Hochzeitsfeier 30000 Fleischteller auftragen. Richard heiratete 1240 Prinzessin Sanchia, die Tochter von Ramon Berenguar IV., Graf der Provence. Der große französische Ritter Chevalier de Bayard (1473–1524) hielt seiner Biografie zufolge seine Großzügigkeit aufrecht, auch wenn er selbst nur zehn Goldmünzen besaß.

MESURE UND FRANCHISE

Der Kodex betonte die ausgleichende Tugend der „mesure" (Maß halten). Der englische Ritter Sir John Chandos, Vermittler zahlreicher Waffenstillstände im Hundertjährigen Krieg zwischen England und Frankreich, war sowohl für sein diplomatisches Geschick wie für seine Eignung als Kriegsfeldherr bekannt. Ein Schlüsselelement seiner Ritterlichkeit war der Sinn für Mäßigung. Er verkörperte zwar die Rittertugenden Tapferkeit, Loyalität und Höflichkeit, aber nach Jean Froissart zeichneten ihn vor allem Mäßigung, Selbstkontrolle und ein disziplinierter Geist aus. Froissart stellte fest, dass sein ausgeprägtes Pflichtbewusstsein ihn davor schützte, „in irgendwelche Romanzen" einzutauchen.

Von Rittern erwartete man, dass sie „franchise", also eine edle Haltung an den Tag legten. Die Wurzeln des Wortes werden mit Freiheit von Sklaverei assoziiert, doch der Kontext des Begriffes bezog sich eindeutig auf das edle, adlige Geschlecht. Die edle Haltung wurde Teil des edlen Charakters eines Ritters und war einer der Gründe, warum junge Männer aus Ritterfamilien stammen mussten, um selbst zum Ritter geschlagen werden zu können.

TUGENDEN DES HÖFISCHEN RITTERS

Boniface von Montferrat, Anführer des 4. Kreuzzugs und ein großer Ritterpatron, wurde für seine Verkörperung der höfischen Tugenden – Großzügigkeit, Eleganz, Ehrlichkeit und Mitgefühl – gerühmt, aber auch für seine Tugenden als Krieger – Tapferkeit und Mut. Der „Reimbrief", eine Dichtung seines Freundes und provenzalischen Troubadors Rambaut de Vaqueiras (1180–1207), ist eine ergreifende Darstellung der höfischen und kriegerischen Tugenden. Für Montferrat, einem der meistgefeierten Ritter im späten 12. und 13. Jh., verkörperten die hier beschriebenen Tugenden das Nonplusultra.

Der „Reimbrief" lobt Montferrats Verständnis für alle Aspekte des höfischen Lebens – die Eleganz der Kleidung, die Raffinesse der Spiele, die Schönheit der Waffen, die Qualität von Musik und Dichtung und die Fülle der Tafel im Hause Montferrats. Auch Montferrats gute Rechtsprechung wird hervorgehoben.

GROßZÜGIGKEIT DES PATRONS

Von herausragender Bedeutung war – so der „Reimbrief" – Montferrtas Großzügigkeit. Boniface soll an seinem Tisch freigiebig gewesen sein und abgesehen davon hatte er Mitleid mit denen, die in Not waren. Für die Dichter, die bei der Formulierung des Ritterkodexes eine Rolle spielten, bildete die Großzügigkeit eines Feudalherrn eine Tugend. Boniface und seine Schwestern waren Patrone, an deren Höfen Dichtung und Literatur einen hohen Stellenwert besaßen. Zusätzlich zum Hofdichter Vaqueiras förderten sie die Poeten Peire Vidal (ein Liebling von Raimon V. von Toulouse), Gaucelm Faidit (Autor des berühmten Klagegesangs über den Tod von König Richard I. von England) und Arnaut de Mereuil (ein Troubadour, der sich vor allem mit dem Hof in Toulouse verbunden fühlte).

▼ *Troubadoure rühmten die höfischen und kriegerischen Taten der Ritter. Die Illustration aus der Sammlung „Lieder für die Jungfrau Maria" aus dem 13. Jh. zeigt Dichter-Sänger, die weltliche und höfische Liebe miteinander verbanden.*

„DER WOHL HÖFLICHSTE RITTER ÜBERHAUPT“

SIR JOHN CHANDOS

Mitte des 14. Jhs. wurde der englische Ritter Sir John Chandos sehr verehrt. Jean Froissart berichtet, dass Sir John Chandos, als er zwischen 1350 und 1370 den Gipfelpunkt seines Ruhmes erreicht hatte, der wohl höflichste und mildeste Ritter seiner Zeit gewesen sei.

▲ *In der Schlacht von Poitiers 1356 war Chandos wichtigster Berater des Schwarzen Prinzen. Er kämpfte auch an seiner Seite.*

NORMANNISCHE ABSTAMMUNG

Wie viele seiner Standesgenossen im mittelalterlichen Europa trat Chandos ein langes ritterliches Erbe an: Er stammte von dem normannischen Ritter Robert de Chandos ab, einem der engen Begleiter König Williams I. Geboren in Derbyshire, machte sich John gleich zu Beginn des Hundertjährigen Krieges einen Namen. Bei der Belagerung von Cambrai 1339 kämpfte er allein gegen einen französischen Knappen, was ihm großen Ruhm einbrachte. Im selben Jahr wurde er zum Ritter geschlagen und erhielt eine jährliche Zuwendung von 20 Geldnoten.

TURNIERE UND DIPLOMATIE

In den 1340ern wurde Sir John eine leitende Rittergestalt am Hofe König Edwards III. Seine Teilnahme an Turnieren von 1344 an brachten ihm eine ungewöhnlich hohe Reputation ein und so stand er in enger Beziehung zu Edward, Prinz von Wales (später der Schwarze Prinz). Er wurde großzügig bedacht, der König schenkte ihm Pferde und Juwelen und er durfte sogar das Gewand des Prinzen tragen. Im August 1346 kämpfte er an der Seite des Prinzen im englischen Vortrupp bei der Schlacht von Crécy. 1350 sang er auf Wunsch des Königs in der Seeschlacht von Winchelsea eine Ballade, bevor der eigentliche Kampf begann. Die Minnesänger spielten einen neuen deutschen Tanz, den Sir John bei Hofe eingeführt hatte. 1348 war Sir John Gründungsmitglied des Hosenbandordens. Merkwürdigerweise war er einer der zwölf Begleiter auf der Seite König Edwards und nicht an der Seite des Prinzen von Wales.

In der siegreichen Schlacht der Engländer in Poitiers 1356 fiel Sir John und Sir John Audley die Aufgabe zu, für die Armee des Schwarzen Prinzen als wachsame Kundschafter tätig zu sein. Auf diesem Feldzug demonstrierte Chandos erstmalig sein großes diplomatisches Geschick, für das er später ausgezeichnet wurde. Er handelte einen Vertrag aus, bevor die ersten Friedensgespräche überhaupt stattfanden. Dann kämpfte er tapfer in Poitiers und wurde von seinem König reich beschenkt – er erhielt zwei englische Landgüter und eine jährliche Apanage von 40 Pfund. Zusätzlich bekam er einmalig 600 Goldmünzen.

Sir John führte 1357 und 1359 Verhandlungen mit den Franzosen. 1360 gewann er die Hochachtung des französischen Ritters Bertrand du Guesclin, als er die Freilassung dessen Bruders aushandelte.

BERTRAND DU GUESCLIN

Sir John beaufsichtigte 1361–1363 die englische Herrschaft im Herzogtum Aquitanien. 1364 unterstützte er John de Montfort, Herzog Britanniens und Verfechter der englischen Krone, im Betronischen Erbfolgekrieg gegen Charles, Herzog von Blois. Bei der Schlacht von Auray im September half Chandos, den Franzosen eine Niederlage zu bescheren und Bertrand du Guesclin gefangenzunehmen. Den Großteil des Lösegelds von 40 000 Goldfrancs bekam Sir John. Damit war er auf einen Schlag ein reicher Mann. Er diente König Edward III. als Oberleutnant in Frankreich und Vogt in Aquitanien. Und er wurde Graf von Saint-Sauveur-le-Vicomte in der Normandie.

SIR JOHN CHANDOS

Geburt: unbekannt
Tod: 1. Januar 1370
Ritterschlag: 1339
Berühmt für: seine Diplomatie und ritterliche *mesure* (Maßhalten)
Größte Erfolge: Gefangennahme des Ritters Bertrand du Guesclin in der Schlacht von Auray, 1364

▲ *Die Karriere John Chandos´ war mit der Regentschaft König Edwards III. verknüpft.*

CHANDOS' HEROLD

Der Herold von Sir John schrieb über das Leben Edwards, des Schwarzen Prinzen. Für Historiker ist dieser Bericht eine reiche Quelle für die damaligen Ereignisse. Der Herold berichtet über den Hundertjährigen Krieg und den Bürgerkrieg in Kastilien, bei dem Chandos und der Schwarze Prinz König Pedro wieder zum Thron verhalfen.

► *König Richard II., hier mit seinem Vater Edward, dem Schwarzen Prinzen. Beide tragen einen Wappenrock.*

DER PASS VON RONCESVALLES

1366 diente Sir John an der Seite des Schwarzen Prinzen in dessen Feldzug gegen Spanien. Ihr Ziel war es, König Pedro wieder auf den Thron von Kastilien zu setzen. Dieser war von seinem nichtehelichen Bruder Heinrich von Trastamara vertrieben worden. Unterwegs trat Sir John (als Konstabler der Armee) in die Fußspuren Karls des Großen, indem er den Vortrupp durch den Pass von Roncesvalles in den Pyrenäen führte. Das Ganze wurde im „Rolandlied“ beschrieben. In der Schlacht von Najera im April 1367 besiegten Chandos und der Schwarze Prinz Heinrich und nahmen Bertrand du Guesclin erneut gefangen. Der Schwarze Prinz erlaubte du Guesclin, die Summe für sein Lösegeld zu nennen – und erhielt nicht weniger als 100 000 Francs.

TOD IM WINTEREIS

Zurück in Frankreich hatte sich Sir John offensichtlich mit dem Schwarzen Prinzen gestritten. Müde zog er sich auf sein Anwesen in Saint-Sauveur-le-Vicomte zurück. Bei einem Gefecht an Silvester 1369 in Lussac-les-Châteaux unweit Poitiers wurde Sir John schwer verletzt. Froissarts Beschreibung deckt Details auf: Sir John führte tapfer einen Angriff gegen die Franzosen aus, rutschte aber aus. Bevor er sich erheben konnte, wurde er von einem französischen Knappen erdolcht. Er konnte den Hieb nicht sehen, weil er durch eine alte Verwundung auf einem Auge blind war. Er starb am 1. Januar 1370.

Nach Froissart beklagten französische Ritter das Ableben Sir Johns. Sie glaubten, er hätte zwischen Frankreich und England Frieden schaffen können. Laut Sir Thomas Walsingham sagte König Karl V. von Frankreich, der Tod Sir Johns würde bedeuten, dass es keinen Ritter mehr gäbe, der in der Lage sei, zwischen England und Frankreich Frieden zu stiften.

▼ *1369 belagerten Sir John Chandos und Sir Robert Knowles erfolgreich Domme, eine Bastion (befestigte Stadt), die der französische König Philip III., der Kühne, 1283 in der Dordogne hatte bauen lassen.*

EIN CHRISTLICHER KRIEGER

GLAUBE, DEMUT UND EHRE

Wahre Ritter wurden von einem starken christlichen Glauben beflügelt, der sie im Namen der Kirche große Leistungen auf dem Schlachtfeld vollbringen ließ. Man erwartete von ihnen, dass sie im Alltag christliche Tugenden lebten.

GLAUBE

Ein perfekter Ritter stellte seine martialischen Fähigkeiten in den Dienst Christi und derjenige, der im Zeichen des Kreuzes kämpfte, wurde als Verkörperung dieses Ideals angesehen. So konnte sich der religiöse Glaube in blutrünstiger Gewalt manifestieren, sofern er gegen die feindlichen Sarazenen gerichtet war – wie bei den Rittern Karls des Großen im „Rolandlied" oder bei Richard Löwenherz, der dafür gefeiert wurde, dass er mit Vorliebe Sarazenen tötete und ihr Fleisch verzehrte, als Zeichen für seinen Enthusiasmus.

LAUTERKEIT UND SACHLICHKEIT

Der Ritterkodex stellte die Lauterkeit des Geistes in den Vordergrund, dies ist insbesondere in den Gestalten von Parzival und Sir Galahad in den Geschichten von König Artus der Fall. In einigen Versionen werden beide als sexuell unschuldig, entsagend und als spirituelle Reisende beschrieben. Aber diese Eigenschaften mussten in einem Konflikt durch martialische Energie und Kraft ausgeglichen werden.

Die alltagsbezogene Sachlichkeit eines Ritters wurde im 13. Jh. in einer Predigt des französischen Theologen Jacques de Vitry an die Templer betont. Er sprach von einem Bruderritter, der seine Aufmerksamkeit auf die Selbst-Kasteiung und Hingabe richten sollte, dessen Leistung in einer Schlacht aber darunter leiden würde: charakterisiert als „Herr Brot und Wasser" wäre dieser Ritter nach seinem Selbstverzicht im Speisesaal so schwach, dass er beim ersten Stoß mit der Lanze, die ihm sein Feind, der Sarazene, verpassen würde, besiegt wäre und von einem Templerbruder gerettet werden müsste. Wieder im Sattel, würde er zurück in die Schlacht reiten und beim neuerlichen Angriff durch einen Sarazenen wiederholt zu Boden gehen. Derselbe Templer müsste ihn ein zweites Mal retten und würde ihm deshalb raten, zukünftig mehr zu essen, denn ein drittes Mal könnte er ihn nicht retten.

◄ Das Kreuz wurde das Zeichen, unter dem christliche Kriege geführt wurden. Das Kreuz zu ergreifen, wurde das Symbol derer, die in Kreuzzüge gingen.

▲ Nach der Artussage war der reine Sir Galahad der erste Ritter, der einen weißen Schild mit rotem Kreuz trug. Später wurde dies das Merkmal der Templer.

EHRE

Das Ideal der Ehre stand bei allen ritterlichen Taten im Mittelpunkt. Die Ehre aufrechtzuerhalten, war wesentliches Ziel eines jeden Ritters: so konnte er sich einen Namen machen. Leistete ein Ritter einen Ehreneid darauf, etwas zu tun, dann gab es kein Zurück mehr. Das war ein feierliches Gelöbnis, von dem seine Ehrlichkeit abhing.

▲ *Die Schlacht von Pavia im Jahr 1525 wurde zur Niederlage für König Franz I. All seine Ritter wurden von spanischen Schützen getötet und seine 28000 Mann starke Armee wurde vernichtet. Weil er sich selbst nicht blamierte, blieb seine Ehre erhalten.*

In der Theorie regierte die Ehre in Geschichte und Literatur. Doch unzählige Taten wurden tatsächlich vollbracht, nur weil ein Ritter ein Ehrenwort gegeben hatte. Sir Walter Manny etwa führte 1339 ein Kontingent von gerade 50 Rittern in einen äußerst gefährlichen Angriff auf Frankreich, nur weil er geschworen hatte, beim nächsten ausgerufenen Krieg der erste Anwesende in einer Schlacht zu sein (daraus wurde der Hundertjährige Krieg).

In Wirklichkeit musste man, was das Verhalten der Ritter anbetraf, schon manches Mal Fünfe gerade sein lassen. Sir John Talbot etwa, einer der großen englischen Befehlshaber im Hundertjährigen Krieg, wurde bei seinem Tod 1453 als einer der größten Ritter gepriesen. In seinem Leben jedoch war er bekannt als Unruhestifter und ruheloser Mensch.

Ehre war alles, der Inbegriff von Ritterlichkeit. Blieb sie intakt, konnte alles andere verlorengehen. König Franz I. von Frankreich erklärte 1525 nach seiner demütigenden Niederlage in der Schlacht von Pavia, Norditalien: „Alles verloren, nur die Ehre bleibt."

WIE ECHT WAR RITTERLICHKEIT?

Es gab so viele Gelegenheiten, bei denen Ritter sich nicht an den Kodex hielten, dass es gerechtfertigt ist zu fragen, bis zu welchem Maße sie wirklich daran glaubten. Viele Institutionen, die als edler Ausdruck von Ritterlichkeit präsentiert wurden, hatten eine sehr weltliche Seite: Die „Waffenbrüderschaft" beispielsweise war kaum mehr als ein äußerst praktischer Zusammenschluss von Rittern: Er minimierte das Risiko und steigerte den Profit. Ritter zahlten das Lösegeld für andere Kollegen und teilten den Gewinn unter sich auf. Während die Chroniken Heldentaten auflisten, waren Ritter in Plünderungszüge involviert, oft mit großem Erfolg. Man könnte meinen, Ritter hätten die ritterlichen Werte nur als Vorwand benutzt, um schmutzige Kriege führen zu können.

Ritter handelten dennoch häufig in Übereinstimmung mit den Kodextugenden. Beispielsweise erreichten sie sehr viel und begaben sich in Gefahr, wenn es um ihre oder die Ehre von Kollegen ging. Sie betrachteten den Ritterstand als so etwas wie eine internationale Elite.

NACH DEM SÜNDENFALL

Mittelalterliche Philosophen führten den Ursprung von Krieg und Gewalt auf den Sündenfall zurück. Nach der Schilderung im Buch Genesis wurden unsere Vorfahren Adam und Eva aus dem Paradies des Garten Eden vertrieben, nachdem sie Gottes Gebot, nicht vom Baum der Erkenntnis zu essen, gebrochen hatten. Ihr Fehler bewirkte, dass sie die ursprüngliche Gnade, an der Seite Gottes im Garten leben zu dürfen, verloren und den Bedingungen der Welt ausgesetzt wurden. Mittelalterliche Autoren mutmaßten, dass Krieg das Ergebnis dieses Sündenfalls war, und dass Gott den Aufstieg der Ritter und die Entwicklung des Rittertums überwachte, um die Gewalt zu regulieren und diejenigen zu verteidigen, die in dieser Welt schutzlos waren. Einige Autoritäten sahen den Ursprung des Rittertums bereits in römischer Zeit, als Armeen aus 1000 Spezialkämpfern aufgestellt wurden.

▶ *Der Krieg folgte auf den Sündenfall. Ritter mussten Ordnung und Tugenden schützen.*

GESCHICHTEN VON KRIEG UND LIEBE

WIE EPISCHE CHANSONS, ROMANE UND MINNE DEN RITTERSTAND PRÄGTEN

Durch die *Chansons de geste* und Prosa- oder Versromane wurden Ritter mit ritterlichen Werten vertraut gemacht. Da sie Geschichten von großen Heldentaten, siegreichen Schlachten, Turnierkämpfen und Wettstreiten oder von Wundern hörten, nahmen sie an der fortschreitenden Entwicklung einer Vision teil, die allergrößten Einfluss auf ihr Verhalten als Ritter haben sollte.

MYTHEN RUND UM DAS RITTERTUM

Diese Vision stellte dar, wie sich Ritter verhalten und wie sie sich in einer idealen Welt benehmen sollten. Die Ideale wurden meist gefiltert – durch Geschichten, die zeigten, wie sich Ritter in Legenden oder im quasi historischen goldenen Zeitalter benommen hatten. Geschichten über Karl den Großen und seine Begleiter, die Paladine, über König Artus und seine Ritter, über biblische oder klassische Krieger wie etwa den jüdischen Freiheitskämpfer Judas Makkabäus oder den mazedonischen Eroberer Alexander der Große wurden zu Darstellungen ritterlicher Tugend.

HELDENTATEN AUS GOLDENER VERGANGENHEIT

Eine erste Blüte der Ritterliteratur gab es im 12. Jh. mit den *Chansons de geste* (Lieder von den Heldentaten). Diese epischen Versgedichte in Altfranzösisch priesen die Eroberungen christlicher Ritter, die für Karl den Großen oder andere Frankenkönige gegen islamische Krieger aus Spanien – die Sarazenen – kämpften. Das Wort „Sarazen" leitete sich aus dem arabischen „sharqiyin" ab, das „die aus dem Osten" bedeutet.

Einige der gefeierten Heldentaten basierten auf historischen Tatsachen – etwa die aus dem Rolandlied von 1130–1170. Hintergrund bildete eine unglückselige Expedition Karls des Großen 778 nach Spanien. Die Gedichte warfen gewöhnlich einen Blick zurück in ein goldenes Zeitalter, in der Ritter sich gesitteter verhielten, und sie hatten eine elegische Qualität, die einen Großteil ihrer Anziehungskraft ausmachte.

Die Chansons wurden von „jongleurs" oder Minnesängern rezitiert und gesungen. Meist wurden sie begleitet von einer „vielle" – einer mittelalterlichen Version der Violine. 200 Jahre zuvor waren schon Chansons komponiert und vorgetragen worden, wie Manuskripte beweisen. An die 100 Chansons aus dem 12. bis 15. Jh. sind überliefert.

▲ *In Deutschland waren Minnesänger das Gegenstück zu provenzalischen Troubadouren. Auch Könige und andere führende Adlige versuchten sich im Minnegesang.*

◀ *Die mit dem Krieg verbundenen Leistungen und edlen Taten Karls des Großen – hier rechts zu sehen – und die seines Gefolges waren Inhalt vieler „Chansons de geste". Am berühmtesten war das hier illustrierte Rolandlied.*

▲ *In der Tradition der Minne wurden Ritter durch ihr brennendes Verlangen, sich der Liebe ihrer Herzensdame als würdig zu erweisen, zu ritterlichen Taten inspiriert.*

ZEIT DER RITTERROMANE

Die *Chansons de geste* wurden von den Ritterromanen verdrängt – Schilderungen von Heldentaten, die als Prosa oder Versroman geschrieben wurden. Diese Romane erlebten seit der Mitte des 12. Jhs. bis ins 16. und 17. Jh. eine wahre Blüte, doch am populärsten waren sie in der Zeit von 1150–1300. Nach Ansicht des altfranzösischen Dichters Jean Bodel, der im 12. Jh. lebte, gab es drei Hauptthemen in den Romanen: „Rom" – Erzählungen über Helden der Klassik, etwa Julius Cäsar; „Frankenreich", vor allem Geschichten über Karl den Großen, seinen großen Ritter Roland und andere Paladine; „Britannien", Erzählungen über König Artus und die Ritter der Tafelrunde. Zwischen den Chansons und den frühen Romanen bestanden Gemeinsamkeiten. Beide wurden nicht in Latein – der Sprache für Wissenschaft und Kirche – geschrieben, sondern in Volkssprachen; das altfranzösische Wort „romanz" bedeutet „die Sprache des Volkes". Eine große Gestalt am Literaturhimmel war Chrétien de Troyes. Er schrieb Romane und Chansons, und beiden lag ein ähnliches Thema zugrunde. Aber einen gewichtigen Unterschied zwischen den beiden gab es doch: Chansons wurden einem Auditorium von professionellen Troubadouren vorgetragen, während Romane als Buch geschrieben und gelesen wurden.

MINNEGESANG

Im späten 11. Jh. entwickelten Dichter im südlichen Frankreich eine neue Form von Ritterliedern. Die Poeten, die an den friedlichen und prosperierenden Höfen der Prinzen und Herzöge in Aquitanien, Burgund, Champagne und der Provence arbeiteten, sangen nun über die intensive Leidenschaft und Hingabe der Ritter zu edlen Frauen. Die Ritter konzipierten eine leidenschaftliche Liebe, die Minne, zu ihren Herzensdamen am Hof, die meist verheiratet waren. Nach Ansicht dieser Dichter waren die Ritter durch die feudalen Strukturen an ihre Damen gebunden, genauso wie sie ihrem Feudalherrn gegenüber verpflichtet waren.

Die literarische Gattung wird als „Minnegesang" bezeichnet, seitdem Gaston Paris diesen Begriff erstmals im 19. Jh. verwendet hatte. Der Minnegesang verstand sich wesentlich als ritterliche Liebhaberei und innerhalb der höfischen Ritterkultur als Konkurrenz hochadeliger Ritter untereinander – analog zu den anderen Formen des Wettkampfes. Historiker betonen, dass der Begriff „höfische Liebe" nur einmal in der Ritterliteratur auftaucht – als „cortez amor" in einem Gedicht aus dem 12. Jh., das Pierre d'Alvernhe verfasste. Viele Poeten bevorzugen den Namen „fin amors" (feine Liebe) – ein Begriff, der in Gedichten aus dieser Zeit häufig auftaucht. Es handelte sich um eine erhabene Form der Liebe, charakterisiert durch das Gefühl und die Hingabe der Ritter ihrer Dame gegenüber. Zur Liebe gehörte ein sexuelles Element, aber die Erfüllung derartiger Begierden war nicht das vorrangige Ziel.

KRIEGE DES ADELS

IM KAMPF FÜR GOTTES FRIEDEN

Ritter waren überzeugt, dass ein bewaffneter Konflikt ein geeigneter Weg war, um Streit zu schlichten. Für sie war es eine ehrliche, edle Angelegenheit, die Kraft und martialischen Fähigkeiten im Kampf mit einem Feind zu messen. Kriegerische Auseinandersetzungen wurden in der Welt der Ritter als etwas betrachtet, das zum Mannsein dazugehörte.

Der provenzalische Ritterautor Honoré Bonet erklärte in seinem „Arbre des Batailles" („Schlachtenbaum") aus den Jahren 1382–1387: „Kämpfen ist nichts Schlechtes, sondern äußerst tugendhaft, denn es kann nicht abgestritten werden, dass ein Krieg Dinge richtigstellt und einen Streit im Sinne der Bibel schlichtet." Bonets Buch basiert auf dem „Tractatus de Bello" (Theorie vom Krieg), das im 14. Jh. von dem italienischen Rechtsgelehrten Giovanni da Legnano verfasst wurde. Bonet mutmaßte, dass nicht alle Kriege gut seien. Im Kampf für eine gute Sache jedoch seien sie etwas Edles. Kirchenleute stimmten dieser Position zu. Sie argumentierten, dass Ritter von Gott geweiht seien, um Ordnung und Frieden aufrechtzuerhalten, wenn sie für den Schutz der Kircheninteressen kämpften.

▼ *In seiner Jugend wurde Karl IV., Kaiser des Heiligen Römischen Reiches, bei Crécy verwundet. Karl war bekannt für sein diplomatisches Geschick und seine Wissbegierde.*

▲ *Diese französische Buchmalerei von 1310–1325 zeigt, wie die Kreuzritter im Namen Christi gegen den Islam in die Schlacht zogen.*

KONTROLLEN DER PRIVATKRIEGE

Oft gab es zufällige Opfer, wenn Ritter ihre Streitigkeiten in „Privatkriegen" zu lösen versuchten. Bauern und Kirchenmännern wurde während des Kampfgetümmels Vieh tötet oder Ländereien verwüstet. Sie waren nicht ausreichend ausgerüstet, um sich selbst gegen einen Feudalherrn und seine gut ausgestatteten Krieger verteidigen zu können. Vom 10. Jh. an versuchte die Kirche derartige Privatfehden zu kontrollieren, statt die ritterlichen Ausbrüche martialischer Energie zu verbieten. Durch Bewegungen wie „Gottesfrieden" und „Gottes Wahrheit" versuchten Kirchenleute, die Gewalt einzudämmen. Gleichzeitig war man bemüht, Kämpfe an bestimmten Tagen zu verbieten – anfangs galt das Verbot für Sonntage und andere heilige Tage und später auch für die Fastenzeit.

Auch Könige versuchten, Privatkriegen ein Ende zu bereiten. Der Privatkrieg blieb ein mit Neid bewachtes Recht der Ritter – weniger in England, wo Ritter nach 1200 kaum noch Privatfehden ausfochten, als vielmehr in Frankreich und Deutschland. In Frankreich wurde ca. 1350 das Recht der Ritter auf Privatkriege von Philippe de Beaumanoir, Dichter und Rechtsexperte am französischen Hof, offiziell anerkannt: „Ein Ritter kann seiner Tradition entsprechend Krieg führen." Diese Berechtigung wurde von bestimmten Regeln begleitet: Vor dem Angriff musste ein Ritter dem anderen gegenüber formal Beschwerde einreichen und einen Grund nennen. Gegner durften nicht das Eigentum des anderen anzünden oder plündern. In Deutschland erlaubte Karl V. Privatkriege, vorausgesetzt, man gab dem Feind drei Tage zuvor den Angriff bekannt.

ZWIETRACHT SCHÜREN

Selbst wenn Ritter nicht offen Privatkriege ausfochten, gab es für sie doch vielerlei Gelegenheit, um Missstände zu begleichen oder nach alten Gegnern Ausschau zu halten. Kämpften Ritter bei Turnieren, hatten

▲ *Mittelalterliche Autoren stimmten darin überein, dass Ritter zum Schutz der Kirche und für die Aufrechterhaltung des Friedens in den Krieg ziehen konnten. Derartige Schlachten konnten die Ritter jedoch in politische Auseinandersetzungen verwickeln wie z. B. in die päpstlichen Interessen in Italien.*

sie die Chance, auf einen ehemaligen Gegner zu stoßen. Ein Privatkrieg konnte ebenso unter dem Deckmantel eines nationalen Krieges geführt werden – alte Streitigkeiten wurden im Verlauf des Hundertjährigen Krieges oder in den Schottischen Grenzkriegen in Nordengland beglichen.

Ritter, die Privatfehden führten oder ehemalige Feinde auf diesem Weg zu beseitigen suchten, wurden nicht nur von Missgunst getrieben, oft stellte ein gewichtiger ritterlicher Beweggrund den Auslöser des Konflikts dar.

RITTERLICHE AUSEINANDERSETZUNGEN

Der schottische Ritter Sir David Lindsay aus Glenesk kämpfte 1390 am Tag des Heiligen Georgs an der London Bridge in Anwesenheit einer großen Menschenmenge und König Richards II. von England gegen Lord de Welles, Botschafter Englands in Schottland. Lord de Welles hatte das englische Rittertum verspottet und so hatte ihn Sir David zu einem Kräftemessen herausgefordert. Es galten die Turnierregeln.

Als die Lanzen beider zersplitterten, verspotteten die Zuschauer Sir David, indem sie riefen, er sei am Sattel festgebunden – dies widersprach den Regeln. Um sie eines Besseren zu belehren, sprang der schottische Ritter von seinem Pferd, dann ohne Hilfe wieder zurück in den Sattel und ritt weiter. Beim zweiten Angriff brachen die Lanzen der beiden wieder entzwei; beim dritten Tjost schaffte es Sir David, Lord de Welles aus dem Sattel zu werfen. Dieser fiel auf den Boden, erholte sich aber wieder und kämpfte zu Fuß weiter. Er wurde erneut besiegt und schwer verletzt. Der schottische Ritter hatte Erbarmen. Statt seinen Vorteil durchzusetzen, belebte er seinen Gegner – und später besuchte er ihn täglich drei Monate lang, bis es dem Lord wieder besser ging. Sir David wurde für seine Tugendhaftigkeit von allen Seiten gelobt – und Chronisten stellten fest, dass er auf wahrhaft ritterliche Manier gekämpft hatte – er wollte keinen Ärger, sondern lediglich Ruhm. Später diente Sir David England als schottischer Botschafter und mit dem Bau einer Kantorei in Dundee erinnerte er an den Sieg am Tag des Heiligen Georg.

Drei Jahre später wurde ein zweiter Kampf zwischen den führenden schottischen und englischen Rittern bei der London Bridge abgehalten. In diesem Konflikt im Geiste des Rittertums waren die Engländer siegreich.

▼ *Wie ein Ritter kämpfte, war genauso wichtig wie die Frage nach dem „Warum“. Man erwartete von ihm, dass er Tapferkeit bewies und zeigte, dass Ruhm und Ehre wichtiger waren als der Sieg.*

RITTER OHNE FURCHT UND TADEL

PIERRE DE TERRAIL, CHEVALIER DE BAYARD

Der französische Ritter Pierre de Terrail konnte bemerkenswerte Erfolge verbuchen. Vom späten 15. bis zum frühen 16. Jh. stand er im Dienst von Karl VIII., Ludwig XII. und Franz I. von Frankreich. In einer Zeit, als das Rittertum bereits im Niedergang war und viele Ritter für denjenigen als Söldner kämpften, der am meisten zahlte, wurde er als Beispiel für die ritterliche Überzeugung und bedingungslose Loyalität der französischen Krone gegenüber herangezogen. Pierre de Terrail wurde als „le chevalier sans peur et sans reproche" (Ritter ohne Furcht und Tadel) gefeiert und war Thema der romantisierenden Biografie von Jacques de Mailles.

▼ *Der Chevalier de Bayard handelte bei der Belagerung Brescias 1512 trotz seiner Verwundung mit der ihn auszeichnenden Tapferkeit, während seine Kameraden der siegreichen französischen Armee, die sich zu einer fünftägigen Plünderung der Stadt aufmachten, Tausende töteten.*

PIERRE DE TERRAIL

Geburt: 1473
Tod: 30. April 1524
Ritterschlag: 1495
Berühmt für: unermüdliches ritterliches Verhalten
Größte Erfolge: die Verteidigung der Stadt Mézières mit gerade einmal 1000 Männern gegen eine Armee von 35 000

PAGE, KNAPPE UND RITTER

Pierre wurde auf Schloss Bayard in der Dauphiné geboren. Er entstammte einer bekannten Ritterfamilie. Schon in seiner Jugend diente er Karl dem Krieger, Herzog von Savoyen, als Page. Mit 14 Jahren wurde er Knappe am Hofe des französischen Königs Karl VIII. Schon in jungen Jahren bewunderte man seine stattliche Statur und seine höflichen und charmanten Umgangsformen, aber auch seine Tapferkeit und sein Können, das er bei Turnieren an den Tag legte. Er war in der Armee Karls als Knappe tätig, als der Italienische Krieg ausbrach, den der französische König gegen das Königreich Neapel führte. Pierre kämpfte in der Schlacht von Fornovo 1495. Die Franzosen verloren die Schlacht gegen eine vereinigte Armee Venedigs, Mailands und Mantuas, aber Terrail erntete Ruhm, als er eine feindliche Standarte eroberte. Noch auf dem Schlachtfeld wurde er zum Ritter geschlagen. Anschließend wurde Terrail gefangengenommen, als er ganz allein einen seiner Feinde bis nach Mailand verfolgte. Jedoch beeindruckte er den feindlichen Herzog von Mailand, Ludovico Sforza, so sehr, dass dieser den Ritter wieder freiließ.

HELD DER ITALIENKRIEGE

Terrail erntete für seine Heldentaten und ritterlichen Leistungen in den Italienkriegen wiederholt Anerkennung. Einmal wurde er

sogar Held eines Wettstreits, der zwischen zwölf französischen und zwölf deutschen Rittern ausgetragen wurde; ein andermal soll er angeblich eine Brücke über den Fluss Garigliano in Mittelitalien allein gegen 200 spanische Ritter verteidigt haben.

Man rühmte Pierre für seinen Anteil an den Belagerungen von Genua 1508 und Padua 1509. Bei dem Versuch, bei der Belagerung von Brescia 1512 als Erster die Schutzwälle zu erstürmen, verletzte er sich. Er blieb zurück, unfähig, sich selbst zu verteidigen. Doch seine Soldaten brachten ihn in Sicherheit in das Haus eines Adligen. Schwer verletzt tat er alles dafür, damit die Familie des Adligen nach der Belagerung nicht in Schwierigkeiten geriet. Pierre war nicht nur für seine Tapferkeit auf dem Schlachtfeld bekannt. Berühmt waren seine Geräuschkenntnisse, was feindliche Bewegungen anbetraf. Sein Wissen hatte er durch akribische Untersuchungen und den Einsatz von Spionen erworben.

▼ *Ein König auf Knien vor einem Ritter 1515 in Marignano. Der Chevalier de Bayard schlug König Franz I. zum Ritter.*

IN DER HAND HEINRICHS VIII.

Im darauffolgenden Jahr, im Windschatten der schweren Niederlage, die König Heinrich VIII. von England der französischen Armee in der Schlacht von Spurs zufügte, versuchte Pierre, die Franzosen wieder zu sammeln. Doch er wurde auf dem Schlachtfeld isoliert, ritt – unwillig, zu kapitulieren – auf einen englischen Hauptmann zu und forderte diesen zur Kapitulation auf. Nachdem der Engländer dies getan hatte, gab der Chevalier de Bayard ebenso auf. Heinrich VIII. war von der Liebenswürdigkeit und Ritterlichkeit des französischen Ritters entzückt und wieder einmal wurde Pierre de Terrail ohne ein Lösegeld freigelassen. Er gab dem englischen König sein Ehrenwort, dass er im Krieg keine sechs Wochen kämpfen würde.

ERLÖSER FRANKREICHS

1515 spielte Pierre eine wichtige Rolle beim Sieg der Franzosen in der Schlacht von Marignano gegen die Schweizer Armee in Italien. Terrail fiel die Ehre zu, seinen eigenen König, den 21 Jahre alten Franz I., zum Ritter zu schlagen. Sein Biograf hielt fest, dass seine Erfolge im Krieg ihn allein ermächtigt hätten, den König zum Ritter zu schlagen. Der Chevalier de Bayard wurde zum Leutnant-General der Dauphiné ernannt und 1521 verteidigte er die Stadt Mézières in Nordfrankreich gegen die einrückende Armee Karls V. Sechs Wochen lang trotzten er und seine kleine Garnison der kaiserlichen Armee. Seine Aktion verhinderte den Angriff auf Zentralfrankreich und Franz I. gewann Zeit, um eine Armee um sich zu sammeln, die den kaiserlichen Truppen 1521 schließlich eine Niederlage zufügte. Pierre wurde quasi als alleiniger Retter Frankreichs gefeiert und zum Ritter des Ordens von Saint-Michel ernannt.

RITTERTOD IN ITALIEN

Wieder in Italien, übernahm er 1524 das Kommando über die französische Armee, nachdem Admiral Guillaume de Bonnivet in Robecco schwer verwundet worden war. Terrail selbst wurde am 30. April schwer verletzt, als ihn beim Übergang über die

▲ *Vielleicht die größte Leistung des Chevaliers: die sechswöchige Verteidigung der Stadt Mézières 1521. Mit rund 1000 Mann trotzte er der Armee des Kaisers des Heiligen Römischen Reiches.*

Sesia bei Gatinara ein Schuss aus einer Arkebuse (eine frühe Form eines Vorderladers) traf. Wie der englische Ritter Sir John Talbot wurde auch er als einer der letzten Repräsentanten des Ritterstandes durch eine Schusswaffe getötet. Terrail übte eine große Anziehungskraft auf seine Zeitgenossen aus. Nicht nur, weil er sehr tapfer war und eine reine Weste besaß, sondern auch, weil er sich im Umgang mit anderen durch ein freundliches Wesen und eine fröhliche, charmante Art auszeichnete. Sein zweiter Spitzname lautete denn auch „le bon chevalier" („der gute Ritter").

Der Chevalier de Bayard starb auf dem Schlachtfeld, inmitten seiner Feinde, in den Armen seines alten Waffengefährten Karl, Herzog von Bourbon. Seine letzten Worte waren genauso ritterlich wie sein Leben: „Habt kein Mitleid mit mir, weil ich bei der Erfüllung meiner Pflicht einen ehrenhaften Tod sterbe. Bemitleidet lieber diejenigen, die gegen ihren König, ihr Land oder den geschworenen Eid kämpfen."

WAFFENBRÜDERSCHAFTEN

EINE PARTNERSCHAFT ZWISCHEN RITTERN

Die Rittertugend der Treue fand einen besonderen Ausdruck in der Sitte, Waffenbrüderschaften zu schließen. Zwei Ritter schworen einander gegenseitige Loyalität – bis in den Tod.

BLUTSBRÜDER

Ritter, die sich Waffenbrüderschaft schworen, leisteten einen Eid, sich in Krieg und Frieden gegenseitig zu unterstützen: Sie kämpften zusammen und in einigen Fällen teilten sie sich sogar das Wappen. Ihr Gelöbnis hatte zur Folge, dass der Feind des einen zugleich der Feind des anderen war, und ebenso teilten sie Freunde und Verbündete. Das Gelöbnis war stärker als jedes andere Band, das sie an irgendetwas knüpfte – abgesehen von den Pflichten gegenüber ihrem Feudalherrn oder König. Selbst das ritterliche Versprechen einer Dame gegenüber trat dabei in den Hintergrund.

Die Sitte hat vermutlich alte Wurzeln, die bis zu den Blutsbrüderschaften zwischen germanischen und griechischen Kriegern des Altertums, die ihr Blut mischten und sich die gegenseitige Verteidigung bis zum Tod zusicherten, zurückreichen. Die mittelalterliche Waffenbrüderschaft wurde gewöhnlich schriftlich dokumentiert. Um den Vertrag zu unterzeichnen, vermischten die beiden nicht nur ihr Blut, sondern nahmen das Sakrament der Heiligen Kommunion. Zum Schluss gaben sie sich den Friedenskuss.

BIS IN DEN TOD

Die Bindung zwischen Sir William Neville und Sir John Clanvowe versinnbildlichte die Waffenbrüderschaft – auch wenn das schriftliche Dokument, das dieses bestätigt, leider nicht mehr erhalten ist. Die beiden Männer, Mitglieder des Hosenbandordens, starben 1391 bei Konstantinopel und wurden nebeneinander beerdig. Ihre Grabsteine befinden sich heute im Archäologischen Museum in Istanbul.

Die Steine stellen die verbundenen Wappen dar, beide trugen denselben Schild, der Neville und Clanvowe Seite an Seite zeigte. In der Heraldik nennt man das „Pfählung“; ein Verfahren, das bei Ehepaaren üblich war. Sir William und Sir John waren bekannte Ritter, die von 1378 an ständig in der Kompanie des anderen waren. Über ihren Tod berichtet die Chronik der Westminster Abbey. Aus dieser Quelle wissen wir, dass Sir William nach dem Tode Sir Johns dahinsiechte – er verweigerte die Nahrung, wurde zusehends schwächer und starb gerade einmal zwei Tage nach seinem Waffenbruder.

▲ *Rittergefechte fanden in den Intervallen zwischen Belagerungs- und Feldzugkämpfen statt. Bemerkenswerterweise waren sogar die neben der Befestigung gegrabenen Tunnel so groß, dass man darin Tjoste (Lanzenstechen) ausführen konnte.*

KUSS DES FRIEDENS

Viele führende Ritter und Prinzen waren im Ritterzeitalter Waffenbrüder. Nach dem Chronisten Henry von Huntingdon wurde der Friedenskuss bereits im 10. Jh. zwischen Edmund Ironside und König Canute zum Symbol der Verbundenheit. Im 11. Jh. wurden Gottfried von Bouillon und der Prinz von Edessa Waffenbrüder und im 14. Jh. trafen die großen französischen Krieger Bertrand du Guesclin und Olivier de Clisson eine derartige Übereinkunft. Sie schworen, sich einander wie Brüder zu bewachen und den anderen über jedwede Bedrohung zu benachrichtigen. Im 15. Jh. wurde König Ludwig XI. von Frankreich Waffenbruder von Karl dem Kühnen, Herzog von Burgund.

AUS BRÜDERN WERDEN FEINDE

Auch wenn die Übereinkunft wie bei einem Ehepaar bis zum Tode galt, gibt es Beispiele dafür, dass eine Waffenbrüderschaft aufgekündigt wurde. Der Earl von Hereford, Henry Bolingbroke, schwor Ludwig, dem Herzog von Orléans, die Waffenbrüderschaft; als Henry 1399 König Richard II. von England absetzte, um selbst König Heinrich IV. von England zu werden, kündigte Ludwig die Waffenbrüderschaft mit ihm auf. Ludwig forderte König Heinrich heraus, ihn in Frankreich zu treffen, um mit jeweils 100 Rittern und Knappen gegeneinander zu kämpfen. Obwohl er den König absetzte, war Henry (Heinrich) eine großartige Rittergestalt, die wegen ihrer Turnierleistungen geschätzt wurde.

PROFITGEMEINSCHAFT

Das Rittertum wirft Licht auf die reale Welt. Dessen Idealformen hatten oft eine praktische Seite. Die Waffenbrüderschaft war ein Ausdruck von Vertrauen und martialischer Verbundenheit, doch unter Königen, Prinzen und führendem Adel konnte sie ebenso ein diplomatisches Werkzeug sein, um Allianzen auszubauen.

Die Brüderschaft zeigte durchaus Elemente einer Geschäftsverbindung. Als Teil ihrer Übereinkunft schworen sich die französischen Ritter Olivier de Clisson und Bertrand du Guesclin, gleichmäßig alle Ländereien und verdienten Lösegelder untereinander aufzuteilen. Zu einer ähnlichen Vereinbarung kamen zwei Knappen in der Armee König Heinrichs V., Nicolas Molyneux und John Winter. Sie trafen eine finanzielle Übereinkunft, als sie sich 1421 in der Kirche St. Martin in Harfleur die Waffenbrüderschaft schworen: Sie verpflichteten sich gegenseitig, die ersten 1000 Pfund für das Lösegeld des anderen aufzubringen, und stimmten überein, dass jegliches Geld, das sie auf Feldzügen einnahmen, schnellstmöglich nach England und in eine Londoner Bank gebracht werden sollte. In diesem Zusammenhang lässt sich die Brüderschaft mit einer Profitgemeinschaft vergleichen, wie sie von Turnierrittern gebildet wurde. William Marshal und Roger de Gaugi, Ritter im Haushalt Heinrichs des Jüngeren, trafen eine entsprechende Vereinbarung für die Turniere 1177–1179.

BRÜDER IM GEISTE

Während der Belagerung von Burgen – wenn die Angreifer Tunnel gruben, um die Wälle zu unterhöhlen – konnten die Verteidiger im Gegenzug ebenfalls einen Tunnel graben. Dabei entstanden Hohlräume, in denen später gekämpft wurde. Der Konflikt zwischen Rittern und der Gegenseite nahm darin die Form von Tjosten (Lanzenstechen) an. Bei den Rittern, die auf diese Weise kämpften, war es Sitte, im Nachhinein Waffenbrüderschaften zu schließen. In Limoges kämpfte 1370 John von Gaunt, Herzog von Lancaster, auf ebensolche Art gegen den französischen Ritter Jean de Villemur. Es scheint, als sei de Villemur nach Einnahme der Stadt daher geschont worden.

WAFFENPATE

Der „Siete Partidas", ein Gesetzeskodex, der in der Regierungszeit König Alfons X. (der Weise) von Kastilien (1252–1284) zusammengestellt wurde, beschrieb eine Verbindung zwischen Rittern, die mit der Waffenbrüderschaft zu vergleichen ist. Der Mann, der das Schwert eines neuen Ritters losgürtete, wurde danach „Taufpate" des Ritters. Dem Ritter war verboten, gegen seinen Waffenpaten zu kämpfen oder in irgendeiner Weise etwas zu dessen Nachteil zu tun. Man erwartete, dass er seinen Taufpaten unterstützte, es sei denn, er richtete sich gegen den Feudalherrn oder die Königsfamilie. Abgesehen von gesetzlichen Bestimmungen enthielt dieser siebenteilige Kodex auch Schriften philosophischer und theologischer Art.

▼ *Alfons, König von Spanien – bekannt als der Gelehrte – gründete in Toledo eine Übersetzerschule, deren Arbeiten die Verbreitung arabischer und altgriechischer Schriften in Europa vorantrieb.*

KÖNIG DER RITTER

KÖNIG EDWARD III. VON ENGLAND

König Edward III. von England war eine international anerkannte Ritterfigur und wurde im 14. Jh. als tonangebender christlicher Krieger gefeiert. Er förderte das Rittertum in England. Als begeisterter General bescherte er seiner Armee viele militärische Siege in Frankreich. Er war Vater des Kriegsprinzen Edward und gründete den Hosenbandorden, dessen Grundlage die Artusrunde war.

EDWARD III.
Geburt: 12. November 1312
Tod: 21. Juni 1377
Ritterschlag: 1. Februar 1327
Berühmt für: die augenscheinliche Verkörperung des Ritterideals, ein großer General und Mitbegründer des Hosenbandordens
Größte Erfolge: Sieg bei Crécy 1346

BESCHÜTZER DES REICHES

In seiner Jugend genoss Edward eine solide Ausbildung in allen praktischen Fertigkeiten, die ein Ritter beherrschen musste. Außerdem lernte er Latein und Französisch. Als Teenager jedoch wurde er in der Auseinandersetzung zwischen seinem Vater Edward II., seiner Mutter Königin Isabella und deren Geliebten Roger Mortimer zur Schachfigur. Isabella und Mortimer benutzten ihn, um König Edward II. vom Thron zu stürzen – und so wurde er im Alter von 14 Jahren zum „Beschützer des Reiches". Der Earl von Lancaster schlug ihn am 1. Februar 1327 zum Ritter.

FRÜHE DEMÜTIGUNG

Edwards erster militärischer Einsatz gegen die Schotten 1327 war kein Erfolg. Er wurde von einem Stoßtrupp, angeführt von Sir James Douglas, gefangengenommen. Als die Engländer den Rückschlag vorbereiteten, flohen die Schotten. Edward war verzweifelt. England stimmte einem Frieden mit den Schotten zu, der Robert Bruce als König Robert I. anerkannte. Doch die Demütigung durch die Niederlage und den Vertrag machte Edward mehrere Jahre schwer zu schaffen.

1330 ergriff er im Alter von 18 Jahren die Macht, als er einen Nachtüberfall auf Nottingham Castle lancierte und seine Mutter und Mortimer in deren Schlafgemach überraschte. Er schickte Mortimer in den Tower von London und seine Mutter nach Norfolk ins Exil.

TURNIERE

Von Beginn an war Edward ein enthusiastischer Turnierkämpfer. Turniere nutzte er, um Beziehungen zu führenden und angesehenen Rittern auszubauen. 1330 wohnte er Turnieren in Dartford, Stepney und Cheapside bei.

1331 verbrachte er drei Tage beim Lanzenstechen in Stepney: 26 verteidigende und 26 herausfordernde Ritter zogen durch London bis nach St. Paul's und sprachen ein Gebet, bevor die Kämpfe begannen. Bei einem weiteren Drei-Tage-Turnier desselben Jahres in Cheapside in London waren alle Verteidiger als Tartarenritter verkleidet und wurden von einer Dame durch die Straßen geleitet, die als Burgfräulein verkleidet war. Die Begeisterung des Königs für Turniere war so groß, dass er alle fähigen Ritter aus dem ganzen Land anheuerte.

IN SCHOTTLAND

Edwards Reputation in militärischer Sicht ließ nicht auf sich warten. Im Krieg gegen die Schotten 1333 gelang ihm ein durchschlagender Sieg über Sir Archibald Douglas und eine schottische Armee in der Schlacht von Halidon Hill. Er setzte ganz auf neue Verteidigungstaktiken, bei denen abgesessene Ritter mit Bogenschützen kombiniert wurden. Edward kämpfte ein weiteres Mal 1334–1335 und 1336 gegen die Schotten. Er erlangte hohes Ansehen, weil er Katharina, Gräfin von Atholl, aus der belagerten Burg

▼ *Die Kapitulation von Calais 1347 vor der englischen Armee. Sechs Männer aus der Stadt boten Edward III. ihr Leben an mit der Bitte, die belagerte Bevölkerung zu schonen.*

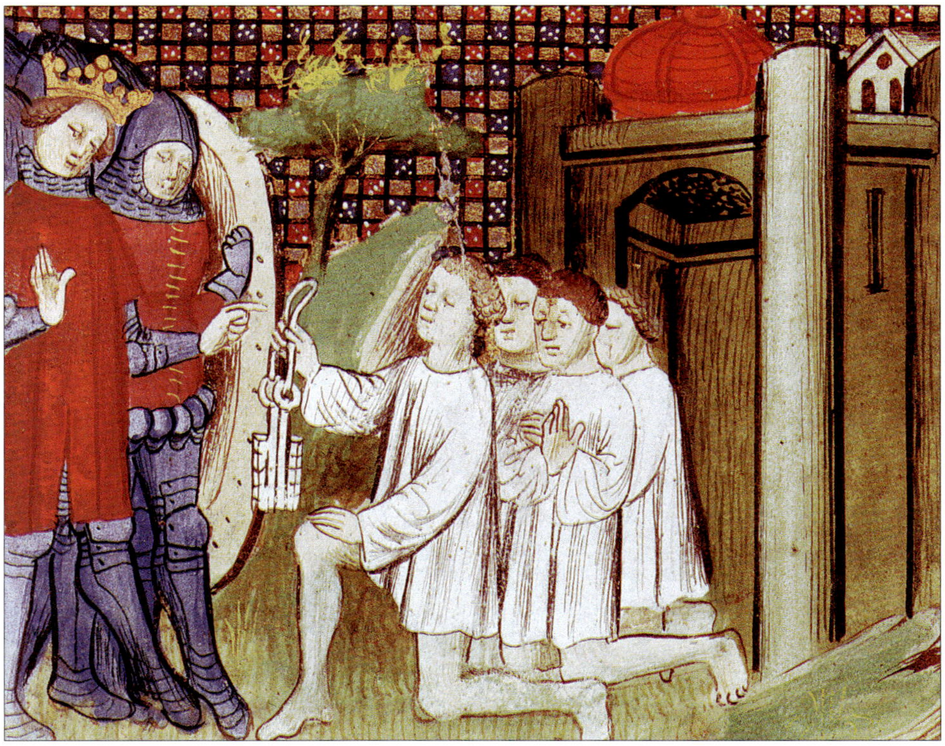

von Lochindorb in den Highlands befreite. Danach war er allerdings mit Kriegen gegen Frankreich beschäftigt.

DER FRANZÖSISCHE THRON

Von Beginn seiner Regierung an hatte Edward Ambitionen auf den französischen Thron. Als sein Onkel Karl V. von Frankreich im Jahre 1328 starb, unternahm er noch nichts. Erst 1340 erklärte Edward sich selbst zum König von Frankreich, besiegte eine französische Flotte in der Seeschlacht von Sluys und marschierte in Frankreich ein – mit geringem Erfolg. Sein erster bedeutender Sieg kam erst 1346 mit dem Feldzug in der Normandie, bei dem er die berühmte Schlacht von Crécy für sich verbuchen konnte. Er griff auf dieselben Verteidigungstaktiken zurück wie 13 Jahre vorher bei der Schlacht von Halidon Hill.

Dem Triumph von Crécy folgten 1347 die Kapitulation des belagerten Calais und die Niederlage der Schotten (in Edwards Abwesenheit) bei Durham; dabei wurde der schottische König David II. gefangengenommen. In Calais, so die Chronisten, hielt Edward sechs führende Bürger der Stadt als Geiseln und war bereit, diese zu töten, als Königin Philippa ihn bat, diese Männer zu verschonen. Als Ritter stimmte er den Wünschen seiner Herzensdame zu und die Bürger wurden nicht hingerichtet. (Auch wenn Chronisten es so darstellen, war die Königin in Wirklichkeit nicht in Calais.)

▲ *Edward beanspruchte im Vorfeld des Feldzuges, der 1340 zur Seeschlacht von Sluys führte, den französischen Thron.*

▼ *Edward III. entlässt 1357 David II. (r.) aus der Gefangenschaft. Die Schotten zahlten ein Lösegeld von 100 000 Noten für ihren König.*

GEFEIERTER RITTER

Diese militärischen Erfolge in Frankreich und Schottland wurden mit einer Reihe von ritterlichen Veranstaltungen gefeiert. Sie waren eine Gelegenheit, Kriegsgefangene zur Parade aufziehen zu lassen und die internationale Macht des Königs zu dokumentieren. 1348 veranstaltete Edward in verschiedenen Städten Turniere und in Windsor gründete er den Hosenbandorden. Gründungsritter waren Veteranen von Crécy und Kampfgefährten des Königs und des Schwarzen Prinzen. Und die beiden Kampfparteien (eine vom König, die andere vom Schwarzen Prinzen angeführt) basierten womöglich auf früheren Turnieraufstellungen. Das Jahr 1356 brachte weitere militärische Triumphe, u. a. den Sieg in Poitiers, bei dem der Schwarze Prinz mit einer 8000 Mann starken Armee die 50 000 Mann starken Franzosen besiegte und König Johann II. gefangennahm. Dieses Jahr war der Höhepunkt von Edwards internationaler Karriere. In Frankreich gelang es ihm nicht, seinen Erfolg in dauernden Gewinn umzumünzen: 1360 wurde Johann für drei Millionen Goldkronen freigelassen und Edward gab seinen Anspruch auf den französischen Thron auf. In den nächsten beiden Jahrzehnten verlor Edward seine Ländereien in Frankreich.

EIN KÖNIG DER RITTER

Edwards Ansehen in Europa beruhte auf seinem Erfolg als Krieger und auf seinem Status als Ritter. Der Chronist Jean le Bel aus Lüttich nannte ihn „edel" und viele zeitgenössische Berichte betonen sein ehrenhaftes Verhalten. Geschichten über die Rettung der Gräfin von Atholl und Edwards Zustimmung zur Bitte Philippas, die Bürger von Calais am Leben zu lassen, zeigen ihn als ganz besonders ritterlich.

RITTERORDEN

RITTERIDEALE UND LAIEN-BRUDERSCHAFTEN

Aus heutiger Sicht erscheinen uns die ritterlichen Laienbruderschaften des 14. Jhs., etwa der Hosenbandorden und der Kastilische Schärpenorden eine mitreißende Verkörperung von Ritterromantik zu sein. Ihre Schöpfung als nationale Organisationen mit Loyalitätseid auf den König stand jedoch im Widerspruch zum religiösen Rittertum. Letzteres fand Ausdruck sowohl in einer staatenlosen Ritterklasse, die sich für den Kampf in den Kreuzzügen mobilisieren ließ, als auch in tief religiösen Bruderschaften wie den Templern und den Johannitern.

▼ *Der Hosenbandorden wurde anlässlich Edwards siegreicher Schlacht von Crécy gegründet. Gleichzeitig demonstrierte man damit die Macht des englischen Adels und des Ritterstandes.*

RITTER DES HOSENBANDORDENS

Leitbild dieser säkularen Bruderschaft war die Tafelrunde der Ritter, die in der Legende von König Artus beschrieben wird. König Edward III. hob zunächst die Romantik seiner Bruderschaft hervor. Er kündigte seine Absicht, diese zu gründen, auf einem Turnier in Windsor Castle im Januar 1344 an. Er lud Ritter und ihre Herzensdamen aus dem ganzen Königreich ein. Der König, seine Bediensteten und nicht weniger als 200 Knappen und Ritter putzten sich für dieses Ereignis mit feinen Tuniken heraus. Nach einem Tag, den man mit Festgelagen und Lanzenstechen zubrachte, wurde am Morgen darauf mit Edward und Königin Philippa die Messe zelebriert. Der König schwor anschließend auf die Bibel, dass er eine Bruderschaft gründen wolle, zu denen Ritter gehören sollten, die denen

▲ *Edward III. verleiht den Hosenbandorden an den Schwarzen Prinzen. Das erste Treffen fand am 23. April 1349 in Windsor statt.*

König Artus' ähnelten. Er teilte mit, dass die Bruderschaft 300 Ritter aufnehmen würde und die Zusammenkunft für Pfingsten vorgesehen sei. Das war die traditionelle Versammlungszeit der Artusritter. Edward begann mit dem Bau eines Saals, der das Hauptquartier der Bruderschaft werden sollte: die St. George's Hall in Windsor.

Als der Hosenbandorden schließlich 1348 gegründet wurde, war klar, dass Edward III. damit nicht nur die legendären Runden von König Artus und der Camelot-Ritter wieder zum Leben erwecken wollte. Er wollte die Ritter gleichermaßen an sich binden und seinen Anspruch auf den französischen Thron durchsetzen. Die Ritter gaben sich ein blaues und gelbes Strumpfband – die Farben Frankreichs – und ihr Motto lautete: „Honi soit qui mal y pense" (Ein Schelm, wer Böses dabei denkt). Dahinter stand, dass nur diejenigen der Bruderschaft angehören konnten, die den

Thronanspruch Edwards unterstützen würden. Dass das Motto angeblich dem Munde des Königs als Antwort auf eine peinliche Situation seiner Mätresse entstammte, wurde in späterer Zeit hinzugefügt.

Der Orden hatte statt der angekündigten 300 nur 26 Mitglieder. Dazu gehörten König Edward und der Schwarze Prinz – an ihrer Seite jeweils zwölf Ritter aus ihrem Gefolge, d. h. Waffenbrüder, die mit ihnen Seite an Seite in der Schlacht von Crécy gekämpft hatten, sowie Mitstreiter in Turnieren. Die Gründung des Ordens war ein feierliches Andenken des großen Crécy-Siegs und ein Statement der Macht des englischen Ritterstandes. Die Statuten legten fest, dass Edward die Ritter herbeirufen konnte, sobald er einen Feldzug oder eine andere Rittertat plante – Frankreich sollte sich in Acht nehmen.

DAUERHAFTER RUHM DES HOSENBANDORDENS

Weitere säkulare Ritter-Bruderschaften des 14. Jhs. waren der Orden des Heiligen Georgs (gegründet in Ungarn 1325), der Schärpenorden (gegründet 1332 in Kastilien), der Orden der heiligen Katharina (gegründet in den 1330ern in der Dauphiné) und der Orden vom Stern (gegründet 1352 in Frankreich). Keiner dieser Orden erreichte nur annähernd die Reputation oder den andauernden Ruhm des Hosenbandordens. Der Orden vom Stern war ein Fehlschlag, weil seine Mitglieder schwören mussten, niemals in einer Schlacht den Rückzug anzutreten. Nach den Berichten eines Chronisten wurde die Hälfte seiner Mitglieder in einer Schlacht in Britannien 1353 getötet. Ein anderer Grund für seine Schwäche lag bei der Gründungsfigur König Johann II., der unter den Adligen seines Landes unbeliebt war.

▼ Französische Ritter vom Orden des Sterns leisten vor Johann II. von Frankreich ihren Eid; anschließend wurde fürstlich gespeist.

▲ Philipp III., der Gute, Herzog von Burgund, trägt die Juwelencollane seines Ritterordens vom Goldenen Vlies.

RITTERTUM UND DIPLOMATIE

Der Orden vom Goldenen Vlies, den Philipp der Gute, Herzog von Burgund, 1430 gründete, wurde nach Art des Hosenbandordens gebildet. Die Bruderschaft des Herzogs hatte zunächst 24 Mitglieder und den König, aber diese Zahl erhöhte sich auf 30 im Jahr 1433 und auf 50 im Jahr 1516. Das Abzeichen des Ordens war ein Stück goldenes Schaffell, das an einer Collane hing; sein Motto lautete: „Pretium laborum non vile“ (Der Lohn für die Arbeit ist nicht billig). Die Statuten des Ordens bestimmten, dass Streitigkeiten unter den Mitgliedern vom Orden entschieden würden und der König die Ritter um Rat fragen müsste, bevor er einen Krieg begann. Zu den Gründungsmitgliedern gehörten drei französische Ritter, die im Dienste Englands standen. Wie auch bei anderen Bruderschaften wurde es aber insbesondere bei dieser üblich, die angebotene Mitgliedschaft bei diplomatischen Verhandlungen zu nutzen.

DER HOSENBANDORDEN

Die oft erzählte Geschichte über den Ursprung des Emblems und Mottos des Hosenbandordens (siehe unten) datiert aus dem 16. Jh. und stammt aus einem Werk des Historikers Polydor Vergil. Edward tanzte mit seiner Mätresse, der Gräfin von Salisbury, als ihr Strumpfband sich löste und zu Boden fiel. Edward kam allen Lachern zuvor, indem er es aufhob, auf sein eigenes Bein legte und sagte: „Honi soit qui mal y pense“. Eine andere Geschichte berichtet, dass Richard I. vor einer Schlacht um die Beine seiner Ritter Strumpfbänder band und dass Edward dies beobachtete. Ein wichtiger Aspekt aus Sicht des Ritterlebens war, dass das Strumpfband als Ehrenzeichen an der Rüstung befestigt werden konnte.

DER SCHWARZE PRINZ

EDWARD VON WOODSTOCK, PRINZ VON WALES

Edward, der Schwarze Prinz, war Mitte des 14. Jhs. eine zentrale Figur des englischen Ritterstandes. Als ältester Sohn König Edwards III. von England war er berühmt für seine Tapferkeit im Krieg: Er „verdiente sich seine Sporen" mit 16 Jahren im großen Sieg von Crécy 1346, er war Gründungsmitglied des Hosenbandordens und wurde als großer Held der Schlacht von Poitiers gefeiert. Er nahm den französischen König Johann II. gefangen.

▲ *Der Schwarze Prinz wird für seine Siege über Frankreich gefeiert. Die Franzosen verloren mehr Adlige in diesen Schlachten als durch den „Schwarzen Tod", die Pest.*

DER JUNGE RITTER

Edward, Sohn eines großen Rittertum-Verehrers, wurde praktisch schon als Ritter geboren. Bereits mit sieben Jahren besaß er eine eigene Rüstung und im Alter von zehn Jahren im Jahr 1340, war er schon ein Freund der Ritter, nachdem er bei Spielen für Sir John Chandos Geld verloren hatte. Mit 13 ging er mit seinem Vater auf militärische Feldzüge und 1346 kämpfte er in Crécy. In der Vorhut der Armee schlug er sich so großartig, dass die Engländer ihn, den kleinen Jungen, als Helden feierten.

Im Verlauf dieser Schlacht wurde er zu Boden gerungen und vom Grafen von Hainault gefangengenommen. Doch der englische Ritter Sir Richard Fitzsimon befreite ihn. Ein Bericht deutet an, dass König Edward seinen Sohn in der Bedrouille sah und Ritter zu ihm sandte, die ihm helfen sollten. Aber als diese ihn erreichten, entdeckten sie den Prinzen und seine Begleiter, die sich lässig auf ihr Schwert stützten.

(Der Bericht Froissarts dagegen behauptet, dass König Edward in dieser Situation ganz anders entschied. Er verweigerte seinem Sohn die Hilfe mit den Worten: „Lasst den Jungen seine Sporen verdienen". Vermutlich handelt es sich hierbei um eine Legende.)

Nach der Schlacht bezeugte Edward seine Anerkennung für König Johann von Böhmen, einen bedeutenden Ritter, der getötet wurde, als er auf der französischen Seite kämpfte. Prinz Edward übernahm das Emblem von König Johann, eine Straußenfeder, und sein Motto „Ich Dien" (Ich diene). Zuerst zeigte das Abzeichen des Prinzen eine Feder, aber spätere Versionen offenbaren drei Federn. Dies blieb bis heute das Emblem des Prinzen von Wales.

DER SCHWARZE PRINZ
Geburt: 15. Juni 1330
Tod: 8. Juni 1376
Ritterschlag: 12. Juli 1346
Berühmt für: Tapferkeit in Schlachten, Mitbegründer des Hosenbandordens
Größte Erfolge: Sieg in der Schlacht von Poitiers 1356 und Gefangennahme des französischen Königs Johann II.

RÜCKKEHR AUS POITIERS

In der Schlacht von Poitiers 1356 nahm Prinz Edward den französischen König Johann II. gefangen und danach – glaubt man dem Bericht Jean Froissarts – benahm er sich sehr ritterlich: Er bediente den König bei Tisch und pries die Leistung des Königs in der Schlacht, mit der er alle anderen französischen Ritter bei Weitem übertraf. Anschließend brachte Edward Johann nach Bordeaux, wo sie drei Monate lang mit Friedensverhandlungen verbrachten.

▼ *Der Sieg bei Poitiers gelang durch die einzigartige Führung Edwards und die ausgezeichnete Disziplin seiner Truppen.*

Von dort ging es übers Meer nach Plymouth, wo sie im Mai 1357 eintrafen. Später marschierte Edward in London triumphal mit einem historischen Festumzug ein: Von 500 als Verbrecher verkleideten Rittern wurde er aus einem gespielten Hinterhalt „attackiert" und in London empfingen ihn die Stadtgilden mit geschmücktem Harnisch; aus den Brunnen floss Wein statt Wasser. Seine Reputation und sein Prestige als Ritter konnten nicht größer sein.

PRINZ EDWARD UND DIE RITTERLICHKEIT

In vielerlei Hinsicht war Edward ein Ritter. Abgesehen von seiner Behandlung Johanns II. war er ein großer Turnierkämpfer und bekannt für seine Großzügigkeit und seinen Willen, die ritterliche Tugend der „largesse" zu erfüllen. Nach Poitier belohnte er seine führenden Ritter Sir James Audley und Sir John Chandos mit 600 Goldmünzen, zusätzlich zu großen Jahresrenten. Er war auch für seine Frömmigkeit bekannt: Vor Feldzügen unternahm er Wallfahrten (nach Walsingham und Canterbury 1345 und wieder nach Walsingham 1354) und der Kathedrale in Canterbury machte er großzügige Geschenke. Er war davon überzeugt, der Heiligen Trinität geweiht zu sein – einer der Gründe dafür, dass er der Religion seine Ehrerbietung erwies.

▲ *Nachdem er in Poitiers von Prinz Edward gefangengenommen worden war, wurde Johann II. von Frankreich nach England eskortiert. Für ihn mussten mehr als drei Millionen Goldmünzen Lösegeld gezahlt werden.*

Prinz Edward war sicher auserkoren, einer der größten englischen Könige zu werden, aber die 50-jährige Regierung seines Vaters (1327–1377) und sein eigener Tod in der Mitte seiner 40er-Jahre verweigerten ihm diese Ehre.

BENANNT NACH SEINER RÜSTUNG

Zu Lebzeiten wurde der Prinz nach seinem Geburtsort „Edward von Woodstock" genannt. Der Name „Schwarzer Prinz" tauchte erstmals in einer englischen Chronik auf, die der Tudor-Drucker Richard Grafton verwendete. Heutige Historiker nehmen an, dass der Name von Chronisten stammt und sich auf die Siege über die Franzosen oder die Grausamkeit der Chevauchée-Stoßtrupps bezieht. Aus traditioneller Sicht glaubt man, der Name rühre von seinem schwarz verzierten Kürass (Brustplatte) her. Der junge Prinz bekam diese von seinem Vater nach der Schlacht von Crécy.

▼ *Das Rittergrab des Schwarzen Prinzen in der Kathedrale von Canterbury mit einer Skulptur aus vergoldetem Kupfer. Über dem Grab befindet sich eine Tafel der Heiligen Trinität, der Edward seine ritterlichen Leistungen widmete.*

KAPITEL 2

RITTERLICHE HELDEN DER BIBLISCHEN UND KLASSISCHEN WELT

In der „Historia Regum Britanniae" (Geschichte der britischen Könige), die er zwischen 1135 und 1139 schrieb, behauptet der Chronist Geoffrey von Monmouth, die Briten stammten von Brutus, dem Urenkel des Aeneas aus Troja, ab. Geoffrey schreibt weiter, Brutus und dessen Weggefährte Corineus seien die ersten Siedler auf den britischen Inseln gewesen. Brutus hätte die Stadt Troia Nova („Neues Troja"), die später in London umbenannt wurde, gegründet. Corineus gab Cornwall seinen Namen. Großbritannien wäre also mit den heldenhaften Sagengestalten und mit dem Römischen Reich verbunden, von dem einige behaupten, Aeneas habe es gegründet. Auf gleiche Weise kamen zeitgenössische Ritter durch ritterliche Gedichte und Romane, die von klassischen Helden und biblischen Kriegern handeln, zu Ruhm, indem sie sich auf eine antike Herkunft beriefen. Romanautoren haben die klassischen und biblischen Krieger beschrieben, als wären sie mittelalterliche Ritter. Die Charaktere sollten Ritter dazu anregen, ähnliche heldenhafte Taten zu vollbringen. Für dieses Buch sind große Figuren wie der jüdische König David oder der griechische Krieger Achill nicht als große Krieger interessant, auch wenn ihr Ruf sie zu wichtigen Figuren in der Militärgeschichte macht, sondern weil uns die Art und Weise, wie sie in der ritterlichen Literatur dargestellt werden, einen wichtigen Einblick darin gibt, wie mittelalterliche Autoren und die Ritter selbst Rittertum und ihre eigene Welt verstanden haben.

▲ *Trojaner in einem Original aus dem 15. Jh. auf dem Weg zur Schlacht.*

◀ *Im 15. Jh. wurde Alexander der Große in der Art eines spätmittelalterlichen Königs dargestellt, der mit Rüstung und Waffen aus dem 12. Jh. in die Schlacht reitet.*

GOTTES SOLDATEN

EINE INSPIRATION FÜR KREUZRITTER

Für die Ritter des Mittelalters waren die Krieger aus dem Alten Testament ein Beispiel für Ritterlichkeit. Herausragend unter den biblischen Prototypen waren König David, Judas Makkabäus, Josua und Gideon.

DIE STADT DAVIDS

Im 10. Jh. v. Chr. wurde David (nach Saul) der zweite König Israels. Er gründete ein vereinigtes Königreich mit der Hauptstadt Jerusalem (später „Stadt Davids" genannt). David war nicht nur König, sondern auch ein großer Krieger. Die bekannteste der vielen biblischen Geschichten um ihn ist zweifellos der Sieg über den riesigen Philister Goliath, den er nur mit einem Steinwurf niederstreckte. Im Mittelalter wurde er auch mit Christus gleichgesetzt. Sein Sieg über Goliath habe gleichsam Christi Sieg über das Böse in Form von Satan vorweggenommen.

David war auch ein Dichter und Musiker und soll einen großen Teil der Psalmen geschrieben haben. Er war einer der Prototypen dieser idealisierten ritterlichen Figuren und historischen Ritter wie König Richard I., die Gedichte und Lieder schrieben und große Krieger waren.

DER HAMMER

Judas Makkabäus war im 2. Jh. v. Chr. ein jüdischer Guerillakämpfer, der eine Revolte gegen das Seleukidenreich begann, einem hellenistischen Staat, der sich von Thrakien bis Indien erstreckte. Der Seleukidenkönig Antiochos IV. Epiphanes (griech. „der Erschienene") hatte versucht, die Juden davon abzuhalten, ihren Glauben auszuüben. Er hatte den Tempel in Jerusalem verunstaltet und dem Gott Zeus gewidmet. Judas' Revolte gegen die Seleukiden wurde als die Rettung des Judentums gefeiert.

Mit seiner Guerillataktik konnte Judas vier Seleukidenarmeen schlagen und danach den Tempel restaurieren. Noch zu Lebzeiten erhielt er den Namen Makkabäus, der von dem aramäischen Wort „maqqaba" (Hammer) abgeleitet wird und auf seine Heftigkeit im Kampf abzielt. Später wurden der fränkische König Karl Martell (Karl, der Hammer) wie auch der englische Monarch Edward I. (bekannt als der *Scottorum Malleus* – Hammer der Schotten – wegen der Siege in Schottland) ähnlich geehrt.

Judas' Verdienste sind im 1. und 2. Buch der Makkabäer beschrieben, die im Mittelalter Teil der Bibel waren. (Die Bücher sind immer noch Teil des Alten Testaments in der römisch-katholischen und östlich-orthodoxen Kirche, nicht aber in der hebräischen Bibel. Die Protestanten betrachten sie als Teil der Apokryphen, also Texte, die aus mittelalterlichen und entstehungsgeschichtlichen Gründen nicht in den biblischen Textkanon aufgenommen wurden.) Judas wird auch im historischen Werk des jüdischen Priesters und Historikers Flanius Josephus aus dem 1. Jh. beschrieben.

EIN BEISPIEL FÜR KREUZRITTER

Judas Makkabäus wurde wegen seiner Stärke, Tapferkeit und Frömmigkeit gelobt. Die Kombination dieser Qualitäten machte ihn zu einem idealen Rittervorbild. Indem er das Judentum (das für den Vorläufer des christlichen Glaubens gehalten wird) verteidigte und Nichtgläubige aus Jerusalem vertrieb, war er ein Prototyp für die Kreuzritter.

◀ *Eine französische Darstellung aus dem 16. Jh. zeigt den jüdischen Krieger Judas Makkabäus, der Lohn für die in der Schlacht Getöteten zahlt.*

◄ *Angeführt von Josua rauben die Israeliten die Stadt Ai aus (oben) und die Menschen aus Gibeon, die Ähnliches befürchten, schließen mit Josua Frieden (unten). Beide Darstellungen stammen aus Manuskripten des Alten Testaments aus dem 13. Jh..*

Traurigerweise folgten die Kreuzritter Josuas Beispiel auch in ihrem Verhalten als Sieger. Josuas Armee hatte alle Menschen in Jericho bis auf eine Frau namens Rahab und deren Familie niedergemetzelt. Rahab hatte Spionen geholfen, die Josua vor dem Angriff in die Stadt geschickt hatte. In Jerusalem richteten die Kreuzritter ein vergleichbares Blutbad an. (Josuas Taten sind in der Bibel hauptsächlich in *Exodus*, *Numeri* und *Josua* beschrieben.) Ein weiterer großer biblischer Krieger, Gideon, wurde von mittelalterlichen Schriftstellern für die Verbindung kriegerischer Fähigkeiten mit tiefem Glauben gepriesen. Im Buch der Richter wird beschrieben, wie er den Glauben an Gott wiederhergestellt hat, nachdem die Juden den kanaanitischen Gott Baal verehrt hatten. Gideon gewann eine große Schlacht gegen die Midianiter, einem kriegerischen Wüstenstamm von Angreifern. Der Name dieses Stammes bedeutete „Großer Krieger".

Auch der biblische Krieger Josua war ein Beispiel für die Kreuzritter, besonders allerdings für die des ersten Kreuzzuges. Nachdem die Israeliten 1200 v. Chr. aus der Gefangenschaft in Ägypten geflohen waren, übernahm Josua von Moses die Führung des Volkes und führte es in das „Gelobte Land" nach Kanaan (die östliche Mittelmeerküste von der südlichen Türkei bis nach Ägypten).

Bei der Ankunft in Kanaan begeisterte er die Israeliten bekanntlich dafür, die befestigte Stadt Jericho einzunehmen. Dies geschah, indem die Armee sieben Tage um die Stadt herummarschierte, bis die Stadtmauer auf mysteriöse Weise einfiel. 1099 überzeugte der Priester Peter Desiderius die Kreuzritter davon, die gleiche Taktik bei der Eroberung Jerusalems anzuwenden und angeblich waren sie auch hier erfolgreich.

DIE NEUN WÜRDIGEN

Josua, David und Judas Makkabäus wurden von mittelalterlichen Autoren als Beispiele der Ritterlichkeit aus biblischen Zeiten in die Reihe der Neun Würdigen aufgenommen. Die Idee von den Neun Würdigen entstand in dem *Chanson de geste* „Les Voeux du Paon" (Das Gelübde eines Pfaus), 1312 für den Bischof von Lüttich geschrieben. Ursprünglich wurde angenommen, dass das Gedicht von Jacques de Longuyon aus Lothringen stammt. Diese Annahme hat sich als falsch erwiesen. Die Reihe der Neun Würdigen enthält Figuren aus der klassischen Welt – Hektor von Troja, Alexander der Große und Julius Cäsar – und aus der Zeit der Christen – König Artus, Karl der Große und der Kreuzritter Godfried von Bouillon.

▲ *Der Krieger Judas Makkabäus, dargestellt als einer der Neun Würdigen.*

ANTIKE GRIECHISCHE HELDEN

KRIEGER ALS FEUDALRITTER

Im 12. Jh. gab der Minnesänger Benoit de Sainte-Maure der klassischen Geschichte über den Trojanischen Krieg in „Le Roman de Troie“ (Trojaroman) eine feudale Fassung. In Benoits 40 000-Zeilen-Gedicht von ca. 1160 benehmen sich griechische und römische Helden wie feudale Krieger. Sie besitzen Abteien und Burgen und kämpfen mit den Techniken des 12. Jhs.

Die Geschichte des Trojanischen Krieges, die historische Ereignisse des 13. Jhs. v. Chr. in Anatolien beschreibt, ist vor allem durch die „Ilias“ des griechischen Autors Homer bekannt. Benoit hatte allerdings keinen Zugriff auf Homers Werke. Sie wurden erst im 15. Jh. in Italien wiederentdeckt. Er hatte zwei Hauptquellen: eine lateinische Geschichte aus dem 5. Jh., die man im Mittelalter dem Phrygier Dares zuschrieb, sowie ein zweiter lateinischer Bericht, den man einem Zeitgenossen, Diktys von Kreta, zuordnete. Tatsächlich aber stammt er aus dem 4. Jahrhundert.

Benoits Fassung unterscheidet sich auffallend von den Berichten, die wir heute kennen. Ihr fehlt jedes Eingreifen griechischer Götter oder Göttinnen. Er hat außerdem den trojanischen Krieger Hektor und nicht den griechischen Krieger Achill zum Haupthelden der Erzählung gemacht. Dies stimmt mit der damals vorherrschenden Begeisterung für Troja und seine Helden überein. Hektor wurde, wie wir schon gesehen haben, in der Liste der Neun Würdigen als einer der drei Hauptkrieger und ritterlichen Figuren des klassischen Zeitalters gefeiert.

▲ *Hektor führt die Krieger von Troja in eine Schlacht, wie sie Ritter im 15. Jh. geführt haben.*

DER „ROMAN D'ANTIQUITÉ“

Benoits Gedicht eröffnete ein ganz neues literarisches Genre, den „roman d'antiquité“, das aus Gedichten des feudalen Zeitalters bestand, in denen klassische Krieger die Hauptfiguren waren. Jean Bodel beschrieb die Sagenwelt Roms. Der Grieche Achill und der Trojaner Hektor wurden als die edelsten Beispiele für Ritterlichkeit angesehen. Die Gedichte sollten die zeitgenössischen Krieger dazu anregen, den literarischen Beispielen nachzueifern. Die Dichter erfanden Liebesgeschichten für ihre Protagonisten, um höfische Liebe darstellen zu können. Am Beispiel von fahrenden Rittern und Turnieren konnten sie Tapferkeit und Ritterlichkeit vorführen. Klassische Erzählungen dieser Art waren neben den Geschichten um König Artus beliebte Themen für Vorführungen bei Turnieren und historischen Aufführungen.

Benoit gehörte zum Hofe König Heinrichs II. von England. „Le Roman de Troie“ widmete er der Königin Eleonore von Aquitanien, der großen Förderin ritterlicher Literatur. Möglicherweise ist er auch der Autor eines früheren Romans, „Le Roman de Thèbes“ (Thebenroman), einem

◄ *Eine Darstellung in einer Ausgabe von Benoit de Sainte-Maures Trojaroman zeigt, wie die Trojaner ihre Stadt bauen.*

▲ *Das Porträt von Hektor von Troja stammt aus einem Fresko aus dem Jahr 1430.*

10 000-Zeilen-Bericht über den Angriff der Stadt Argos auf die Stadt Theben. Er basiert auf einer Kurzfassung des lateinischen Gedichts „Thebais" von Pulius Papinius Statius aus dem 1. Jh. Auch hier werden Kriegsführung und Verhalten der Griechen den höfischen Sitten des 12. Jhs. angepasst.

„Le Roman d'Eneas" (Aeneasroman) ist ein weiteres zeitnahes Werk. Es umfasst 2000 Verse und manche vermuten auch hier in Benoit den Autor. Es wurde 1160 geschrieben und ist eine Übersetzung des lateinischen Gedichts „Aeneid" (im 1. Jh. v. Chr. vom römischen Autor Vergil verfasst). Allerdings steht in dieser Fassung nicht Vergils Bericht über die Reise des trojanischen Helden Aeneas von Troja nach Italien und sein Sieg über das Volk im Vordergrund. Vielmehr konzentriert sich der Autor auf die Darstellung der mittelalterlichen, höfischen Liebesaffäre zwischen Aeneas und Lavinia, Tochter von Latinus, König von Latium.

TROILUS UND CRESSIDA

Benoits „Le Roman de Troie" übertrug die höfische Liebe des 12. Jhs. auf den Krieg zwischen Griechen und Trojanern. Er erfand eine Liebesgeschichte zwischen einem trojanischen Prinzen und Briseida, der Tochter eines Priesters. Dies war die erste Fassung der Geschichte von Troilus und Cressida. Später wurde sie von drei wichtigen Schriftstellern aufgenommen.

In Homers Erzählung (die Benoit, wie schon gesagt, nicht zugänglich war) war Troilus der Sohn Königs Priam und der Königin Hecuba von Troja. Er wurde noch vor Ausbruch des trojanischen Krieges getötet. In anderen antiken Versionen wurde Troilus vom griechischen Helden Achill getötet. In Benoits Gedicht ist Troilus ein junger, unschuldiger Krieger, der sich in die schöne Briseida verliebt. Sie aber betrügt ihn mit dem griechischen Krieger Diomedes. Die Heldin wurde in drei späteren Berichten in Cressida umbenannt. Im 14. Jh. schrieb der italienische Autor Giovanni Boccaccio „Il Filostrato" (ca. 1335). Der Engländer Geoffrey Chaucer wiederum nahm Boccaccios Arbeit als Vorlage für sein Gedicht „Troilus and Criseyde" (ca. 1385–1390). Im 17. Jh. schließlich diente Chaucers Gedicht Shakespeare als Quelle für „Troilus and Cressida" (ca. 1602).

In Boccaccios Gedicht trauert Cressida um ihren Vater. Er konnte wahrsagen, hatte den Untergang Trojas vorhergesehen und war deshalb in ein griechisches Zeltlager gezogen. Troilus war während eines Festes auf sie aufmerksam geworden. Er hatte sich leidenschaftlich in sie verliebt. Sein Freund Pandarus, ein Cousin Cressidas, arrangierte ein Treffen. Teil der Bedingung für einen Waffenstillstand war, Cressida dürfe zu ihrem Vater ins Zeltlager während Troilus in der Stadt bliebe. Troilus bat Cressida, mit ihm zu fliehen, aber sie bestand darauf, dass er Troja verteidige. Sie versprach ihm, ihre Ehre zu wahren und ihn nach zehn Tagen wiederzusehen.

Doch Cressida ließ sich von dem griechischen Krieger Diomedes verführen und kehrte nicht nach Troja zurück. Troilus vermutete das Schlimmste und obwohl Cressida ihm in Briefen ihrer Liebe versicherte, bestätigten sich seine Befürchtungen. Sein Bruder Deiphobus brachte aus der Schlacht den Beweis, dass Cressida Diomedes wohlgesonnen war. Troilus suchte in einer Schlacht nach Rache. Er kämpfte Stunden gegen Diomedes und tötete im Stil eines ritterlichen Helden nicht weniger als 1000 Krieger. Seinen Rivalen tötete er allerdings nicht. Später wurde er von Achill niedergestreckt.

▼ *Der vermittelnde Pandarus spricht mit Cressida zugunsten ihres Liebhabers Troilus. Diese Darstellung entstammt einer Ausgabe von Giovanni Boccaccios Gedicht „Il Filostrato" aus dem Jahr 1475.*

DIE ABENTEUER ALEXANDERS

MITTELALTERLICHE ROMANE ÜBER ALEXANDER DEN GROSSEN

Eine Reihe von mittelalterlichen Romanen erzählt von nahezu übermenschlichen Leistungen Alexanders des Großen. Der mazedonische Krieger eroberte im 4. Jh. v. Chr. das Persische Reich und den Norden Indiens. Wie in den „romans d'antiquité" werden der Feldherr und andere Helden auf eine anachronistische Weise als feudale Krieger dargestellt. Zudem sind diese Werke voller Wunder und Zaubereien, Monster, Magie und orientalischer Erzählungen. Sie entsprechen ganz dem Zeitgeschmack einer adligen Leserschaft, die von den Augenzeugenberichten der Kreuzfahrer beeindruckt und beeinflusst worden war.

Alexanders außergewöhnlicher Erfolg beruht auf herausragenden militärischen Leistungen, durch die er weit nach Osten vordrang und die bis dahin gekannten Grenzen überschritt. Schon zu Lebzeiten war sein Name sagenumwoben und nach seinem Tod 323 v. Chr. entstanden weitere wundersame Geschichten um ihn. Einige dieser Geschichten aus dem Jahr 300 (in griechischer Sprache verfasst) wurden von Callisthenes gesammelt, der sich gern für einen General Alexanders ausgab. Wissenschaftler nennen diese Texte „Pseudo-Callisthenes". Den Romanautoren des 12. und 13. Jhs. waren zahlreiche Übersetzungen zugänglich.

▲ *Der Sage nach soll der große Krieger eine bemerkenswerte Bildung genossen haben. Die Ausgabe des Alexanderromans von 1400 zeigt ihn mit seinem Lehrer Aristoteles.*

ALBÉRIC DE BESANÇON

Die älteste mittelalterliche Version von Alexanders Leben wurde zwischen 1100 und 1150 von Albéric de Besançon geschrieben. Sie berichtet über die wundersame Geburt Alexanders: Der Himmel verdunkelte sich, das Meer wütete und blutroter Regen fiel herab. Doch als das Baby, aus dem ein Eroberer werden sollte, auf die Welt gekommen war, beruhigte sich alles.

Laut der Erzählung Albérics bestimmte Alexanders Vater, König Philip II. von Mazedonien, große Männer der Antike wie Homer, Aristoteles und Ptolemäus zu Alexanders Lehrern. Sie sorgten dafür, dass er eine gute Ausbildung nach Art der poesiebegeisterten Edelmänner erhielt. Er lernte also nicht nur lesen und schreiben, sondern wurde auch im Schwertkampf und im Turnierkampf sowie im Singen und Musizieren unterrichtet.

DER ALEXANDERROMAN

Albérics Werk ist lediglich als Fragment von 105 Zeilen erhalten geblieben. Es war eine der wichtigsten Quellen für etliche weitere mittelalterliche Geschichten über

◀ *Die Menschen in Babylon übergeben Alexander die Stadtschlüssel. Der Welteroberer starb 323 v. Chr. in Babylon – möglicherweise an einer Lebensmittel- oder Alkoholvergiftung – im Alter von 33 Jahren.*

den legendären Feldherrn. Bemerkenswert ist in allererster Linie „Le Roman d'Alexandre“ (Der Alexanderroman), ein Gedicht, bestehend aus zwölfsilbigen Zeilen, des Normannen Alexander von Bernay, auch bekannt als Alexander von Paris, das er vor 1200 schrieb. (Nach ihm wurde auch der Alexandriner benannt.)

AUßERGEWÖHNLICHE HELDENTATEN

Ein Abschnitt des Alexanderromans erzählt davon, wie der Jugendliche seine späteren Eroberungen vorwegnimmt und den Himmel für sich beansprucht: Auf dem Weg zur Jagd begegneten ihm zwei Greifen. Diese Wesen aus der griechischen Mythologie haben Löwenkörper, einen Adlerkopf und Flügel. Alexander verspürte den Wunsch, auf diesen Wesen der Sonne entgegenzufliegen, und rief einen Knappen zu sich. Der junge Mann sollte die Wesen einfangen und zwei Tage hungern lassen. Am dritten Tag glaubte Alexander endlich, sie mit Futter zähmen zu können. Er baute als Schutz gegen die Sonne einen Stuhl mit Baldachin.

Als der Tag gekommen war, ließen sich die Fabelwesen von ihm willig führen. Er spannte sie vor einen Stuhl und lockte sie mit saftigem Fleisch, sodass sie ihn wie die Pferde zur Jagd in den Himmel führten. Er flog so hoch, dass sich die Greife die Flügel verbrannten und vor Hitze nur so davonschossen. Alexander konnte allerdings sicher auf seines Vaters Felder zurückkehren.

Eine andere Geschichte erzählt davon, wie Alexander ins Land der Amazonen, furchterregender Kriegerinnen der griechischen Mythologie, gelangte. Die Königin Thalestris war so von ihm beeindruckt, dass sie Nachkommen nach seinem Vorbild für ihr Volk wollte. Also rückte sie mit 300 Amazonen in sein Feldlager und blieb 13 Tage und Nächte bei ihm. Sie selber wollte eine Tochter von ihm gebären.

DIE WEISHEIT INDIENS

Andere Geschichten erzählen von Ereignissen in Indien. In einer Erzählung begegnet Alexander einer Gruppe indischer Weiser auf seinem Feldzug. Sie lassen ihn wissen, dass sie ihn nicht fürchten, da es in ihrem Dorf nichts außer Weisheit zu stehlen gebe. Die könne er ihnen, trotz seiner Stärke, nicht nehmen. In dieser Geschichte reagiert Alexander anmutig und intelligent. Er erlaubt seiner Armee, zu rasten und von den Weisen zu lernen. Die Weisen meinen, dass alle Feldzüge ihm am Ende nichts nützten, da er, wie alle anderen Menschen auch, irgendwann sterben müsse. Dann würde jemand anderes bekommen, was er sich erobert habe. Sie sagen ihm aber auch, dass der Tod nicht das Ende bedeute. Die Seele eines Menschen sei zwar von Dunkelheit bedeckt, wenn er sterbe. Aber schon bald nach dem Tod würde sie sich zu neuem Leben erheben, so wie die Sonne am Ende eines Tages untergehe.

▲ *Die Elefanten der persischen Armee, die er 331 v. Chr. in der Schlacht bei Gaugamela besiegte, hatten Alexander sehr beeindruckt. Er setzte sie in seiner eigenen Armee als Lasttiere ein.*

In einer weiteren Geschichte berichtet Alexander in einem Brief seinem Lehrer Aristoteles. Er schreibt darin von einem heiligen Wald in Indien, in dem er sprechenden Bäumen begegnet sei. Sie hätten ihm die frostige Nachricht gebracht, dass seine eigenen Männer ihn umbringen würden. Der Tod erwarte ihn in Babylon. Diese Vorhersage erwies sich allerdings nur zum Teil als wahr. Alexander starb zwar um 323 v. Chr., nur 33 Jahre alt, in Babylon. Allerdings nicht durch eine Verschwörung, sondern vermutlich an einem Fieber.

DER RITTER VON ROM

JULIUS CÄSAR

▲ *Eine Illustration aus den „Taten der Römer“ aus dem 15. Jh. zeigt Cäsars Armee in mittelalterlicher Bewaffnung, nachdem sie eine bretonische Armee geschlagen hat.*

Eine weitere Verkörperung des Rittertums aus klassischer Zeit war Julius Cäsar. Der große römische Staatsmann hatte 58–50 v. Chr. Frankreich (damals Gallien) erobert und 55 und 54 v. Chr. Britannien besetzt.

ALLES AUS LIEBE

Cäsar gehört zu den Neun Würdigen, die als Beispiele der Ritterlichkeit galten. In dem französischen Roman „Perceforest“ (ca. 1330–1344) wird er als junger Ritter in höfischer Tradition porträtiert. Er besetzt Britannien, weil sich einer seiner Höflinge, Luces, in die Frau des Königs Perceforest von England verliebt hat.

In der Besetzung liegt der Keim für Cäsars Tod. Caesar tötet einen britischen Ritter, woraufhin dessen Neffe, Orsus Bouchesuave, Rache schwört. Er nimmt Cäsars Lanze und macht daraus zwölf eiserne Waffen. Diese Waffen werden von Brutus und seinen Verbündeten benutzt, um Cäsar an den Iden des März 44 v. Chr. zu töten.

Auch Alexander der Große fand in diesem Roman Platz. Darin heißt es, Alexander habe Britannien erobert und sich dann nach Babylon aufgemacht. Er hatte Perceforest die Verantwortung überlassen. Dieser führte in Britannien das Christentum ein. Er erlebte ein goldenes Zeitalter und viele Ritter standen ihm zu Diensten.

„GESCHICHTE“ CÄSARS VON GEOFFREY VON MONMOUTH

Geoffrey von Monmouth ergänzte seine „History of the Kings of Britain“ (Geschichte der Könige Britanniens von ca. 1135–1139) um die Eroberung Britanniens durch den römischen Feldherrn. Er fügte den vielen Berichten früher mittelalterlicher Schriftsteller wie Bede und Nennius sagenumwobene Elemente hinzu, die mittelalterliche Ritter unter seinen Lesern interessierten.

Laut Geoffrey beschloss Julius Cäsar nach seiner Eroberung Galliens, Britannien einzunehmen (in Wirklichkeit war er während der Einnahme Britanniens noch mit der Eroberung Galliens beschäftigt). Vom britischen König Cassibelaunus forderte er Unterwerfung. (Cassibelaunus war Geoffreys literarische Version des britischen Stammeshäuptlings Cassivellaunus, der den britischen Wiederstand gegen Cäsars zweite

◀ *Die römische Armee mit mittelalterlichen Belagerungsgeräten und Leitern, um in eine Festung einzudringen (aus der französischen Ausgabe der „Taten der Römer“, 14. Jh.).*

Invasion von 54 v. Chr. leitete.) Cassibelaunus wollte sich Cäsar nicht unterwerfen, sondern ihm auf gleicher Augenhöhe begegnen. Er berief sich dabei auf die gemeinsame Abstammung der Römer und der Briten von den trojanischen Helden.

▲ *Cäsars Ermordung an den Iden des März 44 v. Chr. stellt sich Giovanni di Tommaso Angelo 1450 wie ein Szene aus dem höfischen Leben des 15. Jhs. vor.*

CÄSARS MAGISCHES SCHWERT

Cäsar nahm den Weg über die Flussmündung der Themse und geriet daraufhin in ein Duell mit Nennius, Cassibelaunus' Bruder. Cäsar traf Nennius am Kopf, worauf sein Schwert *Crocea Mors* („Gelber Tod") in Nennius' Schutzschild stecken blieb. Nennius behielt die Waffe, die sich – wie andere Waffen großer ritterlicher Figuren wie König Artus – als Wunderwaffe erwies. Das Schwert erlegte jeden Gegner, auf den Nennius in dieser Schlacht traf. Die Briten kämpften so heroisch, dass Cäsar und seine Truppen gezwungen waren zu fliehen. Nennius starb 15 Tage später an den Folgen der Kopfverletzung. Mit dem magischen Schwert an seiner Seite wurde er in *Trinovantum* (London) begraben.

DIE BRITEN WERDEN VERRATEN

Laut Geoffrey versuchte Cäsar Britannien ein zweites Mal zu erobern. Wieder wurde er zurückgeschlagen. Die Briten wandten dabei eine schlaue Taktik an. Sie steckten Pfosten in den Grund des Flusses, die bei Flut nicht sichtbar waren. Die römischen Schiffe verfingen sich darin. Während der Siegesfeier bahnte sich das nahende Unglück allerdings schon an. In einem Ringkampf wurde Cassibelaunus' Neffe Hirelglas von Cuelinus, dem Neffen eines anderen Mitglieds des Könighauses, Androgeus, umgebracht. Bei Cäsars drittem Angriff verriet Androgeus Cassibelaunus. Er startete im Rücken der Briten einen Angriff und Cassibelaunus musste sich zurückziehen. Schließlich ergab sich Cassibelaunus und wurde Cäsars Freund.

EINE INSEL FÜR EIN PFERD

Cäsars Eroberungsversuche kommen auch in den „Welsh Triads of the Islands of Britain" (Walisische Triaden der britischen Inseln) vor. Sie sind eine Sammlung über die Geschichte, Mythologie und Volkskunde aus dem 13. Jh. In dieser Version reist Cassibelaunus (hier „Caswallawn" genannt), um seine Geliebte Fflur zu finden. Im Tausch gegen ein starkes und schönes Pferd namens Meinlas erlaubt er Cäsar, in Britannien zu landen.

ANTIK GEGEN MITTELALTERLICH

Cäsars Eroberungsversuche werden auch noch in einem französischen Werk aus dem 13. Jh. „Le Faits des Romains" (Die Taten der Römer) dargestellt. In dieser Version überwinden die Römer die Pfosten. Sie brennen sie mit griechischem Feuer ab. Das mysteriöse griechische Feuer war eine auf Schwefel basierende Waffe, die um 680 entwickelt und von den byzantinischen Griechen benutzt wurde. Die Pfosten waren teilweise eine Erfindung der mittelalterlichen Autoren. In der historischen Fassung haben die Briten auch spitze Pfosten verwendet und einige davon unter Wasser versteckt. Sie sollten allerdings die römische Infanterie und nicht die Schiffe aufhalten.

EINER DER NEUN WÜRDIGEN

Wie alle Neun Würdigen repräsentiert auch Julius Cäsar (in diesem Fresko aus dem 15. Jh. der Zweite von links) alle Facetten eines perfekten Kriegers. Alle, außer Hektor von Troja und der zweifelhafte König Artus, sind Eroberer. Die meisten stammen aus königlichen Familien. Alle brachten ihrem Land Ruhm und Ehre und waren für ihren Heldenmut im Kampf bekannt. Jeder einzelne von ihnen hatte eine besondere ritterliche Qualität, die ihn in historischem Zusammenhang zu besonderen Beispielen für Ritterlichkeit machte.

SIR ORFEO

RITTERLICHER LORD, TREUER EHEMANN UND HÖFISCHER MUSIKER

Ein englisches Gedicht aus dem 13. bis 14. Jh. übertrug den griechischen Mythos von Orpheus und Eurydike in die Welt des mittelalterlichen Englands. Held und Heldin, im Original ein Minnesänger und ein Baumgeist, werden zu Sir Orfeo, Herrscher eines mittelalterlichen Königreichs, und seiner Königin Heurodis.

Das Gedicht „Sir Orfeo“ entstand aus einer früheren altfranzösischen, bretonischen Vorlage. Es macht den starken Einfluss keltischer Volksmärchen über Feenreiche deutlich, von dem auch das tägliche Leben geprägt war.

WAS MITTELALTERLICHE DICHTER ÜBER GRIECHISCHE MYTHEN WUSSTEN

Die früheste erhaltene Handschrift von „Sir Orfeo“ datiert auf ca. 1330. In früheren Erzählungen aus Frankreich gibt es Hinweise auf eine bretonische Vorlage über Orpheus. Eine davon ist der Roman „Floire et Blanchefleur“ (Floris und Blanchefleur) aus dem 12. Jh., eine andere ist „Lancelot“ aus dem 13. Jh., die aber nicht erhalten geblieben ist. Der antike griechische Mythos von Orpheus und Eurydike führt mindestens bis ins 6. Jh. zurück. Den mittelalterlichen Dichtern war er über die römischen Dichter Virgil und Ovid zugänglich.

▼ *Im antiken griechischen Mythos wird Orpheus von den Mänaden, weiblichen Anhängern des Gottes Dionysos, getötet. Sie waren zornig, weil er nach dem Tod Eurydikes die Liebe zu Frauen aufgegeben hatte.*

Im griechischen Mythos ist Orpheus ein Musiker aus Thrakien. Er spielte und sang so gut, dass selbst Tiere, Bäume und Steine seiner Leier lauschten. Seine Frau Eurydike stirbt durch einen Schlangenbiss und er folgt ihr in die Unterwelt. Auch dort spielt er so gut, dass Hades, der Gott der Toten, ihm Eurydike zurückgeben will. Bedingung ist jedoch, dass er auf dem Weg zurück ins Leben nicht ins Reich der Toten zurückblickt. In älteren Versionen ist es ihm gelungen und Eurydike war wieder zum Leben erweckt. In den besser bekannten und jüngeren Fassungen (bei Ovid und Virgil) gelingt es ihm nicht und Eurydike löst sich in Nebel auf.

VON WINCHESTER IN DIE UNTERWELT

Zunächst war die Erzählung in England angesiedelt. Thrakien (Orpheus' Königreich) ist eine alte Bezeichnung für Winchester, der Hauptstadt von König Alfred dem Großen. Der König verliert seine geliebte Frau Heurodis, die der Feenkönig entführt, als sie unter einem Apfelbaum von Geistern umgeben ist. In dieser Version stirbt sie nicht. Sie wird kurz zuvor in die Unterwelt der Feen aufgenommen.

Sir Orfeo ist von Schmerz zerfressen. Er verzichtet auf sein Königreich und macht sich auf die Suche nach Heurodis. Wie es sich für einen guten Feudalherren gehört, sorgt er für das Wohlergehen seiner Bediensteten und überlässt seinem Aufseher das Königreich. Er verkündet, das Volk solle einen neuen Herrscher wählen, falls es Nachricht von seinem Tod erhalte. Er tauscht seine edlen Gewänder gegen die eines Pilgers und zieht sich in den Wald zurück. Nur seine Harfe nimmt er mit.

▲ *Orpheus und Eurydike in mittelalterlicher und höfischer Kleidung (aus einer Ausgabe mit Werken der venezianischen Autorin Christine de Pizan von 1412).*

In Einsamkeit und Schmerz spielt er darauf Lieder von außerirdischer Schönheit. Selbst wilde Tiere sind verzaubert.

Zehn Jahre gehen vorüber, bis Sir Orfeo Heurodis in Begleitung des Elfenkönigs' Jagdgesellschaft vorbeireiten sieht. Er folgt ihr in die Unterwelt. Auch dort spielt er Lieder von außerordentlicher Schönheit auf seiner Harfe und der König lässt ihm einen Wunsch frei. Orfeo ergreift die Chance und wählt Heurodis, die er tatsächlich ins Leben zurückführt.

Heurodis kehrt mit Sir Orfeo vereint nach Winchester zurück. Er verkleidet sich als Bettler und will die Treue seines Aufsehers auf die Probe stellen. Der Mann scheint ihm ehrlich und treu zu sein. So kann er sich zu erkennen geben und auch seine Rolle als König wieder aufnehmen.

► *Der Mythos von Orpheus: Seine Reise in die Welt der Toten und seine hohe musikalische Kunst ist zu einer symbolischen Geschichte über unwiederbringlichen Verlust geworden.*

CHRISTLICHE INTERPRETATIONEN

Die Entführung von Sterblichen durch Märchengestalten, die Jagd der Elfen und die Vorstellung von einer Unterwelt, die Sterbliche betreten und wieder verlassen konnten, waren übliche Motive der keltischen Tradition. Eine Version des 14. Jhs. interpretiert Eurydike als Christenseele. Der König der Unterwelt ist Satan und Orpheus steht für Christus (der in die Hölle wanderte, um seine, nach seinem Tod am Kreuz verlorene Seele zu retten).

Eine andere Deutung der Geschichte aus der gleichen Zeit sieht Orpheus als Christ und Eurydike als dessen Seele an. In der Version, in der Orpheus Eurydike verliert, kann er zunächst seine Seele zurückgewinnen, denn er führt ein religiöses Leben. Doch der Christ wird durch weltliche Dinge in Versuchung geführt. Er blickt zurück und verliert seine Seele an Satan.

RITTERLICHE BEDEUTUNGEN

Für die Leserschaft des Mittelalters hatte Sir Orfeos Harfe eine doppelte Bedeutung. Sie war ein höfisches wie auch ein heiliges Instrument. In ihr konnten sie die Leier König Davids, des biblischen Psalmisten und musterhaften Beispiels für Ritterlichkeit, wiedererkennen. Sir Orfeos Rückzug in den Wald war für die Leser vergleichbar mit einem religiösen Rückzug oder einem Pilgergang. Tatsächlich war der König wie ein Pilger gekleidet. Die Tatsache, dass ihm während seines Rückzugs ein flüchtiger Blick auf Heurodis gewährt wurde, lässt auf die Gnade Gottes schließen.

Neben dieser religiösen Interpretation handelt Sir Orfeo ebenfalls nach den Regeln der Ritterlichkeit und der höfischen Liebe. Der Ritter gibt seine weltliche Existenz auf, zieht sich für zehn Jahre in den Wald zurück und beweist damit, dass er die Liebe seiner verehrten Dame verdient. Auf der Reise in die Unterwelt der Elfen zeigt er große Tapferkeit. Mit seinem Harfenspiel, nicht mit der Lanze, verdient er sich die Belohnung. Außerdem ist er ein äußerst verantwortungsvoller Herrscher, der sein Volk einem vertrauenswürdigen Aufseher übergibt. Auch gegen einen neuen König hat er eigentlich nichts einzuwenden, sollte dieser gebraucht werden.

KAPITEL 3

KÖNIG ARTUS UND DIE RITTER DER TAFELRUNDE

König Artus und die Ritter der Tafelrunde in Camelot wurden im Mittelalter zum Inbegriff der Ritterlichkeit. Die Ritter, die sich von den mittelalterlichen Zyklen von Romanen um König Artus inspirieren ließen, versuchten den Taten Sir Lancelots oder Sir Galahads nachzueifern. Viele Könige, Prinzen und Feudalherren nutzten den runden Tisch als Modell für Turniere oder ritterliche Bruderschaften. Schon 1223 ließ sich der Kreuzritter John von Ibelin, Lord von Beirut, von den Taten der Ritter der Tafelrunde zu einer „Tafelrunde" des Lanzenstechens inspirieren. Die Ritter sahen mit Stolz, Bewunderung und Trauer nach Camelot. Denn das goldene Zeitalter König Artus' barg den Keim des Untergangs und Versagens in sich.

Die mittelalterlichen Romane erzählen von den großen Abenteuern Artus', aber auch von der ehebrecherischen Liebe zwischen seiner Königin Guinevere und seinem engsten Vertrauten Sir Lancelot. Ihr Verrat in Verbindung mit der Suche nach dem Heiligen Gral, dem Becher, aus dem Christus beim letzten Abendmahl getrunken haben soll, führte zur Auflösung der Tafelrunde, zu Artus' Tod und zum Ende des ruhmreichen Königreichs. Insgesamt waren die Geschichten um Artus gefärbt von einer Neigung zum Elegischen und dem Wissen darum, dass so großartige Dinge wie die Zeit von Camelot einmal enden.

▲ Die Dame des Sees trifft Guinevere, aus „Die Geschichte von Lancelot".

◄ Der Runde Tisch – an dem kein Ritter Vorrang hatte – sollte eine ideale Organisationsform für eine Gruppe von Rittern sein. Doch als die Ritter sich wegen des Grals zerstritten, zerbrach die Bruderschaft.

HERR ÜBER CAMELOT

HISTORISCHE WURZELN VON KÖNIG ARTUS UND DIE ENTSTEHUNG DER SAGE

In der umfangreichen Literatur des Mittelalters über König Artus und seine Ritter wird der König in verschiedenen Rollen dargestellt. Er ist ein Knappe, ein edler Herrscher, ein einzigartiger Krieger, die Ritterlichkeit in Perfektion. Er ist aber auch das Symbol einer vergangenen Zeit, die vielleicht eines Tages zurückkehren und das Volk in eine ruhmreiche Zukunft führen wird. Die Vorlagen für diese Figur finden sich im Gemenge keltischer Geschichte und Sagen.

DAS GRAB DES KÖNIGS

Für die Ritter des Mittelalters war der legendäre König Artus zweifellos Teil ihrer Geschichte. Im 12. Jh. begannen sie, nach seinem Grab zu suchen.

Bekannte Geschichten über sein Leben erzählen, er sei auf der Insel Avalon begraben worden. Mit diesem Namen verbunden wurde der St. Michael Mount, eine Insel vor der Küste Cornwalls, und die Île d'Aval vor der bretonischen Küste. Eine ältere Tradition aus dem 11. Jh. hält Glastonbury Tor, einen Hügel, der inmitten der Wiesen von Somerset wie eine Insel wirkt, für Avalon.

Zur Zeit Heinrichs II. von England ordnete Henry de Blois, Abt von Glastonbury von 1126–71, an, den Berg nach Artus' Grab zu durchsuchen. Angeblich wurde ein Sarg mit folgender Inschrift im Hang gefunden: „Hic jacet sepultus inclitus rex Arthurus in insula Avalonia" (Hier wurde das Grab von König Artus, begraben auf der Insel Avalon, gefunden). Im 13. Jh. wurden die Überreste vor dem Hochaltar in der Abtei von Glastonbury begraben. Dabei war König Edward I. anwesend. Diese Grabstätte wurde bis in die Tudor-Ära hinein von Pilgern besucht.

HISTORISCHE WURZELN

Die meisten zeitgenössischen Historiker sind überzeugt, die Artussage sei aufgrund der Erfolge eines unbedeutenden britischen oder walisischen Prinzen im 5. oder 6. Jh. entstanden. Dieser Prinz hatte einen vereinigten Widerstand gegen die Eroberung durch die Sachsen organisiert. Er war vermutlich der Führer einer britischen Armee, welche die Sachsen etwa um das Jahr 500 am „Mount Badon" besiegte.

Frühe Hinweise auf König Artus kommen aus Wales. Er wird in Gedichten der walisischen Dichter Aneirin und Taliesin aus dem späten 6. Jh. genannt. Sie loben seine Tapferkeit und seine Art, Feste zu feiern. In der „Historia Brittonum" (Die Geschichte der Briten) von ca. 830 führt der walisische Mönch Nennius nicht weniger als zwölf Schlachten auf, in denen Artus die Sachsen besiegt hat. Er erwähnt auch den überragenden Sieg von *Mons Badonicus* (Mount Badon). Im darauffolgenden Jahrhundert behauptete der unbekannte Chronist der „Annales Cambriae" (Annalen von Wales), Artus habe 516 eine Schlacht am Mount Badon gewonnen. 539 sei er aber in einem Kampf getötet worden. Die Annalen erwähnen auch, ein Krieger namens Medraut (lat. für Mordred) habe sein Ende in dieser Schlacht gefunden. Artus' Name erscheint vom 11. bis zum 12. Jh. in walisischen Berichten über das Leben der Heiligen. Sie porträtieren ihn als großen Krieger.

Manche Historiker halten Little Solsbury Hill, eine Festung bei Bath in Südengland, für Mount Badon. Archäologen haben entdeckt, dass die Festung Ende des 4. Jhs.

▲ *In seiner Jugend glaubte Artus, er sei ein Knappe. Tatsächlich war er ein Prinz, ohne es zu wissen – auserwählt, die Krone zu tragen.*

▼ *Glastonbury Tor soll auf Avalon gelegen haben und ist nach dem keltischen Wort „tor" (einem kegelförmigen Hügel) benannt.*

von den Briten benutzt wurde. Andere nehmen an, Camlann, wo Artus vermutlich starb, könnte mit einem Ort in Nordengland nahe Bidoswald in Cumbria übereinstimmen, der zur Römerzeit den Namen „Camboglanna" trug.

ARTUS, DER BÄRENGOTT

Wieder andere Historiker glauben nicht, dass es nur eine historische Figur als Kern der Artussage gibt. Der Name könnte „Bärenmann" bedeuten und vom walisischen „art" (Bär) abgeleitet sein. Einige Experten behaupten, Artus sei ursprünglich ein keltischer Bärengott gewesen, dem man in den Sagen einen historischen Rahmen gegeben hat. Andere wiederum glauben, der Name könne ein „nom de guerre" gewesen sein, der mit den Erfolgen von Kriegsherren, die gegen Eindringlinge kämpften, verbunden ist.

DIE LEGENDE ENTSTEHT

Die Legende hat ihren Ursprung in der walisischen Folklore und in frühen Romanen. „Culhwch and Olwen" (11. bis 12. Jh.) war vielleicht der früheste. Hierin ist Artus Anführer einer Helden-Gruppe (Vorläufer der Ritter der Tafelrunde). Sein Hof ist in Kelliwic („Gehölz") in Cornwall, womit Callington (nahe Launceton) oder die Burg Killibury, eine Festung nahe Wadebridge, gemeint sein könnten.

Die Artussage wurde von Geoffrey Monmouth in der berühmten „Historia Regum Britanniae" von 1135–1139 entwickelt. Sein fiktionaler Bericht, der großen Einfluss in Europa hatte, enthält bereits viele der heute bekannten Elemente: Der Zauberer Merlin verwandelt den britischen König Uther Pendragon in Gorloise, Herzog von Cornwall. So kann Uther seinen Wunsch, mit Igraine, Gorloises schöner Frau, zu schlafen, befriedigen. Ergebnis dieser Begegnung ist die Geburt Artus'. Er wird König, als sein Land von sächsischen Eindringlingen abhängig ist, und kann sie zurückschlagen. Er heiratet die schöne Guinevere und seine Regierungszeit wird zum goldenen Zeitalter der Ritterlichkeit. Camelot hat jedoch nicht ewig Bestand. Als der fiktive römische

▲ *Das farbige Glasfenster zeigt Artus mit seinem ersten Ritter Lancelot.*

Kaiser Lucius Tiberius von Britannien Tribut verlangt, zieht Artus nach Frankreich, um die römische Armee zu schlagen. Britannien gibt er in die Hände seines undankbaren und unritterlichen Neffen Mordred. Mordred verführt Guinevere und erobert den Thron. Artus kehrt zurück, tötet Mordred, wird aber im letzten Kampf lebensgefährlich verwundet. Sein Körper entrückt zur Insel Avalon (laut Geoffrey „Insel der Äpfel").

DIE TAFELRUNDE UND DIE GRALSSUCHE

Der anglonormannische Autor Wace of Jersey übersetzte Geoffreys „Historia" ins Französische: „Roman de Brut" (1155). In dieser Fassung wird zum ersten Mal die Tafelrunde am Hofe des Königs Artus beschrieben. Der französische Autor Chrétien de Troyes, der fünf Artusromane (ca. 1165–80) schrieb, führt die Suche nach dem Gral, dem Becher aus dem letzten Abendmahl, ein. Die Sage wurde in französischen Romanen des 13. Jhs. weiterentwickelt. Erzählungen aus Artus' Kindheit und die Geschichte um das Schwert Excalibur und Artus' Bestimmung König zu werden, kommen hinzu. Auch das Verhältnis zwischen Guinevere und Lancelot, Artus' vertrautestem Gefährten, werden thematisiert. Schließlich noch die Erzählung über Lancelots Sohn Galahad, dessen Reinheit es ihm erlaubt, bei der Gralssuche so erfolgreich zu sein. Diese Geschichten wurden den Lesern in England erst im 15. Jh. durch den Ritter Sir Thomas Malory in „Le Morte d'Arthur" (ca. 1470) bekannt.

In der Entwicklung der Artussage änderte sich am Kern der Geschichte von Geoffrey von Monmouth bis Sir Thomas Malory nur wenig. Eine wesentliche Änderung gab es mit der Entwicklung des Ritterkodexes. Artus wandelte sich dadurch vom Krieger in früheren Versionen zu einer höfischen Figur. Im Vordergrund stand der ritterliche Patron und Herr der Tafelrunde, nicht mehr der Ritter der Schlachtfelder und Turniere.

EIN BETROGENER KÖNIG

TRISTAN UND ISOLDE

Tristan war der Held einer keltischen Sage, in der die Liebesaffäre eines Kriegers mit der Frau seines Herrn im Mittelpunkt stand. Im 12. Jh. wurde sie von anglo-normannischen Dichtern umgeschrieben. Im ersten Quartal des 13. Jhs. wurde sie dem Zyklus der Artusromane angegliedert. Tristan wurde auf der Suche nach dem Heiligen Gral ein Ritter der Tafelrunde. Die Geschichte von Tristans freudiger, aber durch den Ehebruch getrübter Liebesgeschichte mit Isolde, der Ehefrau König Marks von Cornwall, entstand vor der von Lancelot und Guinevere. Sie hat Letztere wahrscheinlich beeinflusst.

▲ *Auf dem Weg zurück nach Cornwall trinkt Tristan nichtsahnend den Liebestrunk, der ihn dazu bringt, alles für seine Dame zu riskieren.*

DIE KELTISCHE SAGE ÜBER TRISTAN

Frühe Versionen der Geschichte von Tristan und Isolde findet man im altfranzösischen Gedicht „Tristan“ (1155–1169) des anglo-normannischen Dichters Thomas von Britannien und im normannischen Gedicht „Tristan“ von Bèroul aus dem 12. Jh. Die Grundlage aller späteren Versionen ist eine keltische Volksdichtung. Sie ist irgendwann verlorengegangen, konnte aber rekonstruiert werden.

Danach war Tristan ein Ritter in den Diensten seines Onkels König Mark von Cornwall. Er selbst war Prinz im Königreich Lyonesse. Er war Marks Meisterkrieger und besiegte den irischen Ritter Marhaus in einem Duell. Daraufhin schickte Mark Tristan vertraulich nach Irland, um dort für ihn um die Hand der Prinzessin Isolde anzuhalten.

In Irland tötet Tristan einen Drachen, der die Bewohner in Angst und Schrecken versetzt hatte, und segelt mit der Prinzessin nach Cornwall zurück. Auf ihrer Reise trinken sie nichtsahnend einen Liebestrank, den Isoldes Mutter für ihre Tochter zubereitet hat. Sie sollte ihn mit Mark trinken. Doch jetzt empfinden Isolde und Tristan tiefe Liebe füreinander.

Isolde heiratet König Mark, den sie und Tristan schätzen und ehren. Ihre Liebesaffäre mit Tristan führt sie aber heimlich weiter. Mark wird misstrauisch und versucht, den Betrug aufzudecken. Doch Tristan und Isolde sind zunächst trickreich genug, um unschuldig zu erscheinen.

Schließlich hat Mark den Beweis. Tristan wird zum Tod am Folterpfahl verurteilt, Isolde in eine Lepra-Kolonie verbannt. Tristan kann auf mysteriöse Weise entfliehen. Er springt die Klippen hinunter und kann Isolde retten. Die Liebenden verstecken sich im Wald von Morrois, wo sie ein einfaches, aber zufriedenes Leben führen.

Mark findet sie dort schlafend mit einem gezogenen Schwert neben sich. Erstaunlicherweise schließen die drei Frieden. Isolde kehrt an Marks Hof zurück und Tristan geht in die Bretagne. Dort heiratet er wegen ihres Namens und ihrer Schönheit eine zweite Isolde. Sie ist die Tochter des Herzogs Hoel. Die Geschichte endet mit einer Tragödie. Tristan kämpft mit Morholt, dem Onkel der irischen Isolde. Zunächst schlägt er sich heldenhaft, wird dann aber von einem vergifteten Speer getroffen. Nur Isolde von Irland weiß, wie man das Gift entziehen und Tristans Leben retten kann. Also schickt er ihr von seinem Krankenbett aus die Botschaft, sie solle in einem Schiff mit weißen Segeln kommen. Sollte sie nicht kommen können, solle sie ein Schiff mit schwarzen Segeln schicken.

Tristan bittet seine Ehefrau, die zweite Isolde, nach dem Schiff zu sehen. Isolde ist eifersüchtig auf Tristans unsterbliche Liebe zu Isolde von Irland und lügt. Sie erzählt

PAS DE LA JOYEUSE GARDE

▲ *René d'Anjou, Herzog von Anjou, war zu Lebzeiten eine ritterliche Legende. Er war das perfekte Beispiel eines Ritters und in allen wichtigen Fähigkeiten herausragend.*

Typisch für das *Pas d'Armes* des 15. Jhs., das Szenen aus der Artussage aufführte, war die *Pas de la Joyeuse Garde* in Anjou von 1446. In der Nähe von Saumur wurde ein Schloss aus Holz gebaut, eine Imitation des Schlosses der Liebe, in dem sowohl König Artus und Königin Guinevere als auch Tristan und Isolde Zuflucht gesucht haben sollen. Zum Festzug gehörten zwei „Türken“, zwei echte Löwen, eine Musikantengruppe auf Pferden, ein Zwerg und Herzog René d'Anjou auf einem Pferd, von einer unverheirateten Frau geführt. Der beste Kämpfer gewann eine goldene Schnalle, verziert mit Rubinen und Diamanten.

▲ *Die Sage von Tristans und Isoldes verhängnisvoller Liebe hat zu vielen Aufarbeitungen angeregt. Wagners „Tristan und Isolde" wurde 1865 uraufgeführt.*

ihm, es käme ein Schiff mit schwarzen Segeln. Tristan stirbt aus Kummer darüber, dass seine wahre Liebe ihn verlassen hat.

Als Isolde von Irland den toten Tristan sieht, ist sie untröstlich und auch sie stirbt in einer letzten Umarmung mit ihrem Geliebten. Auf dem Grab der Liebenden werden zwei Bäume, Geißblatt und Haselnuss, gepflanzt. Deren Zweige sind als Zeichen der unsterblichen Liebe zwischen beiden ineinander verschlungen. Obwohl König Mark dreimal versucht, die Zweige zu trennen, wachsen sie wieder zusammen und der König gibt sich geschlagen.

PRINZ VON LOTHIAN?

Tristans Name (er wird auch Drystan oder Drustanus genannt) war ein typischer piktischer Name. Sein Königreich Lyonesse könnte eine Übertragung ins Französische von „Lothian", einer ursprünglich piktischen Region im Südosten Schottlands, gewesen sein. König Mark von Cornwall ist eine historische Figur aus dem frühen 6. Jh. Möglich ist, dass sich die Tristansage um einen historischen piktischen Prinzen entwickelt hat, der an den Königshof nach Cornwall geschickt wurde. Nach einer anderen Theorie könnten mit Lyonesse die Isles of Scilly südwestlich von Cornwall gemeint sein.

Die frühesten Versionen der Tristansage hatten wahrscheinlich keine Verbindung zum Artus-Zyklus. Allerdings kommen Tristan und Isolde schon in frühen walisischen Gedichten im Zusammenhang mit König Artus vor. Isolde ist in „Culhwch and Olwen" aus dem 11. Jh. eine der Schlüsselfiguren am Hof. Tristan taucht ferner als Berater Artus' in „Dream of Rhonabwy" aus dem 12. oder 13. Jh. auf. In den frühen Versionen der Geschichte ist König Mark von verständnisvollem Charakter, allerdings durch die Umstände fehlgeleitet. Mark, Tristan und Isolde schätzen sich gegenseitig, wie sich in der späteren Erzählung auch Artus, Lancelot und Guinevere achten. Tristan liebt und ehrt Mark als seinen König und Herrn. Mark liebt Isolde als seine Frau und Tristan als seinen Neffen. Und Isolde liebt Mark als ihren Ehemann. Typisch für diese Versionen ist der Glaube an Wunder aus den keltischen Volkserzählungen. Tristan und Isolde stehen unter dem Einfluss des Zaubertranks und sind deswegen moralisch nicht angreifbar.

In den Prosaversionen wird Mark allerdings zum Schurken, der seine Nichte vergewaltigt und ermordet und seinen Bruder Balduin tötet. Auch Tristan wird hier durch seine Hand getötet. In dieser Version stirbt Tristan nicht in der Bretagne, sondern an Marks Hof. Der König ersticht ihn, während er unter einem Baum Harfe spielt.

RÜCKKEHR AUS DEM EXIL

In einigen Fassungen kehrt Tristan aus dem Exil zurück, um Isolde zu besuchen. Zwei Gedichte aus dem 12. Jh., bekannt als „Folie Tristan", erzählen, wie Tristan als Wahnsinniger verkleidet an den Königshof kommt. In „Luite Tristan" erscheint er in Gestalt eines Mönchs. Marie de France, Dichterin im 12. Jh., erzählt in „Chèvrefoil" (Geißbaum), wie Tristan Isolde ein Zeichen gibt. Auf einem Haselnusszweig findet sie die Inschrift *Ni moi sans vous, ni vous sans moi* („Ich kann nicht ohne dich und du nicht ohne mich leben").

▼ *In diesem Manuskript, einer Version aus dem 15. Jh., ist König Mark beim Begräbnis von Tristan und Isolde anwesend.*

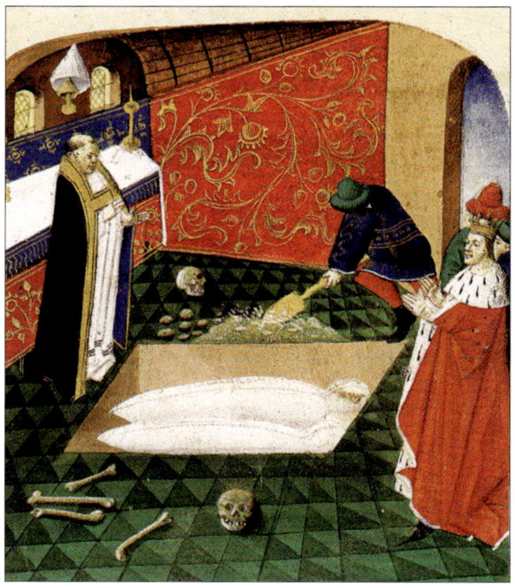

KÖNIG ARTUS' KNAPPE UND TRUCHSESS

SIR KAY

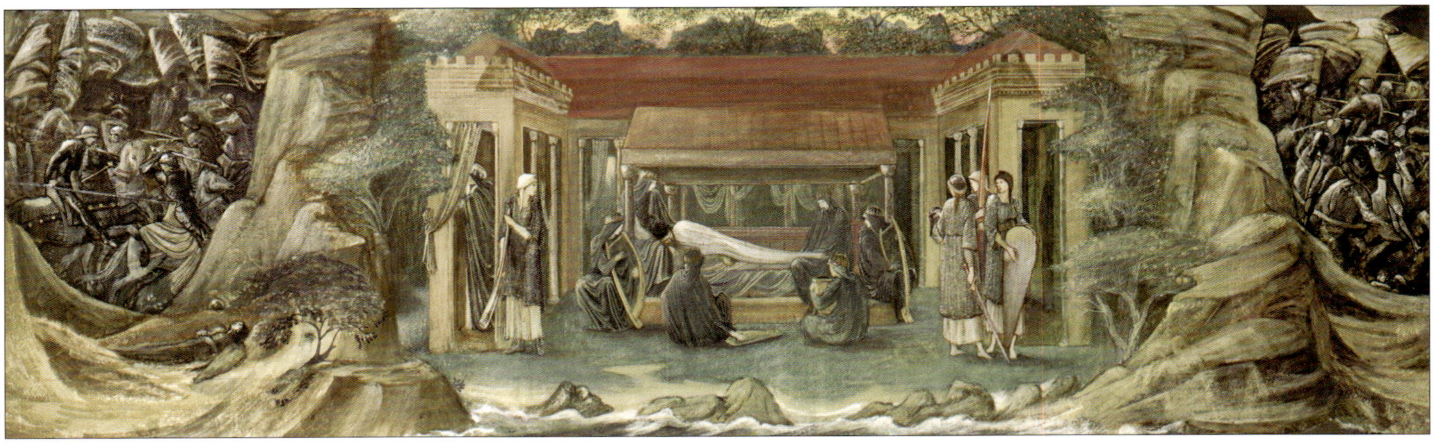

▲ *Kays Charakter ist in den Berichten unterschiedlich, aber er war überaus loyal. Artus rächte seinen Tod, bevor er selbst starb.*

Sir Kay war der Sohn von Artus' Ziehvater Sir Ector. Sein Charakter variiert in den unterschiedlichen Versionen der Artussage. Mal war er einer der besten und tapfersten Ritter der Tafelrunde, ein anderes Mal ein prahlerischer Narr oder gar ein tückischer Feigling. Oft trat er mit Sir Bedivere in Erscheinung, jenem Ritter, der Artus' magisches Schwert Excalibur an die geheimnisvolle Dame vom Meer zurückgegeben hat.

Sir Kay war besonders in jener Gestalt bekannt, wie sie durch die französischen Prosafassungen und Sir Thomas Malorys „Le Morte d'Arthur" gezeichnet wurde.

Der Zauberer Merlin hatte Artus aus der Hand seiner Eltern, König Uther Pendragon und Igraine, gerissen, als er noch ein Kind war und in die Obhut von Sir Ector gegeben. Er wuchs mit Sir Ectors Sohn Kay auf und wurde dessen Schildknappe.

Bei einem Turnier in London verlor Artus Kays Schwert. Er glaubte es durch das Schwert Excalibur, das er aus einem Stein zog, ersetzen zu können. Dadurch wurde klar, dass er dazu bestimmt war, König der Briten zu werden.

Sir Kay behauptete, er selbst habe das Schwert gezogen. Schließlich musste er zugeben, dass sein Pflegebruder der wahrhaft Auserwählte war. Die Rollen wurden also getauscht: Sir Kay wurde Artus' Schildknappe und einer der Ritter der Tafelrunde.

WALISISCHER LORD UND RITTER MIT ZAUBERKÜNSTEN

Die walisische Volksdichtung feierte Sir Kay – „Cai Hir" (Kay der Große) genannt – als führenden Krieger mit einem feurigen Temperament. Einige der Schreiber halten ihn für Caer Gai, einen walisischen Lord aus dem 5. Jh.

In den Volkserzählungen des „Mabinogion" erscheint er als äußerst tapfer und ritterlich. In der Erzählung „Cuhlwch und Olwen" aus dem 11. Jh. werden Cai, Gedwyr und Gwalchmei (Kay, Bedivere und Gawain) unter den sechs besten auserwählt, mit Culhwch von Artus' Hof auszureiten. Sie sollen Culhwch bei der Lösung der Aufgaben helfen, die ihm der Riese Ysbaddaden gestellt hat, um seine Tochter Olwen heiraten zu können. Im Verlauf dieser Abenteuer tötet Kay einen Riesen namens Wrnach und besiegt Dillus den Bärtigen, aus dessen Haaren er eine Hundeleine fertigt.

In „Triads of the Island of Britain" ist Kay einer der drei Ritter, die sich in der Zauberei auskennen. Er soll die Fähigkeiten besessen haben, so groß zu werden wie eine Eiche, neun Tage und Nächte unter Wasser den Atem anzuhalten und die gleiche Zeit ohne Schlaf auszukommen. Er besaß ein magisches Schwert, das Wunden schlagen konnte, die nie verheilten. Von seinem Körper ging eine besondere Wärme aus, an der sich seine Gefährten wärmen konnten, wenn es im Wald kalt und feucht war. Im Regen trocknete alles durch die Berührung von Kays warmer Hand.

EIN KELTISCHER HEILIGER

In der bretonischen Sage ist Kay sogar ein Eremit, ein Kirchenmann und Heiliger. In dieser Tradition wird er zum Bischof von Glastonbury. Er gründet ein Kloster in Cléder, in der Bretagne. Dort wird ihm zu Ehren über Jahrhunderte ein Schrein aufbewahrt. Er kehrt an den englischen Hof zurück, um zwischen Artus und Mordred zu vermitteln, jedoch ohne Erfolg. Guinevere überredet er, Nonne zu werden.

EIN POSSENREISSER IN CAMELOT

In Geoffrey von Monmouths „History of the Kings of Britain" (1135–1139) ist Sir Kay identisch mit dem Grafen von Anjou und soll König Artus' Diener gewesen sein. Er reitet mit dem König aus, um den Riesen von Mont St. Michel in der Normandie zu töten. In den Werken von Chrétien de Troyes ist er allerdings ein prahlerischer und unfähiger Narr, eine humorvolle Figur, die sich über die wahren Helden Lancelot und Gawain lustig macht.

Er selbst ist allerdings zu großen Taten nicht fähig. In Chrétiens Gedicht „Lancelot, le Chevalier de la Charrette" (Lancelot, der Ritter des Wagens) wird Artus durch Sir Kay dazu überredet, Guinevere zu befreien, die Sir Meleagent gefangenhält. Er versagt und landet im Gefängnis. Lancelot kann triumphieren. In der Schlacht von Le Hem in der Picardie, die 1278 stattfand und in dem Gedicht „Le Roman du Hem" beschrieben wird, nehmen die teilnehmenden Edelleute die Rollen von Artus-Rittern an. Sir Kay ist dabei ein prahlerischer Possenreißer.

SIR KAY, DER MÖRDER

Seit Chrétien de Troyes wurde Sir Kay häufig als Narr oder Prahler dargestellt, aber nur einmal als Bösewicht – in „Perlesvaus", einem französischen Roman aus dem frühen 13. Jh.

In dieser Erzählung tötet er Artus' Sohn Loholt bei dem Versuch, diesen um die Belohnung für die Tötung eines Riesen zu bringen. Der Betrug wird aber aufgedeckt, als Loholts Kopf in einer Kiste am Hof ankommt, die sich nur von seinem Mörder öffnen lässt. Kay wird aus Camelot verbannt und verbündet sich mit Artus' Feinden Sir Meliant und Brian von den Inseln.

SIR KAYS TOD

In den meisten Versionen stirbt Sir Kay als treuer Ritter in König Artus' Diensten. Bei Geoffrey von Monmouth wird Sir Kay im Kampf mit dem fiktionalen römischen Herrscher Lucius Tiberius in Frankreich getötet. Die französische Prosa lässt ihn sein Ende in Artus' Kampf gegen die Römer in Frankreich finden.

Walisische Quellen berichten, Sir Kay sei von Gwyddawg, einem der ärgsten Feinde Artus', umgebracht worden. Artus habe sich dann später für den Tod seines Stiefbruders gerächt.

▲ *Kay zerbricht sein Schwert im Turnier. Seine Bedeutung variiert vom Ritter mit Zauberkräften in walisischen Quellen bis hin zum Ritter mittleren Ranges in den Artusromanen.*

▼ *Bei Chrétien de Troyes hat Lancelot Erfolg beim Versuch, Guinevere aus Meleagants Burg zu retten, während Kay scheitert.*

ALS VERHEIRATETER RITTER UNTERWEGS

SIR ERECS KONFLIKT ZWISCHEN EHELEBEN UND RITTERLICHKEIT

Sir Geraint, auch als Erec bekannt, war einer der ersten Ritter in den Artusromanen, der sich als fahrender Ritter ehrenhaft bewährt. Zu seinen großartigen Abenteuern gehörten Auseinandersetzungen gegen Zwerge und Riesen, Besuche in geheimnisvollen Burgen und heftige Kämpfe mit unbekannten Rittern.

Diese Ereignisse haben im 14. und im 15. Jh. Lanzenturniere und prächtige *Pas d'Armes* angeregt. Ursprünglich war Sir Geraint wahrscheinlich ein walisischer Ritter oder König von Dumnonia (ungefähr in der Gegend von Devon und Sumerset), berühmt für seinen mutigen Turnierkampf. Er gewann sogar die Hand seiner Frau durch einen Turniersieg.

EREC UND ENIDE

Als Sir Erec war Geraint der Held des ersten Romans des großartigen französischen Schriftstellers Chrétien de Troyes, „Erec et Enide" (1170). Dieses 7000 Zeilen lange Gedicht in Altfranzösisch mit dem Titel „Die Sage von allen Abenteuern" ist Grundlage für alle Artusromane, ausgenommen vielleicht die walisische Erzählung „Cuhwch and Owen". Obwohl sie nur in einer Ausgabe aus dem 14. Jh. erhalten geblieben ist, stammt das verlorengegangene Original aus dem 11. Jh. Chrétiens Roman beschreibt Erecs Konflikt zwischen Eheleben und dem ritterlichen Leben.

VON SIR YDER BESCHÄMT

Zu Beginn der Geschichte begleitet der unbewaffnete Sir Erec Königin Guinevere. Die anderen Ritter der Tafelrunde sind auf der Jagd. Ein Ritter namens Yder in Begleitung eines Zwergs nähert sich den beiden. Der Zwerg behandelt den Ritter unehrenhaft und reitet davon. Guinevere, die sich durch die Beleidigung ihres Dieners gedemütigt fühlt, befiehlt Sir Erec, dem Zwerg zu folgen und sich zu rächen.

Erec reitet in eine weit entfernt liegende Ortschaft und trifft dort Enide. Ihr Vater ist der Prototyp eines verarmten Ritters. Einst ein verdienter Krieger, hatte er alle Titel und Reichtümer verloren. Sir Erec kämpft in der alten, rostigen Rüstung von Enides Vater in einem Turnier und schlägt Sir Yder, der in der Verkleidung eines „Buntfalken-Ritters" den Wettkampf angetreten hatte. Sir Erec bringt ihn dazu, Guinevere um Vergebung zu bitten. Schließlich heiraten Erec und Enide.

EHEPROBLEME

Erec und Enide führten eine glückliche Ehe. Dennoch gefiel es Lady Enide nicht, dass Sir Erec angeblich wegen ihrer Verbindung ritterlichen Ruhm einbüßte. Seine Gefährten hatten den Eindruck, er werde weich und erfülle seine Pflichten nicht, weil er das ritterliche Leben wegen ehelicher Pflichten vernachlässige. Enide war angesichts dieser

◄ *Enide und Erec auf ihrer eher unüblichen Gralssuche. Schließlich lassen sie sich in Camelot nieder.*

▲ *Der englische Dichter Alfred, Lord Tennyson, machte Lady Enide und Sir Geraint zum Thema der ersten vier Artusgedichte, die als „Idylls of the King" 1859 veröffentlicht wurden. Darin lobte er ihre Treue in der Ehe.*

Gerüchte so niedergeschlagen, dass Erec an ihrer Treue zweifelte und ihr befahl, ihn auf einer Reise zu begleiten.

Die Reise war voller Abenteuer, Erec konnte sein ritterliches Können, Enide ihre Liebe beweisen. Er war grob zu ihr und befahl ihr, während der Reise zu schweigen. Sie hielt sich aber häufig nicht daran und bewahrte ihn damit vor Gefahren. Nach ihrer Rückkehr an Artus' Hof, nachdem Erec mehrere Riesen besiegt hatte, führten sie ein glückliches Leben.

KELTISCHE URSPRÜNGE

Die gleiche Geschichte entdeckt man in dem walisischen Roman „Geraint mab Erbin" (Geraint, Erbins Sohn). Er erschien zur gleichen Zeit wie „Mabinogion".

► *Auf ihrer Reise kommt es zum Ehestreit zwischen Erec (Geraint) und Enide, der sich aber am Ende ihrer Reise aufgelöst hat. Beide nehmen schließlich wieder ihre ursprünglichen Rollen in der Partnerschaft ein.*

Einige Historiker meinen, Chrétiens Gedicht und der walisische Roman seien beide keltischen Ursprungs. Andere wiederum vermuten, das walisische Gedicht hätte sich erst aus dem Werk Chrétiens entwickelt.

Geraint war in der walisischen und keltischen Volkskunst eine sehr bekannte Figur. Er erscheint dort als König von Dumnonia (ein keltisches Königreich im Südwesten Englands, zu dem Devon und Somerset gehörten).

In einigen Versionen stirbt Geraint neben König Artus im Kampf gegen die Sachsen in der Schlacht von Llongborth. Sein Tod in dieser Schlacht wird im Gedicht „Elegy for Geraint" (vielleicht von ca. 500 n. Chr.) beklagt. Hierin wird die Geschwindigkeit und Stärke von Geraints Pferden gelobt und Artus „Kaiser" genannt.

In anderen walisischen Quellen ist Sir Geraint einer der seefahrenden Ritter Britanniens. In Sagen aus Cornwall wurde er auf Carne Beacon, nahe des Dorfes Veryan auf der Halbinsel Roseland, begraben. Danach wurde er auch noch zum Schutzheiligen des Dorfes Gerrans unweit von Falmouth ernannt

LANZENTURNIERE HERUMZIEHENDER RITTER

Louis de Hédouville organisierte im September 1493 in Sandricourt ein *Pas d'Armes* nach Artus-Manier, das an verschiedenen Orten der Erzählungen stattfand: ein Teil der Unterhaltung fand an einer gefährlichen Grenze, ein anderer an einer dunklen Kreuzung, ein dritter in einem dornigen Feld und der vierte in einem Urwald statt.

In dem Turnier gab es zehn Verteidiger in der Stellung von umherziehenden Rittern auf der Suche nach stets neuen Abenteuern.

▼ *Die Artussage bot sehr viel Stoff für das Sandricourt-Turnier. Auf einer seiner vielen Ausflüge ritt Sir Lancelot in einen magischen Wald.*

DER HEILIGE RITTER

SIR PARZIVAL

Parzival war ein Ritter, der sich vor allem durch eine fast kindliche Naivität auszeichnete. Er wuchs entfernt von höfischer Zivilisation im Wald auf und verließ sein Zuhause, um allen zu beweisen, dass er ein Ritter sei. Nachdem er große Heldentaten in Camelot vollbracht hatte, wurde er Ritter der Tafelrunde. Seine Naivität unterschied ihn von den anderen und so machte er sich allein auf den Weg, um den Heiligen Gral, den Becher, aus dem Christus beim letzten Abendmahl vor seiner Kreuzigung getrunken haben soll, zu suchen. Dem Becher wurden magische Kräfte nachgesagt.

Die Erzählung von Parzival und der Gralssuche kam im späten 12. Jh. mit Chrétien de Troyes Gedicht „Perceval, ou Le Conte du Graal" (Parzival oder die Geschichte vom Gral) auf. Chrétien schrieb das Gedicht gegen Ende seines Lebens, es blieb unvollendet und umfasst 9000 Zeilen. Aber es war so beliebt, dass vier spätere Autoren weiter daran arbeiteten. Mit den sogenannten „Vier Fortsetzungen" entstand schließlich ein Gedicht aus 54 000 Zeilen.

▲ *In einigen Versionen der Sage heiratet Parzival eine Jungfrau, die er befreit hat, und wird Vater zweier Söhne. In anderen hat er sich nur der Suche nach dem Gral gewidmet.*

▼ *Die walisischen Romane, die die Parzival-Geschichte bereicherten, wogen die höfischen und weltlichen Qualitäten, die ein Ritter für seinen Aufstieg brauchte, gegeneinander ab.*

DER RITTER OHNE LIEBENSWÜRDIGKEIT

In Chrétiens Version wurde Parzival von seiner Mutter in den walisischen Wäldern großgezogen. Sie hatte sich nach dem Tod ihres Mannes aus der Zivilisation zurückgezogen. Als Ritter vorbeikamen, war Parzival so beeindruckt von ihrer Erscheinung, dass er beschloss, selbst ein Ritter zu werden. Er ignorierte die Bitten seiner Mutter und ritt an den Hof König Artus'. Dort wurde er zum Ritter geschlagen.

Parzival, der von Sir Kay verspottet wurde, machte sich mit einigen Abenteuern einen Namen. Er befreite eine Prinzessin namens Blanchefleur aus einem belagerten Schloss und wurde von Sir Gornemant in ritterlichen Tugenden unterwiesen. Die nötigen körperlichen Fähigkeiten erwarb er schnell. Viele seiner Fragen, die auf seine fehlende höfische Bildung zurückgingen, wollte Gornemant ihm jedoch nicht beantworten. Er befahl ihm, nicht so viele Fragen zu stellen.

DER GRAL TAUCHT AUF

Gornemants Verhalten hatte in späteren Abenteuern Konsequenzen. Als Parzival an das Schloss zweier kranker Könige (ein jüngerer und ein älterer) kam, die beide durch eine Verletzung zu Krüppeln geworden waren, beobachtete er eine mysteriöse Prozession. Junge Frauen und Männer zogen mit blutigen Lanzen, Kandelabern und schließlich mit einem Gefäß (dem Heiligen Gral) vorbei. Das Gefäß enthielt die Hostie für die christliche Messe. Der ältere König soll sich allein von ihr ernährt haben. Weil Gornemant ihm verboten hatte, Fragen zu stellen, fragte Parzival auch jetzt nicht nach der Bedeutung der Prozession oder des Gefäßes. Hätte er die Frage gestellt, wäre der

CHRÉTIEN DE TROYES

Der französische Dichter Chrétien de Troyes war der Autor von insgesamt fünf Artusromanen. Nach „Erec et Enid" (1170) schrieb er „Cligès" (1176), „Lancelot ou Le Chevalier à la Charette" (Lancelot oder der Ritter des Wagens) und „Yvain ou le Chevalier au Lion" (Iwein oder der Ritter des Löwen), beide von 1176–1181. Es folgte „Perceval ou Le Conte du Graal" (Parzival oder die Geschichte vom Gral), 1181–1191. Er war einer der größten Dichter des Mittelalters, aber es ist heute nur noch wenig über ihn bekannt. Wie sein Name vermuten lässt, war er aus Troyes im Nordosten Frankreichs. Er diente von 1160–1172 am Hofe von Marie de Champagne, Tochter von Eleonore von Aquitanien. In späteren Jahren wird er mit Graf Philip von Flandern in Verbindung gebracht. Für ihn hat er das Gedicht „Perceval" geschrieben. Außerdem hat er vier Gedichte, die auf Ovids „Metamorphosen" (1. Jahrhundert) basieren, geschrieben. Davon ist allerdings nur eins, „Philomela", erhalten geblieben.

König geheilt worden. Parzival versprach, zum Schloss zurückzukehren, um den Gral zu holen und seine Bedeutung zu entschlüsseln.

DIE GESCHICHTE GEHT WEITER

In Chrétiens Gedicht folgen nun die Abenteuer Sir Gawains. Er ist in diesem Zusammenhang der bester Ritter von König Artus. Die Erzählung über Parzival findet hier allerdings kein Ende. Erst in der letzten der vier Fortsetzungen kommt sie zum Ende. Parzival erreicht sein Ziel, der Gralskönig stirbt und Parzival wird zum König gekrönt. Nach einer Herrschaft voller Frieden und Wohlstand, die sieben Jahre dauerte, kehrt Parzival in den Wald zurück und lebt dort bis zu seinem Tod als Einsiedler. Der Dichter lässt Parzival den Heiligen Gral mit in den Himmel nehmen.

Es gab viele andere Versionen. In späteren Fassungen steht Parzival bei der Gralssuche an zweiter Stelle nach Sir Galahad, hat aber noch eine Schlüsselrolle. Er begleitet Sir Bors und Sir Galahad in der letzten Phase der Gralssuche, erreicht mit ihnen das Schloss und kann die Suche zum Abschluss bringen.

PARZIVAL OHNE DEN GRAL

Der walisische Roman „Peredur ab Efrawg" (Peredur, Sohn von York), der in zwei Handschriften aus dem 14. Jh. erhalten geblieben ist, erzählt ebenfalls die Geschichte eines Mannes, der im Wald aufwuchs und sich auf den Weg macht, über viele Abenteuer zum Ritter zu werden. Der Heilige Gral kommt allerdings nicht darin vor. Möglich ist, dass der walisische Roman und Chrétien die gleiche keltische oder bretonische Quelle als Grundlage haben. Für Peredur gab es viele historische Prototypen. Einer ist der walisische König von Gwynedd, der bei Geoffrey von Monmouth und in den Walisischen Triaden erwähnt wird. Er hat 573 in der Schlacht von Arfderydd gekämpft. Der walisische Roman erzählt die gleiche Geschichte wie Chrétien bis zu Parzivals Aufenthalt an Artus' Hof und der Beschämung durch Kay (hier Cei). Danach trifft Parzival während seiner Abenteuer auf zwei Onkel. Der erste bildet ihn für Turniere aus wie Sir Gornemant in anderen Erzählungen. Der zweite ist mit dem verkrüppelten König vergleichbar. Auch er zeigt Parzival eine Prozession von Gegenständen. Aber anstelle des Grals enthüllt er den Kopf eines enthaupteten Mannes. Nach der Begegnung mit den neun Hexen von Gloucester, seiner für ihn bestimmten Liebe, Angharad Golden-Hand, und weiteren Abenteuern, findet er heraus, dass der abgeschlagene Kopf seinem Cousin gehörte, und nimmt Rache an den Mördern. Auch ein englischer Roman aus dem 14. Jh., „Sir Perceval of Galles", lässt den Gral in Parzivals Abenteuern völlig aus.

▼ *Der präraffaelitische Maler Arthur Hacker macht Parzival unempfindlich für die Versuchungen des Fleisches. Er gibt ihm sogar einen Heiligenschein.*

DIE MYSTISCHE REISE

PARZIVAL UND DIE SPIRITUALITÄT DES RITTERTUMS

Chrétien de Troyes' Gedicht „Perceval" (1181–1191) war die Anregung für das Meisterstück „Parzival" des deutschen Dichters Wolfram von Eschenbach, geschrieben zwischen 1200 und 1210.

Wolfram von Eschenbach (ca. 1160/80–1220) verfasste mehrere epische Werke. Der „Parzival" gilt als sein berühmtestes Stück. Es ist das erste in deutscher Sprache erhaltene Werk, dessen Motiv der Heilige Gral ist. Vermutlich hat Wolfram von Eschenbach beim Schreiben seines „Parzival" auf Chrétien de Troyes' Werk zurückgegriffen. Dessen Hinterlassenschaft ist allerdings lediglich als Fragment überliefert und bricht mitten in der Gerwain-Handlung ab. Für das Ende von Wolframs Werk ist keine Quelle nachweisbar. Er wird damit als Urheber angesehen.

„Parzival" und spätere Fassungen der Gralssage, wie „Lancelot" (13. Jh.) und Sir Thomas Malorys „Le Morte d'Arthur", heben den spirituellen und auch den mystischen Charakter ihrer Protagonisten hervor. Parzival selbst wird als die Verkörperung christlicher Ritterlichkeit dargestellt oder als eines der herausragendsten Beispiele für religiöses Rittertum neben Sir Galahad.

URSPRÜNGE DES HEILIGEN GRALS

Im Gedicht Chrétien de Troyes' ist die spirituelle Qualität des Heiligen Grals nicht weit entwickelt. Er erklärt nicht genau, was der Heilige Gral eigentlich ist. Möglicherweise entstammt der Kelch der keltischen Folklore, in der Kelche und Kessel eine wichtige Rolle spielen. Die Sage über Bran, den Gesegneten, ist ein Beispiel dafür. Er besaß einen Kessel, mit dem er Tote wieder zum Leben erwecken konnte. In walisischen Erzählungen begeben sich Artus und seine Ritter auf die Suche nach einem magischen Kessel. In einem Fall führt sie ihre Suche nach Irland, in einem anderen in die keltische Welt.

Der Gral kann ursprünglich auch ein christliches Symbol sein. Zur Zeit Chrétiens förderte die Kirche die zeremoniellen und mystischen Aspekte der Messe und der Kommunion. Beide hatten ihren Ursprung in der frühen Kirche des 1. Jhs. Sie wurden aber im 12. Jh. neu entdeckt. Dies führte vermutlich zur christlichen Interpretation des Grals als Becher, den Christus beim letzten Abendmahl mit seinen Jüngern benutzt hat. Im Versroman „Joseph d'Arimathie" (1191–1202), der kurz nach Chrétiens Gralsgedicht entstand, beschreibt der französische Dichter Robert de Boron, wie Christus den Becher beim letzten Abendmahl an Josef gibt (in den Evangelien ist er ein wohlhabender Mann, der seinen Sarg für das Begräbnis Christi hergibt) und wie Josef mit dem Becher das heilige Blut Christi auffängt. Nach der Auferstehung Jesu wird Josef über das Geheimnis des Kelches aufgeklärt. Später reist er nach Europa, womit die Reihe der Gralshüter eröffnet ist.

PARZIVALS RITTERLICHE UND SPIRITUELLE AUSBILDUNG

Im „Parzival" wird der Protagonist zunächst in die ritterliche und höfische Liebe eingeführt. Als er die Rüstung des Roten Ritters in einer Schlacht vor den Toren Nantes' gewinnen kann, hat er das Ziel ritterlicher Kultiviertheit erreicht.

Später, nachdem er die nötigen Fragen auf dem Gralsschloss nicht gestellt hat, durchlebt er eine spirituelle Entwicklung, in der er Schuld und Zweifel verspürt. Schließlich gelangt er zu tiefer Demut und wird vom Heiligen Trevrizent unterwiesen, dem er am Karfreitag, dem Tag, an dem Christus gekreuzigt wurde, begegnet. Mit dieser Vorbereitung trifft er im Kampf auf seinen

▼ *Szene von einem der sechs Teppiche, die von Edward Burne-Jones für die Stanmore-Hall hergestellt wurden und die Gralssuche thematisieren. Galahads Vision des Heiligen Grals, bei der Bors und Parzival Zeugen sind.*

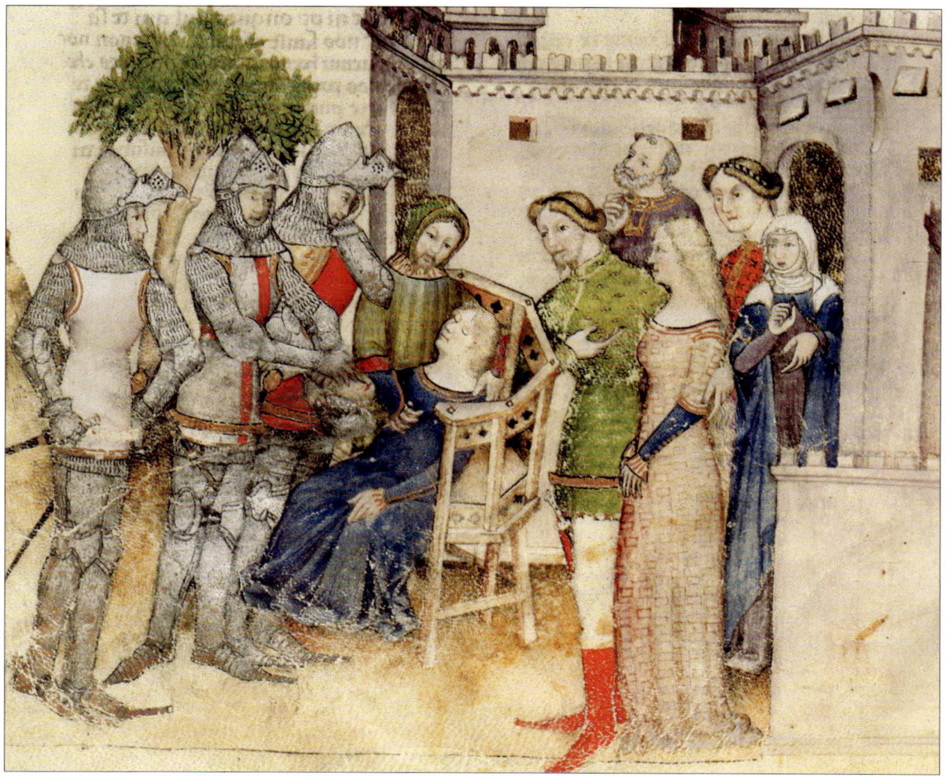

▲ *Auf der Gralssuche treffen Parzival, Bors und Galahad auf Parzivals Schwester Amide, die sich für die Pflege einer Leprakranken aufopfert.*

Halbbruder Feirefiz – dem Kind seines Vaters aus einer früheren Ehe mit einer maurischen Königin in Afrika, wie Eschenbach zu Beginn des Gedichtes erklärt. Die beiden Ritter kämpfen miteinander, ohne zu wissen, wer der andere ist. Als Parzivals Schwert zerbricht, ist er der Gnade seines Gegners ausgeliefert, der ihn verschont. Sie werden Freunde und entdecken, dass sie Halbbrüder sind. Sie begeben sich gemeinsam auf die Suche nach dem Gral und schließlich ist Parzival erfahren genug, um dem verkrüppelten König die von ihm erwartete Frage zu stellen, womit die Suche beendet ist.

PARZIVALS FRAU UND SÖHNE

In Wolfram von Eschenbachs Fassung heiratet Parzival jene Jungfrau, die er aus der belagerten Burg befreit hat (bei Chrétien ist es Blanchefleur, bei Eschenbach Condwiramurs). Sie haben zwei Söhne, Kardeiz und Lohengrin. In einer Version der mittelalterlichen Sage „Ritter des Schwans" ist Lohengrin ebenfalls ein Gralsritter. Er macht sich in einem Boot, das von einem Schwan gezogen wird, auf den Weg, eine Jungfrau zu befreien, die nicht nach seinem Namen fragen darf.

In Eschenbachs Gedicht wird Parzival wieder mit Condwiramurs vereint, als die Suche nach dem Gral beendet ist.

In späteren Versionen der Gralssage bleibt Parzival jungfräulich und die Suche nach dem Gral endet mit seinem Tod. Die Gralssuche ersetzt die ritterlichen Liebesabenteuer, in denen der Ritter große Taten vollbringen muss, um die Gunst seiner Dame zu gewinnen. Im Vordergrund steht spirituelles und mystisches Wissen und die Erfahrung mit Gott.

DIE SYMBOLIK DES FISCHERKÖNIGS

Der ältere und der jüngere König in der Gralsburg, die bei Chrétien keinen Namen haben, heißen in Eschenbachs „Parzival" Titurel und Anfortas. In anderen Fassungen werden sie der „verwundete König" und der „Fischerkönig" genannt. Während der ältere König an die Burg gebunden war, konnte der jüngere fischen gehen. Der Charakter des Jüngeren erinnert an die keltischen Besitzer magischer Kessel wie z. B. Bran, den Gesegneten, und an die Idee der Gralshüter,

▲ *Der Gral wurde von Engeln und ätherischen Wesen getragen und bewacht. Dieses präraffaelitische Porträt einer Jungfer mit Gral ist von D. G. Rossetti.*

wie sie in „Joseph d'Arimathie" von Robert de Boron zu finden ist. In Borons Roman wird Bron, der Schwager Josefs und erster Hüter des Grals, auch der „Reiche Fischer" genannt. Möglich ist, dass der Name „Fischerkönig" einem Wortspiel aus dem Französischen entstammt. Das Wort für „Fischer" bedeutet hier auch „Sünder". Eine weitere Verbindung besteht durch den Auftrag Christi an seine Jünger, als „Menschenfischer" in die Welt hinauszugehen.

In „Lancelot" (der Prosafassung des Artuszyklus'), werden die beiden Könige Pellam und Pelles genannt. Pelles bringt Lancelot durch einen Trick dazu, mit seiner Tochter Elaine zu schlafen, wodurch ihm die Zeugung Galahads gelingt. In einer noch späteren Fassung, die als Teil der Post-Vulgatafassung des Zyklus' gilt, wird Pellam von Artus' Ritter Balin mit jenem Speer verwundet, der Jesus am Kreuz verwundet hat. Durch den sündigen Speer wird er zum Krüppel.

DER GESCHWÄCHTE RITTER

SIR LANCELOT

Sir Lancelot war der bedeutendste Ritter und engste Vertraute von König Artus. Er erwies sich als unübertrefflich tapfer, doch seine Liebe zu Königin Guinevere wurde ihm zum Verhängnis. Er ließ sich auf Ehebruch ein, schadete seinem König und löste damit die Ereignisse aus, die zu Artus' Tod und zum Untergang des goldenen Zeitalters von Camelot führten.

In den frühen Ausgaben des Artus-Zyklus' fällt Lancelots Liebe zu Guinevere in die höfische Liebe. Das Prosastück „Lancelot" verurteilt diesen Ehebruch in jeder Hinsicht als Verderben. Wegen seiner verbotenen Liebe zur Königin versagt Lancelot bei der Suche nach dem Gral. Seine außerordentlichen Fähigkeiten werden auf seinen Sohn Galahad übertragen.

▼ *Lancelot wurde angesichts des Grals ohnmächtig. Er konnte die Suche nach dem Gral nicht beenden, weil seine Liebe zu Guinevere und der Betrug am König seinen ritterlichen Charakter schwächten.*

DIE GESCHICHTE LANCELOTS

Der spätere Prosaroman „Lancelot" aus dem 13. Jh. entwickelt diese Geschichte weiter. Bis dahin wächst Lancelot im Königreich der Herrin des Sees auf. Sie hat ihn zu sich genommen, nachdem der Vater Ban von Benoic sein Königreich verloren hatte und darüber gestorben war. In einer deutschen Gedichtversion aus dem 12. Jh. ist dies ein Reich, zu dem kein anderer Mann Zutritt hat. Im Prosastück aber leben hier noch viele andere Ritter, unter anderen auch Lancelots Cousins Lionel und Bors.

Als Lancelot älter wird, macht er sich auf den Weg zu König Artus' Hof, ohne seinen eigenen Namen und seine königliche Herkunft zu kennen. Im deutschen Gedicht „Lanzelet" fehlt ihm jegliche ritterliche Ausbildung, er kann nicht einmal mit einem Pferd umgehen. Im Prosastück profitiert er von seiner besonders guten Ausbildung.

▲ *Die Lady von Shalott, Hauptfigur eines Werkes von Alfred Tennyson aus dem 19. Jh. Die Vorlage für diese Figur, Elaine von Astolat, verliebte sich in der Artussage unsterblich in Lancelot.*

Vom ersten Moment seiner Ankunft an ist Lancelot in die Königin verliebt und befreit sie aus der Burg von Meleagant (wie in Chrétiens Gedicht). Er baut das Königreich seines Vaters wieder auf, das der Schurke Claudas übernommen hat, lebt aber überwiegend an König Artus' Hof. Auf dem Schloss des Fischerkönigs bringt ihn dieser dazu, mit seiner Tochter Elaine ein Kind zu zeugen, aus dem der perfekte Ritter Galahad wird. Königin Guinevere erfährt davon, treibt ihn in den Wahnsinn und danach ins Exil.

Er nimmt an der Suche nach dem Gral teil, gelangt aufgrund seiner Schuld aber nicht ans Ziel. Beim Anblick des Grals wird er ohnmächtig und bleibt so viele Tage bewusstlos, wie er Artus mit Guinevere betrogen hat. Guinevere vergibt ihm schließlich und er kann nach Camelot zurückkehren. Als der König die Affäre entdeckt, verurteilt er die Königin zum Tode. Lancelot kann entkommen und die Königin retten.

► *Die Kehrseite der Suche nach dem Gral: Die Ritter von Camelot entfernten sich von Artus' Hof und machten ihn für Angriffe anfälliger. Daraus entstanden Selbstzweifel und Fehlentscheidungen.*

Jedoch finden einige Angehörige Gawains im Kampf den Tod, wodurch sich ein langer und bitterer Streit zwischen Gawains Verwandschaft und Lancelot entzündet.

Als Artus schließlich in Frankreich gegen die Römer kämpft, wird er von Mordred verraten. Lancelot ist daran zwar nicht beteiligt, jedoch hat sein vorheriger Verrat die Einheit der Tafelrunde zerstört. Lancelot muss mitansehen, wie Artus in der Schlacht getötet wird. Auch Guinevere stirbt und die goldene Zeit von Camelot ist vorüber. Lancelot verbringt den Rest seines Lebens als Einsiedler.

SIR HUGH DE MORVILLE

Der englische Ritter, Sir Hugh de Morville, die mutmaßliche anglo-normannische Vorlage für Ulrich von Zatzikhovens Versroman, diente König Richard I. von England in den 1190ern, bevor er sich als Geisel anbot. Er könnte derselbe Sir Hugh de Morville gewesen sein, der im Dienst von Richards Vater, König Heinrich II., stand und einer der vier Ritter war, die Thomas Becket 1170 in der Kathedrale von Canterbury ermordeten. Sie hatten die Beschwerde des Königs „Wer erlöst mich von diesem aufdringlichen Priester?" als Befehl verstanden. De Morville war danach – wie auch der Lord von Westmoreland – vom König enterbt und zu Papst Alexander III. (1159–81) geschickt worden, den sie um Vergebung bitten sollten.

Der Papst sandte die vier Ritter ins Heilige Land. De Morville könnte deshalb am dritten Kreuzzug von Richard I. (1189–92) teilgenommen haben.

DER HÖFISCHE LIEBHABER

Lancelot erscheint erstmals bei Chrétien de Troyes. Er tritt auf im Gedicht „Erec et Enide" (1170) und als Protagonist im Gedicht „Lancelot, le Chevalier de la Charrette" (Lancelot, der Ritter des Wagens).

Darin befreit er Königin Guinevere aus der Gefangenschaft des Ritters Meleagant. In diesem Gedicht wird Lancelots verbotene Liebe zu Guinevere zum ersten Mal erwähnt. Auch von König Artus' Hofhaltung in Camelot ist hier zum ersten Mal die Rede. Der Hof ist allerdings weniger bedeutend als der in Caerleon.

Am Ende des 12. Jhs. entwickelte der schweizer Geistliche Ulrich von Zatzikhoven den Charakter des Ritters im Versroman „Lancelot" (1149). Hier wird zum ersten Mal Lancelots Kindheit bei der Herrin des Sees beschrieben. Der Dichter betonte, seine Arbeit sei die Übersetzung eines anglo-normannischen Werkes, das mit dem Kreuzritter Hugh de Morville nach Deutschland gekommen war. Dieser habe sich als Geisel für König Richard I. von England zur Verfügung gestellt, nachdem er vom Kaiser des Heiligen Römischen Reiches, Heinrich VI., gefangengenommen wurde. Lancelots Liebe zu Guinevere und der Ehebruch werden hier nicht erwähnt, wohl aber des Ritters Liebe zu Prinzessin Iblis. Vermutlich hatten Chrétien und Zatzikhoven ähnliche Quellen, in denen der Ehebruch nicht vorkam. Dann hätte Chrétien die Geschichte, vielleicht unter Einfluss der keltischen Sage von Tristan und Isolde, um diesen Teil erweitert. (Chrétien behauptete, er habe ein Gedicht auf Grundlage der Tristan-Geschichte geschrieben, das nach heutigem Forschungsstand aber verlorengegangen sein muss.)

EINE HÖFISCHE ERFINDUNG

Die Beziehungen zwischen Lancelot und Guinevere (in Chrétiens „Ritter des Wagens") und Tristan und Isolde sind nur entfernt miteinander vergleichbar. Die Liebenden Lancelot und Guinevere folgen den Regeln höfischer Liebe. Tristans und Isoldes Affäre war eher mit der Magie keltischer und bretonischer Folklore verbunden. Chrétien schrieb sein Werk für Marie de Champagne, die eine Förderin von Gedichten über höfische Liebe war.

Auch im früheren Artus-Stoff, wie in Geoffrey von Monmouths Werk über die Geschichte der britischen Könige, kommt Lancelot nicht vor. Darin hat Guinevere einen Liebhaber, bei dem es sich aber um den Bösewicht Mordred handelt. Lancelots Geschichte scheint in den keltischen Sagen, die den Artuszyklus so bereichert haben, keinen Vorläufer zu haben.

DER MAKELLOSE RITTER

SIR GALAHAD

In den späteren Gralsromanen war Galahad, Lancelots Sohn, die Perfektion der Ritterlichkeit schlechthin und der einzige Ritter, der die Suche nach dem Gral abschließen konnte. Diese tief religiösen Versromane konfrontieren Galahads fromme Eingebungen, die ihren Ursprung in einer spirituellen Leidenschaft haben, mit Lancelots höfischem Ehrgeiz, der einzig auf den Eindruck bei Guinevere abzielte.

Galahad erscheint erstmals in „Queste del Saint Graal" (Suche nach dem Heiligen Gral) aus dem frühen 13. Jh., die der Prosageschichte „Lancelot" (auch als Vulgatafassung des Zyklus' bekannt) angehört. In den späteren Versromanen der Post-Vulgatafassung des Zyklus' und in „Le Morte d'Arthur" von Sir Thomas Malory ist Galahads Geschichte weiterentwickelt worden.

▼ *Galahads Speer soll die Lanze sein, mit der Christus am Kreuz verwundet wurde.*

DIE GESCHICHTE GALAHADS

Die Gralsgeschichte, wie sie in „Queste del Saint Graal" dargestellt wird, zeigt den Einfluss von Zisterziensermönchen und mystischen Schriften des heiligen Bernhard (1090–1153), dem Begründer der großen Abtei von Clairvaux in Frankreich. Das Ideal dieser Glaubensgemeinschaft verlangte von den Helden der Gralserzählungen Jungfräulichkeit. Parzival suchte nun nicht mehr nach ehelicher Liebe mit Blanchefleur. Auch Galahad entsagte der körperlichen Liebe. Die Stationen der Erkenntnis von Galahads Vision vom Gral sind vergleichbar mit denen der mystischen Realisation Gottes bei Bernhard von Chlairvaux. Die „Queste del Saint Gral" könnte von einem Zisterzienser geschrieben worden sein.

Galahad ging aus einer mit Zauberei bewerkstelligten Zusammenkunft von Lancelot und Elaine, der Tochter des Fischerkönigs, hervor, die er für seine geliebte Guinevere hielt. Als er die Wahrheit erkannt hatte, kehrte Lancelot an König Artus' Hof zurück. Galahad wurde seiner Großtante, einer Äbtissin, anvertraut und genoss eine tief religiöse Erziehung.

Der Zauberer Merlin prophezeite, er werde tapferer als Lancelot sein und als auserkorener Ritter die Gralssuche beenden. Die Geschichte erwähnt außerdem eine verwandschaftliche Verbindung Galahads mit König David durch seine Mutter – ohne jedoch ins Detail zu gehen.

Merlin ist einer der bekanntesten sagenhaften Zauberer, der Legende nach der mächtigste Zauberer der Welt. Er ist der Lehrer von König Artus und vermutlich eine Schöpfung von Geoffrey von Monmouth, der ihn in seinem Werk „Historia Regum Britanniae" 1136 erstmals auftreten lässt.In diesem Werk ist auch die Artussage enthalten.

▲ *Galahad, der hier unerkannt mit Lancelot kämpft, hatte den Mut eines Ritters und die Entschlossenheit eines Menschen, der nach der religiösen Wahrheit sucht.*

Galahad wurde später von einem Einsiedler an Artus' Hof gebracht und von seinem Vater zum Ritter geschlagen. Nichtsahnend setzte er sich auf den bis dahin stets leeren Platz jenes Ritters, welcher den Gral finden wird. König Artus, der Galahads Bestimmung erkannt hatte, stellte ihn erneut auf die Probe: Er sollte ein Schwert aus dem Stein ziehen, was Galahad gelingt. Artus ernannte ihn zum besten aller Ritter und hieß ihn in der Gesellschaft der Tafelrunde willkommen. Die Ritter hatten dann eine Vision vom Gral und Galahad, Bors und Parzival wurden ausgewählt, die Suche fortzusetzen, insbesondere weil Galahad so makellos und ohne Sünde zu sein schien.

Die Gesellschaft veranstaltete dann ein Turnier auf einer Wiese nahe Camelot, in dem Galahad schon am ersten Tag seiner Ritterschaft alle Ritter der Tafelrunde schlug, ausgenommen seinen Vater Lancelot sowie Parzival.

GALAHADS SCHILD

Ein tadelloser Ritter braucht unbedingt makellose, durch die heilige Geschichte gesegnete Waffen. Galahad rüstete sich mit einem Schild, der weiß wie Schnee war und in der Mitte ein blutrotes Kreuz trug. Der Sage nach soll dieses Kreuz mit dem Blut Josefs von Arimathäa gezeichnet worden sein. Später wurde dieser Schild das Wahrzeichen der Tempelritter. Galahad erwarb später das Schwert Davids.

In einer Schlussfassung reiste Galahad zusammen mit Bors und Parzival zu dem Schloss des Fischerkönigs, wo sie den Heiligen Gral entdeckten. Galahad konnte den Fischerkönig mit seinem Speer (mit dem Jesus Christus am Kreuz verwundet wurde) heilen.

Andere Versionen enden damit, dass Galahad ein Blick auf den Heiligen Gral vergönnt wird und er dann zum Himmel aufsteigt. Wieder andere erzählen von weiteren Abenteuern in der Stadt Sarras im Mittleren Osten. Nach diesen Berichten segelten die Ritter, angeführt von Parzivals Schwester, über das Meer, wechselten auf ein anderes Schiff und fanden den Heiligen Gral ein weiteres Mal, zugedeckt auf einem silbernen Tisch.

Bors, Parzival und Galahad gelangten nach Sarras, wo Galahad wie Christus einen Krüppel heilte. Sie wurden dort vom König ins Gefängnis geworfen, nach dessen baldigem Tod Galahad sein Nachfolger wurde. Während einer Feier zeigte Josef von Arimathäa Galahad den Gral. Galahad verabschiedete sich von seinen Gefährten und starb. Bors und Parzival wurden Zeugen, wie Galahads Seele zum Himmel stieg, mit ihr der Heilige Gral.

▼ *Galahad war ein Ritter der Tafelrunde, der in Unkenntnis aufwuchs und dazu bestimmt war, seine Größe an Artus' Hof und bei der Gralssuche zu beweisen.*

EIN RITTER, STARK WIE DIE SONNE

SIR GAWAIN

Der Charakter Gawains, Artus' Neffe, wandelte sich im Entwicklungsverlauf der Sage. In der frühen Literatur ist er ein ausgesprochen vertrauenswürdiger Ritter und beispielhafter Krieger. Zur Zeit Thomas Malorys ist aus ihm ein verräterischer Mann geworden, der die Frauen schlecht behandelt.

Gawain wird von Anfang an mit verschiedenen Frauen in Verbindung gebracht. In den unterschiedlichen Geschichten hat er nicht weniger als 21 Geliebte. Als Hauptfigur einer weiteren Geschichte heiratet er eine hässliche Dame, die an der Rettung von Artus' Leben beteiligt war und als Dank das Versprechen erhielt, einen eigenen Ehemann zu erhalten. Sie entpuppt sich als große Schönheit, die von einem Fluch gezeichnet war.

Gawain wird von der Magie der Volksmärchen begleitet und einige seiner Taten sind weitläufig mit denen des irischen Helden Cuchulainn verwoben. Obwohl er außerordentliche Kräfte besitzt, ist er im Grunde ein schwacher Ritter. Er lebt weder nach dem Ideal eines höfischen Ritters noch nach dem eines mystisch-religiösen.

Gawains Charakter ist eine Fallstudie darüber, wie in einem Ritter das Verständnis von Ritterlichkeit heranreift: Zunächst ergeht er sich in körperlicher Kraft und Kriegskunst, bewundert die Rittertugenden und den Erfolg, wie es auch Lancelot im Rahmen der höfischen Liebe tat; schließlich strebt er nach Demut und Makellosigkeit, wie sie Galahad verkörpert.

▼ Im Gedicht „Sir Gawain and the Green Knight" wird Gawain von der Frau des Gastgebers Sir Bercilak in Versuchung geführt.

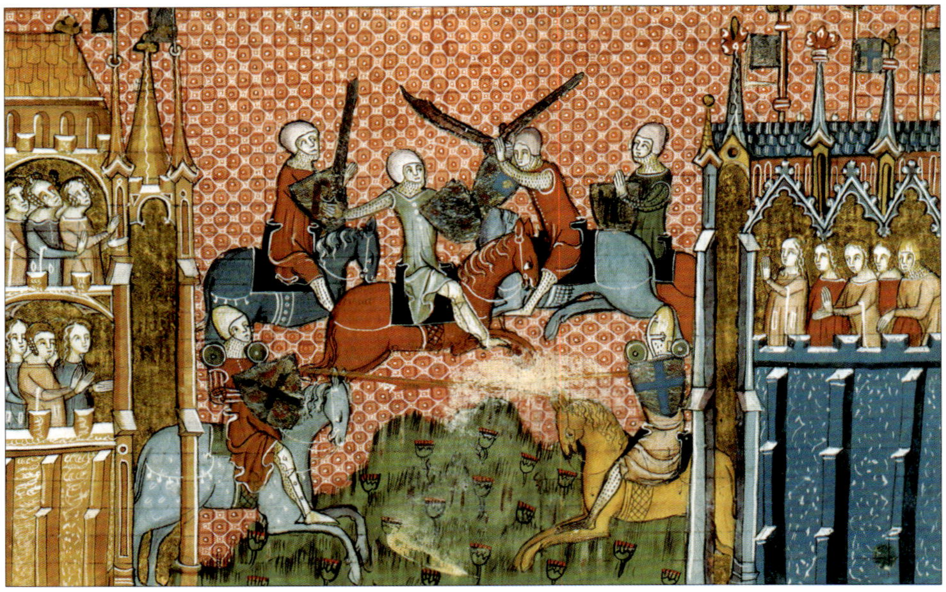

▲ Gawain war bekannt für sein kriegerisches Geschick. In Romanen des 13. Jhs. war er der Einzige, der einem neuen Helden am Hofe gewachsen war.

DER HISTORISCHE GAWAIN

Die Entstehung der Sage steht vermutlich in Zusammenhang mit einem walisischen König aus dem 5. Jh., Gawain Gwalltafwyn. In den Artuserzählungen ist Gawain schottischer Herkunft. Er ist der Sohn König Lots von Orkney und Lothian. Eine Verbindung zu König Artus gab es durch seine Mutter Morgause, Artus' Halbschwester. Agravain, Gaheris, Gareth und Mordred waren Gawains Brüder. In einigen späteren Erzählungen ist Mordred das lebende Ergebnis von Artus' inzestuöser Beziehung zu seiner Halbschwester.

EIN KELTISCHER SONNENGOTT?

In Malorys und anderen Romanen variiert Gawains Stärke im Verlauf des Tages. Er soll mittags stärker gewesen sein als abends. Deshalb wird er auch mit dem keltischen Sonnengott in Verbindung gebracht. In frühen Versionen der Artussage heißt Gawain Gwalchmei. In „Culhwch and Olwen" aus dem 11. Jh. erscheint er gemeinsam mit Cai und Bedwyr (Kay und Bedivere). Er ist nicht nur König Artus' Neffe, sondern auch einer seiner bevorzugten Ritter und wird mit Culhwch auf die Gralssuche geschickt.

Im darauffolgenden Jahrhundert stellt ihn Geoffrey von Monmouth in seiner „History of the Kings of Britain" als einen der führenden Krieger an Artus' Hof dar, der Botschafter in Rom war. Bei William von Malmesbury ist Gawain ein ständiger Gegner der Angelsachsen. Schließlich wird er vom angelsächsischen König Hengest aus dem Königreich vertrieben. William berichtet auch, sein Grab sei im Südwesten von Wales gefunden worden.

DER WELTLICHE RITTER

In den Romanen von Chrétien de Troyes ist Gawain der herausragendste unter Artus' Rittern. Seine Darstellung im Verhältnis zu Lancelot oder Parzival ist unvorteilhaft.

Im Vergleich zur Mystik der Gralsthematik ist die Entwicklung von Gawains Fähigkeiten rückläufig. Er ist zwar tapfer und stark, verlässt sich aber auch zu sehr auf die eigene Stärke, ohne die Bedeutung des Grals zu begreifen.

HASS AUF LANCELOT

In den Versromanen der Vulgatafassung des Zyklus' (von 1210 an) spielt Gawain eine wichtige Rolle bei der Auflösung der Tafelrunde. Er weigert sich, weiter daran teilzunehmen, als seine Brüder Agravain und Mordred König Artus die Liebesaffäre zwischen Lancelot und Königin Guinevere eröffnen. Nachdem der König die Königin zum Tode verurteilt hat und Lancelot zurückkehrt, um sie zu retten, bricht ein Kampf zwischen den Brüdern aus. Alle Brüder außer Mordred werden getötet. Aus Gawains Freundschaft zu Lancelot wird ein unerbittlicher Hass, vor dessen Hintergrund Camelot dem Untergang entgegenstrebt. In dieser Version verliert Gawain sein Leben im Kampf gegen Mordred. Bevor er stirbt, bittet er Lancelot noch um Vergebung.

Mit dem Prosastück „Tristan" und den Versromanen der Post-Vulgatafassung des Zyklus' (beide etwa 1240 entstanden) wird aus Gawain ein Schurke und sogar ein Mörder. Malory nimmt das negative Bild von Gawain aus den französischen Romanen in „Le Morte d'Arthur" (1450–1470) wieder auf.

BESTÄNDIG BELIEBT IN ENGLAND

Dennoch haben auch die positiven Darstellungen Gawains überlebt. In dem englischen Gedicht „Sir Gawain and the Green Knight" (1375) ist Gawain ein tapferer und treuer Ritter. Seine Beliebtheit hatte Bestand. Die Geschichte von der Begegnung mit dem Grünen Ritter wurde in einem Versroman in Reinform von 1500 wiederaufgenommen. Vom Höfling Robert Laneham wissen wir, dass ein uns nicht näher benannter Barde 1575 in den Räumen von Kenilworth Castle einen Gawain-Roman für Königin Elisabeth I. vortrug.

▲ *Gawain und Ivein waren erfolglos bei der Gralssuche. In einer Version sieht Gawain den Kelch, wird aber von der Schönheit des Mädchens, das ihn trägt, abgelenkt.*

Die Geschichte von Gawain und dem Grünen Ritter basiert auf einer alten volkstümlichen Erzählung über ein Spiel, in der von Helden wie Cuchulainn berichtet wurde. Während einer Neujahrsfeier auf Camelot erscheint ein Ritter in grüner Rüstung und schlägt ein Spiel vor. Er werde demjenigen erlauben, ihn mit einer Axt zu schlagen, der sich darauf einließe, genau denselben Hieb im folgenden Jahr vom Grünen Ritter zurückzuerhalten. Gawain nimmt die Herausforderung an und enthauptet den Ritter. Der Ritter verlässt Camelot mit dem Kopf unter dem Arm, nicht ohne Gawain aufzufordern, ihn in genau einem Jahr bei der Grünen Kapelle zu treffen.

Ein Jahr später begibt sich Gawain auf die Suche nach dem Grünen Schloss und gelangt an ein nobles Schloss, wo ihn der Schlossherr Bercilak und dessen hinreißende Frau willkommen heißen. Bercilak geht auf die Jagd und schlägt Gawain vor, er werde jedes Spiel mit ihm spielen, wenn Gawain ihm gebe, was er im Lauf des Tages erhalten habe. Während der Herr auf der Jagd ist, versucht die Schlossherrin, Gawain zu verführen. Er weist sie zurück, erlaubt der Herrin aber, ihm einen Kuss zu geben. Am Abend gibt Gawain diesen Kuss weiter an den Schlossherrn. Auch an den folgenden Tagen versucht die Schlossherrin ihr Glück. Am dritten Tag gibt sie Gawain drei Küsse und einen grünen Gürtel, der ihn vor körperlichen Verletzungen schützen soll. Gawain gibt die Küsse, aber nicht den Gürtel an Bercilak weiter.

Der folgende Tag ist der Neujahrstag und Gawain trifft bei der Grünen Kapelle auf den Grünen Ritter. Der Grüne Ritter schwingt die Axt dreimal und erst beim dritten Mal trifft er Gawain nur leicht, der den grünen Gürtel trägt. Er gibt sich als Bercilak zu erkennen und versichert, er hätte Gawain überhaupt nicht verletzt, wäre er so ehrlich gewesen und hätte von dem Gürtel erzählt. Sie beide seien Teil eines Spiels der Hexe Morgan le Fay gewesen. Gawain kehrt nach Camelot zurück mit dem grünen Gürtel als Zeichen seiner Schande. König Artus ordnet daraufhin an, alle Ritter mögen von jetzt an eine grüne Schärpe zu Ehren Gawains tragen.

DER BÖSEWICHT VON CAMELOT

MORDRED UND ANDERE RITTER

Im Verlauf der Artussage tauchen zahlreiche unbedeutende Ritter auf. Der Verräter Mordred, das Gegenteil eines perfekten Ritters, steht dabei an erster Stelle. Ein anderer ist Bedivere, einer der frühen Gefährten des Königs, sowie der jüngere Bors, ein Beispiel an Tugendhaftigkeit. Er spielt eine wichtige Rolle bei der Gralssuche.

▲ *In einer berühmten Episode seiner Abenteuer muss Bors sich entscheiden: Entweder eilt er seinem Bruder zu Hilfe oder er rettet eine Dame aus der Not.*

ARTUS' SCHICKSAL

Mordred ist König Artus' Erzfeind. Der Verräter rebelliert gegen den König und bereitet damit der Schlacht von Camlann den Weg. In dieser Schlacht wird Artus tödlich verwundet, auch Mordred selbst verliert sein Leben. In einigen Versionen sind Artus und Mordred die letzten beiden überlebenden Krieger dieser Schlacht. Sie tragen ihren Streit in einem einzigen Kampf aus. Artus tötet Mordred, wird aber selbst tödlich verletzt.

Mordred war entweder Artus' unehelicher Sohn aus einem Verhältnis mit seiner Halbschwester Morgause oder er ist aus der Verbindung von Morgause und König Lot von Orkney hervorgegangen (wie in den früheren Fassungen) und war somit Artus' Neffe. Das Inzestthema taucht in dem Prosastück „Lancelot" (aus der Vulgatafassung) aus dem 13. Jh. auf. Artus erkennt, was er getan hat, und hört von einem Baby, das an Mordreds Geburtstag geboren wurde und ihm Unglück bringen werde. Obwohl er nach allen Kindern suchen lässt, die an diesem Tag geboren wurden, und sie in einem Boot aussetzt, kann er aber seinem Schicksal nicht entrinnen: Das Schiff sinkt, doch Mordred wird an Land geschwemmt und überlebt.

Mordred erscheint erstmals als Sir Medraut in den „Annales Cambriae" (Waliser Annalen) aus dem 10. Jh. Darin stirbt er mit König Artus in der Schlacht von Camlann. In verschiedenen walisischen Erzählungen ist Sir Medraut ein rauer und dazu noch gewalttätiger Mann.

In einer Geschichte reitet er an Artus' Hof in Kelliwic in Cornwall, trinkt und isst in Unmaßen, stößt schließlich Königin Guinevere vom Thron und schlägt sie. Bei Geoffrey von Monmouth ist er ein Verräter, der gegen Artus rebelliert, als dieser in Frankreich gegen die heranstürmenden und überlegenen Römer kämpft. Damit ist

▼ *Mordred war ein schlimmer Rebell. Ein Sohn (und/oder Neffe), der sich gegen seinen Vater bzw. Onkel gestellt hat. In der Schlacht von Camlann kämpfte er gegen Artur.*

▲ *Artus wird in der Schlacht von Camlann schwer verwundet und fällt in den Schlaf der Toten. Auf der Insel Avalon bewachen einige Gefährten sein Hinscheiden.*

seine Rolle in der Geschichte der Artussage festgelegt. Er ist derjenige, der Edelfrauen verführt oder sogar vergewaltigt und gegen ihre Männer kämpft.

BEDIVERE DER STARKE

Bedivere ist einer von Artus' unfehlbaren und treuen Rittern und wird ob seiner Stärke gerühmt. Sein walisischer Name Bedwyr Bedrydant bedeutet „Bedivere von unerschöpflicher Kraft". Man sagte, er habe viel schneller und besser kämpfen können als alle anderen Krieger, obwohl er nur eine Hand hatte.

Wie Kay und Gawain gehört er zu den schon früh bekannten Rittern der Tafelrunde an Artus' Hof und wird in der Erzählung „Culhwch and Olwen" aus dem 11. Jh. genannt. Üblicherweise steht er mit Kay in Verbindung und kämpft mit ihm und König Artus gegen den Riesen von Mont St. Michel in der Bretagne. Bei Geoffrey von Monmouth ist er König Artus' erster Diener und Herzog der Normandie.

BEDIVERE UND EXCALIBUR

Bedivere ist auch der Ritter, welcher der Herrin des Sees das Schwert Excalibur zurückbringen soll, als Artus im Sterben liegt. Die Geschichte stellt Bedivere als sehr menschlich dar und es fällt ihm nicht leicht, das wertvolle Schwert dem Wasser zu übergeben.

Er versucht seinen Herrn zu überlisten, um das Schwert zu retten. Zweimal berichtet er Artus, er habe das Schwert in den See geworfen, wie ihm befohlen war, und das Schwert sei versunken. Artus merkt, dass sein Diener lügt und beschimpft ihn.

Beim dritten Mal taucht die Hand der Herrin aus dem See auf. Sie fängt das Schwert auf und taucht mit ihm unter. Nach Artus' Tod führt Bedivere bis an sein Ende das Leben eines Einsiedlers.

BORS DER JÜNGERE

Bors der Jüngere bildet die Antithese zu Mordred. Er war für die Reinheit seines Charakters berühmt. Er war sogar in der Lage, den Heiligen Gral zu sehen, und kehrte als Einziger von der Gralssuche nach Camelot zurück.

Er wird „der Jüngere" genannt, weil sein Vater den gleichen Namen trug und ebenfalls eine Rolle in der Artussage spielt. Bors der Ältere war König von Gaunnes (Gallien) und Onkel Lancelots. Der Jüngere und sein Bruder Lionel lebten im Exil und wurden von der Herrin des Sees aufgezogen.

Bors der Jüngere wurde mehrfach in Versuchung geführt, sein Keuschheitsgelöbnis aufzugeben. In einer Episode droht eine schöne Frau damit, sich umzubringen, sollte er nicht mit ihr schlafen. Er weigert sich dennoch und die Dame und ihr Gefolge entpuppen sich als Dämonen. Unbeabsichtigt und als Opfer einer Zauberlist zeugt er mit Claire, der schönen Tochter Königs Brandegoris of Estangore, einen Sohn, Elyan der Weiße genannt. Bors der Jüngere überlebt den Untergang Camelots. Die Legende sagt, er habe an einem der Kreuzzüge teilgenommen und sei in einem der Kämpfe im Heiligen Land ums Leben gekommen.

EXCALIBUR

Es gibt zwei Versionen über König Artus' Schwert Excalibur. In der bekannteren steckt das Schwert in einem Stein fest und kann nur vom berechtigten König herausgezogen werden. Sie erscheint erstmals bei Robert de Borin im Gedicht „Merlin" aus dem 12. Jh. In einer anderen Fassung stammt das Schwert von der Herrin des Sees, die es auch zurückerhält. In Malorys „Morte d'Arthur" finden sich beide Varianten. In der walisischen Sage heißt Artus' Schwert Caledfwich. Geoffrey von Monmouth nennt es Caliburn. In der französischen Sage heißt es Excalibur.

▼ *Bei Geoffrey von Monmouth kehrt Excalibur nach Avalon zurück.*

KAPITEL 4

RITTER IN DER GESCHICHTE

Im November 1095 rief Papst Urban II. auf dem Konzil von Clermont in Frankreich die christlichen Ritter zu den Waffen – der 1. Kreuzzug war das Ergebnis. Um die Begeisterung für einen Krieg gegen Muslime im Heiligen Land anzufachen, hielt er den Rittern das Beispiel des großen Frankenkönigs Karl und seiner Ritter vor Augen. Deren militärische Erfolge in Spanien und Südfrankreich gegen islamische Krieger von der iberischen Halbinsel und Nordafrika wurden nach wie vor als großer Erfolg gegen die Muslime gepriesen, etwa in dem epischen anglonormannischen Gedicht „Chanson de Roland“ (Rolandslied). Urbans Ansprache, die folgenschwere Konsequenzen hatte, ist ein Zeichen dafür, wie Literatur und Geschichte im Rittertum verwoben wurden.

Das „Rolandslied“ und andere *Chansons de geste* – Lieder, die große Gestalten und heldenhafte Eroberungen u. a. aus der Zeit Karls des Großen rühmten – waren die ersten Blüten in einer langen Tradition der Dichtkunst, die farbenfrohe Legenden über vergangene Ritterabenteuer webte. Diese Werke, deren Berichte über Rittertaten stark durch Legenden beeinflusst wurden, präsentierten exemplarische Bilder eines Ritterstandes, die für Urban und andere wertbestimmend waren. Zusätzlich waren die Berichte bis zu einem gewissen Grad von der vorherrschenden Kultur beeinflusst – sie befriedigten insbesondere ein Bedürfnis nach „Kreuzzugpropaganda“, indem sie heroische, für Christus kämpfende Ritter zeigten und Muslime, die als unehrlich und feige dargestellt wurden.

▲ *Ein Lanzenstechen zwischen Richard I. und einem blauhäutigen General Saladin.*

◀ *Karl soll zwölf Paladine oder führende Ritter an seiner Seite gehabt haben – vergleichbar mit Christus und seinen zwölf Jüngern. Dieses Deckenfresko des großen Königs befindet sich im Justizpalast in Paris.*

CHRISTENRITTER IN DER SCHLACHT

ROLAND, ERSTER RITTER KARLS

Das „Rolandslied“ ist das früheste überlieferte Beispiel anglo-normannischer und französischer *Chansons de geste:* epische Gedichte über die Heldentaten der Ritter Karls oder anderer Frankenkönige. Das „Rolandslied“ ist das älteste Versepos in französischer Sprache und nimmt wegen seiner außerordentlichen Qualität und seines Alters einen herausragenden Platz in der mittelalterlichen Literatur ein. Es gilt als französisches Werk, gehört aber, wie jüngere Forschungen ergeben haben, in die anglo-normannische Tradition.

Das Versepos ist in Form einiger Manuskripte erhalten, das älteste datiert in die Zeit von 1130–1170 und entstand in der Zeit des 1. Kreuzzugs oder früher: Dem anglonormannischen Dichter Wace aus dem 12. Jh. zufolge trug es Herzog William der Eroberer seinen Bediensteten vor der Schlacht von Hastings um 1066 vor. Diese Behauptung (auf die man in „Roman de Rou“ von ca. 1160 stößt) wie auch der Verweis Papst Urbans II. auf Karl und seine Ritter in Clermont um 1095 verdeutlichen, dass das „Rolandslied“ und vielleicht auch andere Chansons über Karl aus dem späten 11. Jh. gern zur Verherrlichung christlicher Ritter herangezogen wurden. Auch wenn kein Chanson aus der Zeit vor der Mitte des 12. Jhs. überliefert ist, wurden diese vermutlich bereits 100 bis 200 Jahre zuvor mündlich überliefert.

KARL UND MARSILIE

Das „Rolandslied“ erzählt die Geschichte vom Untergang und Tod des Lieblingsritters Karls. Der König war 36, als er 778 einen kurzen und keineswegs erfolgreichen Feldzug in Spanien führte. Im Versepos brachte seine Armee dennoch das gesamte muslimische Spanien außer der Stadt Saragossa unter die christliche Herrschaft. Karl ist hier außerdem 200 Jahre alt und ein grauhaariger Kriegsveteran, der in Gottes Namen kämpfte.

Marsilie, der muslimische König von Saragossa, sandte eine Botschaft an Karl. Darin bot er an, am Michaelstag an den französischen Königshof in Aix zu kommen, den christlichen Glauben anzunehmen und Karl dafür Geiseln zu geben. Sein Plan sollte Karl bewegen, nach Frankreich zurückzukehren, er hatte aber keinesfalls die Absicht, sein Versprechen einzulösen. Er wäre lieber die Geiseln losgeworden, als weiter von Karl bedrängt zu werden. Karl nahm das Angebot an.

VERRAT GENELONS

Karl ließ eine entsprechende Botschaft durch Rolands Stiefvater Genelon überbringen, der auf Rolands Untergang sann. Genelon schlug Marsilie einen Handel vor: Er würde bewerkstelligen, dass sich Roland und dessen Freund Oliver in der Nachhut von Karls Armee befänden. Marsilie könnte ihr in den Bergen auflauern und sie besiegen. Nur nach Rolands Tod würde Ruhe einkehren.

Genelon arrangierte alles wie versprochen. Karl wurde von schlechten Träumen gequält und fürchtete um die Unversehrtheit seines geliebten Rolands in der Nachhut seiner Armee. Roland sollte im Notfall das Horn Karls blasen. Die muslimische Armee griff heftig an. Oliver drängte Roland, das Horn zu blasen, doch Roland weigerte sich, weil er einen Hilferuf als beschämend empfand.

◀ *Selbst der Größte muss sterben. Auf dieser Illustration aus „The Mirror of History“ des Dominikaners Vincent von Beauvais (13. Jh.) tobt die Schlacht von Roncesvalle, während Roland tot am Boden liegt.*

WAFFENGÄNGE AUF DEM SCHLACHTFELD

Das „Rolandslied" schildert die Begegnung zwischen den Armeen als Serie individueller Kämpfe zwischen Rittern. Beim ersten Angriff siegten elf Christenritter, darunter auch Roland, nur ein muslimischer Krieger – Margarit von Sevilla – erlebte einen Triumph. Beim zweiten Angriff jedoch fielen die meisten der Christenritter im Kampf. Dann blies Roland das Horn. Jenseits der Pyrenäen in Frankreich hörte Karl den Hilferuf und befahl seiner Vorhut, die Berge zu erklimmen und zum Pass zurückzukehren.

Aber es war zu spät. Auf dem Schlachtfeld waren nur 60 fränkische Ritter vom Tod verschont geblieben. Oliver war tödlich verletzt worden, er hatte seine Sehkraft eingebüßt und Roland daher versehentlich mit seinem großen Schwert Halteclere angegriffen. Als Roland Olivers Verfassung erkannte, verzieh er ihm. Roland schützte das berühmte Schwert Durandel vor dem Zugriff durch die Muslime, indem er sich einfach drauflegte – bereit zum Sterben.

▼ *Das Bild zeigt Roland, der in sein Horn bläst, um Karl zu Hilfe zu rufen. Es stammt aus dem 13. Jh. aus einer deutschen Fassung des Rolandsliedes.*

Er starb, unbesiegt im Geiste, und mit seinem letzten Atemzug bat er Gott um Vergebung.

NACH DER SCHLACHT

Karl und die Franken besiegten die restlichen muslimischen Kräfte. Dann kehrten sie nach Frankreich zurück, mit den Körpern von Roland, Oliver und Erzbischof Turpins. Die Leichen wurden in Blaye nahe Bordeaux bestattet. In Aix ordnete Karl die Hinrichtung des Verräters Genelon an.

Am Ende des Werks wurde Karl erneut zum heiligen Krieg gerufen: Der Erzengel Gabriel besuchte den König in seinem Schlafgemach und forderte ihn auf, mit seiner Armee einem gewissen König Vivien zu Hilfe zu eilen. Dieser, so Gabriel, würde in seiner Stadt Imphe von Heiden belagert. Nur widerwillig ging Karl auf die Forderung ein. Aber er wusste um seine Pflicht, für das Christentum zu kämpfen.

DIE HISTORISCHE SCHLACHT VON RONCESVALLE

Über die Schlacht von Roncesvalle liegen keine sicheren Fakten vor. Wir wissen nur von einem Feldzug Karls in Spanien. Die berühmte Schlacht in den Pyrenäen hat vermutlich nie stattgefunden. Es kann sich höchstens um ein kleineres Gefecht gehandelt haben, das in Sagen und Literatur als großes Rittereignis ausgeschmückt wurde. Die früheste Bezugnahme auf Karls Feldzug in Spanien 778 findet man nahezu zeitgleich in den Königlichen Annalen, allerdings taucht die Schlacht von Roncesvalle hier nicht auf. Als die Annalen 25 Jahre später neu bearbeitet wurden, war ein Angriff der Vorhut in den Pyrenäen hinzugefügt worden.

Einhards Biografie über Karl, die „Vita Karoli Magni" (Leben Karls des Großen) aus den Jahren 817–830, beschreibt die Ereignisse als einen kleinen Sieg, nannte Houdland oder Roland aber als einen der Getöteten. Im Jahr 840 wurde eine Biografie über Karls Sohn geschrieben. Der Autor erwähnt nicht nur die Schlacht, sondern auch dass der Bekanntheitsgrad der in Roncesvalles gefallenen Männer so groß

▲ *In Nordeuropa wurde Roland zum Symbol für die Unabhängigkeit der Städte vom Adel. Statuen des Helden wurden auf vielen Plätzen aufgestellt – wie hier in Riga, Lettland.*

war, dass deren Aufzählung überflüssig sei. Die Legende um den Konflikt war zu diesem Zeitpunkt also etabliert.

Wenn die Schlacht sich ereignet hat, bleibt weiterhin unklar, ob Karl von Basken, Muslimen oder von einer Kombination aus beiden angegriffen wurde. In Spanien hatten Karls Truppen die Stadt Pamplona vernichtet, bevor sie sich gen Norden durch die Pyrenäen bewegten. Vielleicht sannen die Basken auf Rache und provozierten einen Kampf. Einige Berichte legen nahe, dass Karl den Emir von Barcelona als Geisel genommen hatte. Der Angriff der spanischen Muslime konnte also als dessen Ahndung erfolgt sein.

AUF DER SUCHE NACH RUHM

WILHELM VON ORANGE, RITTER KARLS DES GROSSEN

Ein Zyklus der *Chansons de geste* berichtet über die Heldentaten Wilhelms von Orange, einem Ritter, der im Dienst Karls des Großen stand. Die Gedichte verherrlichen insbesondere seine Schlachten gegen die Sarazenen in Südfrankreich.

DREI CHANSON-ZYKLEN

Chansons de geste wurden entsprechend einer Klassifikation, die der Troubadour Bertrand de Bar-sur-Aube 1180 mit dem Chanson „Girart de Vienne" einführte, traditionell in drei Zyklen gruppiert. Der erste Zyklus waren die „Geste du roi", Lieder, die sich hauptsächlich um Karl drehten und zu denen das „Rolandslied" gehörte; den zweiten bildeten die „Geste de Garin de Monglane", eine Gruppe von Chansons, deren Thema Wilhelm von Orange war. Der dritte Zyklus schließlich bestand aus den „Geste de Doon de Mayence", die sich mit Rebellionen gegen die Königsautorität beschäftigten.

▲ *Wilhelm von Orange und andere Paladine Karls waren standhafte Gegner des Islam in Frankreich und Spanien. Diese Illustration zeigt Türken und Mauren, die in einem langen Kampf Territorium zurückgewinnen.*

WILHELM VON GELLONE

Im Zyklus „Geste de Garin de Monglane" gab es 24 Chansons, die ins 12. bis 15. Jh. datieren. Der Zyklus wurde nach dem legendären Krieger Garin benannt, dessen Held Garins Großenkel Wilhelm – eine Kombination mehrerer historischer Figuren – war.

Wilhelm (oder Guihelm) von Gellone war ein Urenkel Karl Martells und somit ein Cousin Karls. Durch dessen Unterstützung war er von 790 bis 811 Graf von Toulouse; in seinem Haushalt lebte Karls Sohn Ludwig der Fromme, der hier seine Ausbildung zum Ritter erhielt. Wilhelm war ein Gegner der muslimischen Sarazenen Spaniens, die in Südfrankreich einfielen. 793 konnte er eine muslimische Armee bei der Stadt Orange in Südfrankreich besiegen – sein Triumph wurde im Chanson „La Prise d'Orange" (Die Einnahme Oranges) aus dem 12. Jh. besungen. Seine Leistung brachte ihm den Beinamen Wilhelm von Orange ein.

Bei Villedaigne kämpfte er erneut gegen die Sarazenen und musste eine Niederlage einstecken. Diese Niederlage fand als Schlacht von Aliscans Eingang ins „Rolandslied" und wurde Thema einer ganzen Reihe von Gedichtzyklen. Dazu gehörten „La Chanson de Guilaume", „Aliscans" und „La Chevalerie Vivien".

Trotz der Niederlage bei Villedaigne wurde die islamische Armee durch Wilhelm zum Rückzug nach Spanien gezwungen. Dennoch konnte ein anderer Zweig der Sarazenen-Kräfte im selben Feldzug eine Garnison in Narbonne stationieren. 803 kämpfte Wilhelm in Nordspanien und förderte die Eroberung Barcelonas.

806 zog er sich ähnlich wie viele andere Ritter, die des Lebens auf dem Feld überdrüssig geworden waren, als Mönch in ein Kloster zurück, das er in Gallone bei Lodève gegründet hatte. Er stiftete dem Kloster eine Reliquie, bei der es sich um einen Teil des Christuskreuzes gehandelt haben soll. Karl hatte sie vom Patriarchen in Jerusalem erhalten und an Wilhelm weitergegeben. Wilhelm starb 812 oder 814 im Kloster und wurde später heilig gesprochen. Das Kloster entwickelte sich zu einem bedeutenden Wallfahrtsort für Pilger auf dem Weg nach Santiago de Compostela.

WILHELM VON PROVENCE

Ein anderes Vorbild für Wilhelm war der Adlige Wilhelm I., Graf von Provence, der 973 in der Schlacht von Tourtour entschlossen und siegreich gegen sarazenische

▲ *Ludwig I. der Fromme, Sohn Karls, spielt in vielen Chansons von Garin de Monglane eine Rolle.*

Plünderer in Fraxinetum vorging. Die Sarazenen in Fraxinetum waren als plündernde Piraten im Mittelmeerraum unterwegs. Sie waren in Südfrankreich und Norditalien eingefallen. Der Krieg von 973 begann, nachdem die Räuber den Abt des Klosters Cluny gefangengenommen hatten und ein Lösegeld forderten. Wilhelm brach auf, um den Sarazenenstützpunkt in Fraxinetum einzunehmen, und vertrieb die Sarazenen dabei gleich aus Südfrankreich. Er wurde als „Befreier" und „Landesvater" gefeiert. Ähnlich Wilhelm von Gellone hatte auch er das Leben auf dem Schlachtfeld schon bald satt und wurde Mönch.

DIE SCHLACHT VON ALISCANS UND IHRE FOLGEN

In den Gedichten wurde Wilhelm zum Inbegriff eines feudalen Kriegers und als Förderer Ludwigs des Frommen gefeiert. Zur Frau nahm er eine sarazenische Zauberin namens Orable, die zum Christentum konvertierte und den Namen Guibourc annahm.

Die wichtigste Episode in den Gedichten über Wilhelm von Orange hat eine ritterliche Niederlage in der Schlacht von Aliscans zum Thema und betrifft Wilhelms geliebten Neffen Vivien, der – ähnlich wie Roland – in einer Schlacht gegen die Sarazenen zu spät auf die Hilfe seines Onkels zurückgriff. Als Wilhelm das Schlachtfeld mit einer großen Armee erreichte, musste er selbst eine Niederlage hinnehmen. Seine besten Ritter wurden niedergestreckt und er musste allein nach Hause zurückkehren (hiervon berichtet das „Chanson de Guillaume" – das „Wilhelmslied").

Ein weiteres Chanson – „Alicans" – beschreibt, wie Wilhelm sich für diese Niederlage rächte. Dies gelang ihm mithilfe von Guibourcs Bruder, einem riesigen Küchengehilfen mit Namen Rainoart, der einen Holzbügel, der zum Tragen von Wassereimern gedacht war, als Waffe benutzte. Das Chanson „La Chevalerie Vivien" führt Viviens Niederlage auf den von ihm geleisteten Eid zurück, in keiner einzigen Schlacht den Rückzug anzutreten. Außerdem soll er bei Alicans ganz bewusst einen Angriff provoziert haben, weil er eine ganze Bootsladung von Sarazenenräubern getötet hatte. Der Dichter Wolfram von Eschenbach machte daraus seine eigene Version: die Verserzählung „Willehalm".

▼ *Ludwig der Fromme kämpfte an der Seite von Wilhelm von Orange im Feldzug gegen den spanischen Islam. Er führte eine Armee, mit der er 803 die Stadt Barcelona angriff.*

JUGENDLICHE EROBERUNGEN UND ERBSTREITIGKEITEN

Zwei Gedichte – „Les Enfances Guillaume" und „Les Enfances Vivien" – beschreiben die heldenhafte Jugend dieser berühmten Ritter. Die Schilderung der Jugend von bedeutenden Rittern als separates „Kindheits"-Gedicht oder Abschnitt eines größeren Werks war durchaus üblich. Ein weiteres Chanson, „Les Narbonnais", erzählt die Kindheit aller sieben Söhne von Wilhelms Vater Aymeri von Narbonne. Dieses Chanson wirft Licht auf die Schwierigkeiten bei der Vererbung von Land: Aymeri übertrug seine Ländereien auf seinen jüngsten Sohn (statt auf den ältesten), die anderen Söhne mussten sich selbst Land erobern oder am Hof Karls eine bezahlte Beschäftigung finden.

AYMERI VON NARBONNE

Ein Teil des Zyklus' basiert auf den Abenteuern von Wilhelms Vater Aymeri von Narbonne. Das Gedicht „Aymeri de Narbonne" berichtet, wie er Narbonne von den Sarazenen befreite und von Karl die Feudalrechte erhielt. Man erfährt zudem Details über seine Hochzeit mit Ermenjart, der Schwester des lombardischen Königs, und Einiges über ihre Kinder, von denen eines Blanchefleur genannt und die Ehefrau von Ludwig dem Frommen geworden sein soll.

REBELLIERENDE FEUDALHERREN

DAS CHANSON DE GESTE FEIERT DIE RITTER IN DER REVOLTE

Der dritte Hauptzyklus der *Chansons de geste*, die „Geste de Doon de Mayence", rühmen die Feldzüge von Feudalherren gegen die königliche Autorität. Die wichtigsten Helden sind Ogier der Däne, die vier Söhne von Herzog Aymon und Herzog Huon von Bordeaux.

Die Figur des namensgebenden Doon de Mayence wurde vermutlich erst später entwickelt, um den anderen Feudalherren einen heldenhaften Vorfahren gegenüberstellen zu können. Die Doon de Mayence gewidmeten Chansons beschrieben dessen Kindheit und „enfances" (jugendliche Heldentaten), um dann auf seinen Rebellenkampf in Sachsen einzugehen, der vermutlich historisch fundiert ist. Ein interessanter Bezug besteht ferner zur „Fredegar-Chronik", einem historischen Werk über die Franken (584–641), das von einem Aufstand gegen König Siegbert III. von Austrasien (dem späteren Ostfrankenreich) berichtet, der von den Kriegern Mayences angezettelt worden war.

▼ *In dieser Illustration von Renaud von Montauban erhält Karl nach der Schlacht die Ehrerweisung seiner Ritter.*

▲ *Im Chanson „Les Quatre Fils Aymon" nutzte Maugis seine Zauberkraft, um eine Schlange zu überwältigen und das verwunschene Pferd Bayard zu gewinnen.*

In den Gedichten rebellierten alle Feudalherren gegen Karl, jedoch stand sein Name stellvertretend für andere, weniger gefeierte Könige sowohl vor (wie z. B. Siegbert) als auch nach seiner Zeit (wie sein Sohn Ludwig der Fromme und dessen Nachfolger).

OGIER, DER DÄNE

In dem Chanson „La Chevalerie Ogier de Danemarche" war Ogier ein Dänenprinz, dessen Sohn von Charlot, einem der Söhne Karls, getötet wurde. Ogier revoltierte. Er tötete Charlot und konnte gerade noch davon abgehalten werden, den König selbst zu töten. Sieben Jahre bekämpfte er Karl, schließlich schlossen beide Seiten Frieden und Ogier kämpfte an der Seite Karls gegen die Sarazenen. Historiker glauben, dass die Figur Ogiers vermutlich auf dem Dänenkönig Godfred basierte. Godfred hatte zu Beginn des 9. Jhs. gegen Karls Expansion in den Norden Deutschlands gekämpft. Im dänischen Volkstum wurde Ogier eine wichtige Gestalt, vergeichbar mit König Artus.

FARBENFROHE ABENTEUER DES RENAUD VON MONTAUBAN

Eines der bekanntesten Gedichte im Zyklus ist „Les Quatre Fils Aymon" (Die vier Söhne Aymons), auch unter „Renaud von Montauban" bekannt. Überliefert wurde es in einem Manuskript aus dem späten 12. Jh., aber es ist möglich, dass ältere Versionen verlorengingen. Es beschreibt die Rebellion der Söhne des Herzogs Aymon von Bordeaux – Aalard, Guichard, Renaud und Richard – im Anschluss an den Mord an Karls Neffen Bertolai, den sie in Aachen töteten.

Sie mussten fliehen und versteckten sich zunächst in den Ardennen, die im Gedicht als verwunschener Wald beschrieben werden. Dort bauten sie eine große Festung mit dem Namen Montessor. Karl, der den Mord an seinem Neffen rächen wollte, spähte die Rebellen aus und nahm Montessor ein. Die vier Feudalherren konnten fliehen und lebten sieben Jahre als Räuber auf dem Land.

Ihnen schloss sich ihr Cousin Maugis an, ein Zauberer. Renaud unterstützte König Yon von Gascogne bei der Verteidigung gegen die Sarazenen und erhielt dafür Yons Schwester Clarisse zur Frau. Er errichtete eine neue Festung – Montauban –, in der er und seine Brüder erneut von König Karl aufgesucht wurden, diesmal in Begleitung des großen Roland. Mit Maugis' Hilfe verbarg Renaud seine wahre Gestalt und besiegte Roland in einem Pferderennen dank seines legendären Pferdes Bayard. Dann ergriff er Karls Krone und floh.

Das Pferd Bayard spielt in diesem Gedicht eine bedeutende Rolle. Es taucht auch in anderen Rittergedichten und -legenden auf. Das Pferd konnte seine Größe der seines Reiters anpassen und es war in der Lage, alle vier Söhne von Aymon auf einmal zu tragen.

Viele weitere Abenteuer mit den Brüdern folgten. Sie hielten sich stets an den Ritterkodex, egal, wie schwierig ihre Lage war. Einmal waren Nahrung und Getränke so knapp, dass sie Bayards Blut trinken mussten, um überleben zu können. Letztlich schlossen sie Frieden mit Karl. Renaud reiste mit Maugis ins Heilige Land und unterstützte die Kreuzritter bei der Eroberung Jerusalems. Karl bemächtigte sich Bayards und befahl, dass das Tier mit einem Mühlstein um den Hals in einen Fluss geworfen werden sollte. Doch Bayard überlebte und schloss sich erneut Renaud an.

Renaud kehrte zurück nach Frankreich, bevor er in traditioneller Weise das militärische Leben aufgab und als frommer Eremit lebte. Er reiste nach Köln, um sich am Bau der einzigartigen Kathedrale zu beteiligen (die gotische Kathedrale wurde 1248 an der Stelle eines abgebrannten christlichen Gebäudes errichtet). In einem Streit mit anderen Steinmetzen wurde Renaud getötet.

REBELLEN GEGEN DIE MACHT

Der Charakter Karls in „Les Quatre Fils Aymon" war trügerisch. Er war vorwiegend damit beschäftigt, Rache zu nehmen. Der Dichter tut gut daran, den Zauberer Maugis auf den Plan zu holen, der Karl überlistet. Im weiteren Verlauf der Handlung bleibt die feudale Autorität jedoch aufrechterhalten.

Aufstände gegen die feudale Herrschaft waren selbst innerhalb der Regierungsfamilien beileibe nicht ungewöhnlich. König Heinrich II. von England z. B. stand zwei Revolten seiner eigenen Söhne und der Königin, Eleonore von Aquitanien, gegenüber. Bei der ersten 1173 behielt er die Oberhand, mit der zweiten 1189 begann sein Untergang. Nach der Überlieferung brach ihm die Beteiligung seines jüngsten Lieblingssohnes – dem zukünftigen König Johann von England – das Herz und warf ihn aufs Sterbebett. Seine letzten Worte waren: „Schande, Schande für einen besiegten König."

HERZOG HUON VON BORDEAUX

Das Chanson über den Herzog Huon von Bordeaux aus dem 12. Jh. ist ein farbenfroher Versroman aus dem Orient, der zweifellos auf Berichte der Kreuzritter zurückgeht. Der Herzog war einer der Feudalherren, die Karls lästigen Sohn Charlot töteten. Für Karl ein Grund, Huon in ein romantisches Abenteuer zu schicken: Er sollte den Hof des Sultans Gaudys, dem Herrscher über Babylon, suchen und dort den meistgefeierten Gast des Sultans enthaupten, der Tochter des Sultans drei Küsse geben, einige Haare aus dem Bart des Sultans reißen und vier Zähne aus seinem Mund als Trophäe mitbringen. Huon machte sich mit mehreren Rittern auf die Reise. Zunächst traf er in Jerusalem ein, wo er vor dem Grab Jesu betete. Dann reiste er in Gesellschaft eines französischen Büßers mit Namen Gerames durch einen verwunschenen Wald, der Oberon, dem König der Feen, gehörte. Vor seiner Ankunft in Babylon, die als Stadt am Nil beschrieben wird, tötete er den Riesen Angolafer.

Huon erledigte die ersten beiden Aufgaben problemlos, dann jedoch wurde er in den Kerker geworfen. Der Sultan erlaubte ihm, gegen einen anderen Riesen (Agrapart, Bruder von Angolafer) zu kämpfen, den er besiegte. Anschließend wurde ein Bankett gefeiert, bei dem es zu einem Getümmel zwischen den muslimischen Rittern des Sultans und den christlichen Huons kam. Huon und seine Ritter wurden von Oberon und einem Zauberer unterstützt. Huon kehrte nach Frankreich zurück, wo Oberon ihn mit Karl versöhnte. Als Oberon starb, wurde Huon König der Feen.

▼ *Maugis und Isanne werden in dieser Illustration aus dem Chanson „Maugis d'Aigrement" im Schlafzimmer überrascht.*

DEUTSCHER RITTER AM HOF

SIEGFRIED UND DAS „NIBELUNGENLIED"

Der drachentötende Krieger Siegfried, der furchtlose Held des deutschen Versepos' „Nibelungenlied" von ca. 1200, basierte hauptsächlich auf deutschen und altnordischen Mythen und Volkslegenden. Das Nibelungenlied ist eine alte Legende, die mit historischem Material überlagert wurde. Vermutlich geht Siegfried auf berühmte Figuren aus der Zeit der Frankenkönige zurück.

HISTORISCHER HINTERGRUND

Der Untergang der Nibelungen oder Burgunder, den das Gedicht thematisiert, hat als Vorlage die Zerschlagung des burgundischen Königreichs. Dieses wurde durch den römischen General Flavius Aetius und eine Söldnerarmee aus Hunnen bei Worms 436 niedergemacht, wobei annähernd 20000 Burgunder getötet wurden. Man stößt auf weitere relevante historische Ereignisse, etwa die Heirat des Hunnenkönigs Attila, mit Ildikó, einer burgundischen Prinzessin Mitte des 5. Jhs. Eine weitere einflussreiche Quelle war möglicherweise die Fehde zwischen den merowingischen Königinnen Brunhilda und Fredegunde im 6. Jh., die so erbittert war, dass jede der Frauen schwor, gegen die andere in den Krieg zu ziehen.

Eine mögliche Vorlage für Siegfried war ein fränkischer Merowingerkönig um das Jahr 600. Ein anderer früherer Archetyp könnte Arminius sein, Anführer des Cheruskerstammes am Nordrhein, der 9 n. Chr. in einem Schuppenpanzer kämpfte, als er eine Koalition germanischer Stämme zum berühmten Sieg über drei römische Legionen in der Schlacht vom Teutoburger Wald führte. Der Sieg sollte über Jahrhunderte gepriesen werden.

▲ *Im Nibelungenlied als Etzel bekannt: Attila, König der Hunnen (434–453), verweist auf Atli in den isländischen Sagen.*

▼ *Siegfrieds großer Ruf als Krieger und seine zahlreichen Heldentaten, u. a. die Tötung des Drachens, überzeugten Prinzessin Kriemhild, ihn nach langem Zögern endlich als Ehemann zu akzeptieren.*

LEGENDEN IN HÖFISCHEM UMFELD

Das „Nibelungenlied" hatte auf die germanisch-nordische Folklore, die historischen Elemente innerhalb der höfischen Umgebung christlicher Ritter und auf die Konventionen der höfischen Liebe einen ähnlichen Einfluss wie die Waliser Legenden von König Artus für die höfische Zuhörerschaft in den Werken eines Chrétien de Troyes. Auch wenn Siegfried sich bei seinem Werben um Kriemhild entsprechend der Konventionen höfischer Liebe verhielt, hat das Gedicht doch leidenschaftliche Züge und räumt dem Streben nach Rache viel Raum ein, was häufiger in alten volkstümlichen Sagen als in der höfischen Liebesliteratur zu finden ist.

SIEGFRIED IM NIBELUNGENLIED

Siegfried, ein germanischer Prinz aus Xanten am Niederrhein, erreichte Worms, um Kriemhild, die burgundische Prinzessin und Schwester von König Gunther zu umwerben. Kriemhild hatte sich jedoch nach der Deutung eines schrecklichen Traumes durch ihre Mutter gegen jede Ehe entschieden. Dieser Traum hatte das blutige Ende eines jeden Mannes prophezeit, den Kriemhild heiraten würde. Ein Bediensteter von König Gunther namens Hagen erzählte von Siegfrieds großen Taten, von der Erlegung des Drachens und von seinem großen Schatz, den er von den beiden Brüdern Schilbung und Nibelung erhalten hatte. Mit Erlaubnis von König Gunther führte Siegfried die burgundische Armee in den Krieg gegen die Dänen und Sachsen und seine Heldenhaftigkeit in der Schlacht bewirkte, dass Kriemhilds Wiederstand dahinschmolz.

Dann ging die Kunde von der wunderschönen und unbesiegbaren Königin Brunhilde um, die nur den Mann zu heiraten bereit war, der sie im Kampf übertraf. König Gunther entschied sich, statt seiner Siegfried zu schicken, nutzte aber einen Zauber, der Siegfried unsichtbar machte. Während Siegfried sich als Held schlug, heimste Gunther den ganzen Ruhm ein. Siegfrieds Belohnung sollte die Hand von Kriemhild sein. Der Plan funktionierte: Brunhilde akzeptierte Gunther als ihren Ehemann und Kriemhild heiratete Siegfried. Später jedoch – nach einem Streit zwischen den beiden Frauen – lüftete Kriemhild das Geheimnis. Hagen wiederum verband sich mit Brunhilde, um sich zu rächen und Gunthers Ehre zu schützen.

▲ *Die Wassergeister der Donau prophezeien Hagen die Niederlage von Gunthers Armee auf dem Weg zum Hofe Etzels.*

Durch Kriemhild wusste er von Siegfrieds einziger verwundbarer Stelle. (Nach dem Kampf mit dem Drachen in seiner Jugend hatte Siegfried im Blut des Tieres gebadet und seit dieser Zeit war er im Kampf unverletzbar – abgesehen von einer Stelle auf seinem Rücken, die versehentlich mit einem Lindenbaumblatt bedeckt war, als er badete.) Hagen nutzte diese Information für eine frevelhafte Tat. Er tötete Siegfried, indem er ihn mit einem Speer an der verletzlichen Stelle seines Rückens verwundete, als Siegfried sich auf der Jagd über einen Fluss lehnte. Siegfried wurde feierlich beigesetzt und Kriemhild, von Trauer aufgelöst und klagend, lebte weiter in Worms.

Der Rest des Gedichtes beschreibt Kriemhilds Rache an den Burgundern, die ihren Mann ermordet und sie ihres Glückes beraubt hatten. Sie heiratete Etzel (Vorlage war Attila, der Hunnenkönig) in der Hoffnung, er würde sie bei ihrer Rache unterstützen. Einige Jahre später lud Etzel König Gunther und Hagen an seinen Hof. In einer Massenschlacht wurde Gunther besiegt und getötet. Kriemhild selbst tötete Hagen mit dem Schwert Siegfrieds. Schließlich wurde Kriemhild durch den bereits alten Ritter Hildebrand – entsetzt über das, was Kriemhild angerichtet hatte – umgebracht.

Hildebrand, dessen Name „Schlachtschwert" bedeutet, war der Bruder von Dietrich von Bern, einem Archetyp des gerechten Regenten und sagenhafte Inkarnation des historischen Königs der Ostgoten, Theoderich dem Großen (5. Jh.). Dem Nibelungenlied zufolge lebten Dietrich und Hildebrand an Etzels Hof im Exil. In der Schlacht zwischen den Königen Etzel und Gunther und deren Bediensteten kämpften beide mit großem Heldenmut.

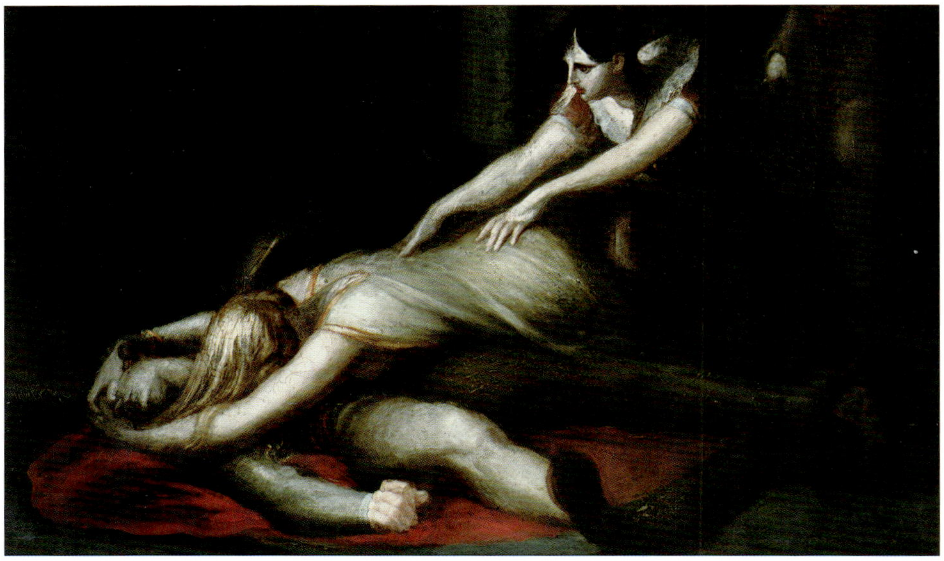

◀ *Der Kummer Kriemhilds über den Tod Siegfrieds verwandelt sich im Nibelungenlied in Rachsucht und Wut. Mit der Hilfe ihres zweiten Mannes Etzel – Attila, König der Hunnen – rächt sie sich grausam.*

EL CID

LEBEN UND LEGENDE DES DON RODRIGO DIAZ DE VIVAR

Der spanische Ritters Don Rodrigo Diaz de Vivar war schon vor seinem Tod im Jahr 1099 eine legendäre Gestalt. Er war der größte spanische General im 11. Jh., er kämpfte sowohl für die spanische Krone als auch für die Mauren und Sarazenen. Schon zu Lebzeiten nannte man ihn „El Campeador" (der Champion) und „El Cid" (leitet sich vom arabischen Titel „assis" ab, was „Herr" bedeutet). Die Heldenlegende und ergreifende historische Fakten seines Lebens waren die Inspiration für viele Balladen und Chroniken über El Cid. Das Gleiche gilt auch für das einzigartige Gedicht „Cantar de Mio Cid" (Lied von meinem Cid) aus dem 12. Jh.

GEBURT UND ERSTER RUHM

Don Rodrigo kam 1034 in Bivar unweit Burgos auf die Welt. Seine Erziehung zum Ritter genoss er am Hofe von König Ferdinand I. von Kastilien und Leon. Dort wurde er im Alter von 22 Jahren unter Ferdinands ältestem Sohn, König Sancho II., Befehlshaber über die königliche Armee. Als Sancho 1072 starb, folgte ihm sein Bruder Alfons auf den Thron. Don Rodrigo verlor seinen Posten in der Armee an Graf Garcia Ordonez und wurde dessen großer Rivale. Nachdem Don Rodrigo 1079 Ordonez gefangengenommen hatte, wurde er von König Alfons zwei Jahre später ins Exil getrieben. Don Rodrigo ging in den Dienst von al-Mu'tamin, Maurenkönig von Saragossa in Nordostspanien.

▼ *Der Schwur von König Alfons von Kastilien in Anwesenheit des Parlaments, dass er keine Schuld am Tod Sanchos II., dem Bruder El Cids, trüge, wurde zu einem feierlichen Ereignis.*

PRINZ VON VALENCIA

Nachdem Don Rodrigo für kurze Zeit an den Hof von Alfons gerufen worden war, kämpfte er 1090–1094 auf eigene Faust, um die Macht über das maurische Königreich Valencia zu gewinnen. Er herrschte über die Stadt, die eigentlich in den Herrschaftsbereich Alfons VI. fiel, als wäre es seine, und er regierte über Muslime und Christen. Die Stadtmoschee verwandelte er in eine Kathedrale und er ernannte einen französischen Bischof namens Jerome. Mit seinem Prinzenstatus konnte er seine Töchter Cristina und Maria mit Ramiro, Lord von Monzon, und Ramon Berenguer II., dem Herzog von Barcelona, verheiraten.

▲ *El Cid war ein christlicher Ritter am Hofe islamischer Könige. Kastilien verlor ihn, als man ihn in die Verbannung schickte.*

Valencia blieb nicht lange eine christliche Stadt. Bald nach dem Tode Cids 1099 wurde die Stadt von den Almoraviden (Muslime, die 1086 nach Spanien gekommen waren) besetzt. König Alfons VI. versuchte die Stadt zu retten, stellte aber fest, dass er sie nicht halten konnte. Die Stadt wurde evakuiert und niedergebrannt. Der Leichnam des Cid wurde im Kloster San Pedro bei Burgos in Kastilien beigesetzt. Die Almoraviden übernahmen die Herrschaft über ein Valencia in Ruinen. Die wieder aufgebaute Stadt blieb bis 1238 muslimisch.

EL CIDS ERSTER SIEG

Aus Legenden über Don Rodrigo erfährt man, wie er durch die Verteidigung der Ehre seines Vaters – Diego Laynez – erstmals als Ritter Anerkennung fand: Mit

▶ *El Cid besiegt Don Gomez in Callaforra und rächt die Beleidigung seines Vaters. Die Illustration stammt aus einem Manuskript der spanischen Chroniken (1344).*

einem einzigen Schwertschlag besiegte er den Ritter Don Gomez, der Diego beleidigt hatte. Gomez' Tochter Ximena heiratete Cid, weil sie von seiner Kraft und Ritterlichkeit überwältigt war.

Die Legende berichtet von weiteren Feldzügen des Cid gegen die Mauren im Dienste des „Königs Ferrando" (Ferdinand I.). Ferrando hatte gehört, dass die Mauren ihn „El Cid" nannten und forderte, dass dies auch weiterhin sein Name sein sollte. In der Folgezeit forderte Heinrich III., Kaiser des Heiligen Römischen Reichs, mit Unterstützung von Papst Viktor II. Tribut von Ferrando, der dies jedoch verweigerte. Im darauf einsetzenden Krieg schlug El Cid Remon, Herzog von Savoyen, und eine französische Armee. Anschließend ging er nach Rom, um den einsichtigen Papst eine Erklärung unterzeichnen zu lassen, nie wieder eine Tributforderung durch den Kaiser des Heiligen Römischen Reichs an einen spanischen König zu unterstützen.

WAHRE RITTERLICHKEIT

Nach der Legende starb Ferrando, als sich El Cid im Exil befand. Dort gab er unzählige Beispiele für Ritterlichkeit und christliche Nächstenliebe. In einer Geschichte reitet er nach Santiago de Compostela, um am Grab des Schutzheiligen Spaniens zu beten. Am Straßenrand trifft er auf einen Aussätzigen und lässt ihn auf seinem Pferd Bavieca reiten. In der Herberge teilt er Essen und Bett mit dem Mann. Als er in der Nacht aufwacht, hat sich der Aussätzige in Lazarus verwandelt – denjenigen, den Jesus zum Leben wiedererweckte. Lazarus prophezeit ihm eine große Ritterkarriere.

▼ *Eine Statue in Burgos zeigt El Cid auf seinem treuen Pferd Bavieca mit dem Schwert Tizona in der Hand.*

Viele Episoden in den Balladen und Chroniken und auch in „Cantar de Mio Cid" beschreiben die militärischen Leistungen El Cids in Schlachten gegen die Mauren, sie betonen seine taktische Intelligenz, seinen Großmut und seine Fairness, sie rühmen seine Frömmigkeit und schwärmen von seiner Tapferkeit.

Wie andere legendäre Ritter hatte auch er ein einzigartiges Schwert und ein prachtvolles Pferd. Nach dem Lied „Cantar de Mio Cid" bekam El Cid sein Pferd Bavieca erst spät. Er nahm es dem König von Sevilla ab, als dieser versuchte, Valencia einzunehmen. Als das Pferd starb, wurde es gegenüber dem Kloster San Pedro beerdigt. El Cids Schwert hieß Tizona.

LEGENDEN UM SEINEN TOD

In der Legende um El Cids Tod teilte der heilige Petrus dem großen Ritter in einem Traum mit, dass er bald in den Himmel gerufen werde. El Cid wies seine Gefährten daraufhin an, wie sie eine drohende Belagerung Valencias durch die Mauren abwehren könnten, und arrangierte alles, damit sein Körper – auch wenn er bereits tot war – in die Schlacht geführt werden konnte. Im folgenden Kampf sollen den Männern Cids 70 000 Engelsritter zu Hilfe geeilt sein. Die Christen trieben ihre Feinde ins Meer. Danach wurde der Körper El Cids an sein treues Pferd Bavieca gebunden und zum Kloster San Pedro de Cardena gebracht. Dort wurde der Leichnam auf einen Thron aus Elfenbein gesetzt – mit dem Schwert Tizona in der Hand. Zehn Jahre soll er so gesessen haben. Sein Körper roch süßlich – ein Zeichen dafür, dass El Cid ein Heiliger war.

VERTEIDIGER JERUSALEMS

LEGENDEN ÜBER DEN KREUZRITTER GOTTFRIED VON BOUILLON

Um die Taten der Ritter des 1. Kreuzzugs (1096–1099), denen die Wiedereinnahme Jerusalems gelang, kreisen fantastische Sagen. Eine der Schlüsselfiguren war Gottfried von Bouillon, der zweite Sohn Eustachs, des Herzogs von Boulogne. Gottfried war einer der ersten Ritter, welche die Mauern der Stadt Jerusalem im Juli 1099 stürmten. Er verweigerte seine Ausrufung zum König in der Stadt, in der Christus gestorben war; stattdessen nahm er den Titel „Beschützer des Heiligen Grabes" an.

Gottfried war Held einer Erzählung aus dem 14. Jh., die auf den Kreuzzugszyklus der *Chansons de geste* aus dem 11. Jh. Bezug nimmt und mit der mittelalterlichen Legende vom „Schwanenritter" in Verbindung steht. Hier wird von einem schlafenden Ritter in einem schwanenförmigen Boot berichtet, das erscheint, um die Ehre einer Frau zu retten. In der Artustradition im „Parzival" Wolfram von Eschenbachs war der Schwanenritter Lohengrin der Sohn Parzivals, in der Gottfried-Tradition handelt es sich jedoch um den Großvater des Kreuzritters.

LIED VON ANTIOCHIA

Die überarbeitete Gruppe der Kreuzritter-Chansons (die in der Klassifikation von Bertrand de Bar-Sur-Aube nicht genannt werden), zu der auch das „Chanson d'Antioche" gehörte, das in einer Version von ca. 1180 überliefert ist, basiert auf einem frühen Gedicht, das vermutlich im Verlauf des 1. Kreuzzuges geschrieben wurde. Das Original-Gedicht wurde von Richard le Pèlerin (Richard dem Pilger) komponiert; der Dichter reiste mit den Kreuzrittern und soll das Gedicht bei der Belagerung von Antiochia begonnen haben. Das Chanson enthält mehrere übertriebene Beschreibungen und lange Listen mit Ritternamen.

Die Version aus dem 12. Jh. schrieb Graindor de Douai, von dem auch die anderen beiden überarbeiteten Gedichte des Zyklus' – das „Chanson de Jérusalem" (Jerusalemlied) und das „Chanson de Chétifs" (Gefangenenlied – ein Verweis auf christliche Ritter, die im Heiligen Land von Muslimen festgehalten wurden) stammen.

▲ *In der französischen Version der Legende von Lohengrin wurde der Schwanenritter Elias genannt und heiratete Beatrix Bouillon, die Großmutter Gottfrieds.*

▼ *Das Gemälde aus dem 19. Jh. zeigt Gottfried, seinen Bruder Balduin und dessen Männer, wie sie 1097 nach Anatolien fahren.*

▲ *Im Juli 1099 marschierten Gottfried und seine Kreuzritter in einem Festzug rund um Jerusalem (eine Nachahmung des israelitischen Anführers Josua in Jericho).*

In all diesen Liedern ist Gottfried von Bouillon die Hauptfigur.

Die Erzählung über Gottfried von Bouillon aus dem 14. Jh. beginnt mit dem Bericht über die Geburt des Schwanenritters und beschreibt im Weiteren die Rettung der Herzogin von Bouillon nach einem Duell mit dem Verfolger Rainer von Sachsen. Der Schwanenritter heiratete die Tochter der Herzogin und hatte mit ihr eine Tochter namens Ida. Aber seine Frau wollte seinen richtigen Namen wissen. Deshalb musste der Schwanenritter sie verlassen – später stellte sich heraus, dass sein Name Elias war. Zwei Angehörige von Elias, Pons und Gerart, gingen auf Kreuzzug nach Jerusalem. Dort trafen sie Cornumarant, den muslimischen König der Stadt.

GOTTFRIED ALS KREUZRITTER

Viele Jahre später erhielten die Söhne Idas – Eustach, Gottfried und Balduin – ihre Ausbildung zum Ritter. In Jerusalem hatte die Mutter von König Cornumarant eine Vision. Sie sah Gottfried und seine Angehörigen in voller Pracht als Kreuzritter in die Stadt ziehen, sah aber auch die späteren Konflikte mit Saladin im 3. Kreuzzug voraus. Cornumarant reiste deshalb nach Europa, um nach Gottfried zu suchen, und traf unterwegs auf bekannte Gestalten der Kreuzzüge: Robert Curthose, Tancred, den Prinz von Galiläa, Bohemond von Antiochia, Adhemar von Le Puy, Raymond Toulouse und Hugo von Vermandois. Cornumarants Plan war, Gottfried von Bouillon zu töten, um die Prophezeiung seiner Mutter abzuwenden. Angesichts der Vielzahl an Rittern scheiterte sein Plan. Seine Anwesenheit inspirierte Gottfried zu einem Kreuzzug.

Der nächste Teil der Erzählung besteht aus dem überarbeiteten „Chanson von Antiochia“. Er beschreibt den Aufruf Papst Urbans II. zum Kreuzzug, dessen Vorbereitungen durch die Kreuzritter, ihr Abschiednehmen von ihren Familien, die Reise nach Konstantinopel und die erfolgreiche Belagerung Antiochias, die insgesamt acht Monate dauerte.

Es folgt eine Beschreibung der Abenteuer der christlichen Chétifs (Gefangene) in Begleitung Corbaran, dem abgesetzten König Antiochias, auf seinem Weg nach Hause. Dazu gehört ein Abschnitt, in dem die Gefangenen einen Drachen töteten und einer von ihnen, Arpin von Bourges, dem Sohn des Königs Corbarans bei mehreren Eskapaden zu Hilfe eilte. Schließlich wurden die Gefangenen befreit und schlossen sich den anderen Kreuzrittern vor den Toren Jerusalems an. Die Kreuzritterarmee, die Gottfried anführte, konnte mehrere Angriffe der Sarazenen abwehren. In dieser Version kämpfte Bohemond von Taranto mit den Kreuzrittern in Antiochia (der historische Bohemond war in Jerusalem dabei), statt sich um seine eigenen Interessen zu kümmern. Die Erzählung berichtet, wie die Kreuzritter wiederholt erfolglos versuchten, die Stadt einzunehmen: Letztendlich wurden ihre Gebete erhört und die Stadt kapitulierte. Selbst im Augenblick des Triumphs hielt Gottfried an seiner Demut fest und lehnte es ab, König von Jerusalem zu werden. Doch Gott sandte mit dem Tod von Cornumarant ein Zeichen, dass Gottfried diese Auszeichnung annehmen sollte.

▼ *Vom Blutbad unbefleckt, führt Gottfried seine Gefährten in die heilige Stadt Jerusalem.*

EIN DEUTSCHER KREUZRITTER

KAISER FRIEDRICH I. „BARBAROSSA“

Friedrich I. Barbarossa (Rotbart) war Kaiser des Heiligen Römischen Reiches von 1152 bis zu seinem Tod im Jahr 1190. Er nahm an zwei Kreuzzügen teil und kämpfte hervorragend an der Seite seines Onkels Konrad III. aus dem Hause der Staufer auf dem 2. Kreuzzug (1145–1149). Am Ende seines Lebens führte er eine Armee von 15 000 Männern in den 3. Kreuzzug (1189–1192). Er starb auf seinem Weg ins Heilige Land bei dem Versuch, den Fluss Saleph in Kilikien zu überqueren.

▲ *Friedrich geriet in Italien in einen langen Machtkampf mit Papst Alexander III. Nach der Niederlage in der Schlacht von Legnano schloss er im Vertrag von Venedig (1177) Frieden mit Alexander und seinen Alliierten.*

DER SCHLAFENDE KÖNIG

Friedrich Barbarossa wurde als einer der bedeutendsten deutschen Regenten gepriesen. Seine Taten wurden in der lateinischen Chronik „Gesta Friderci I. Imperatoris“ (Taten des Kaisers Friedrich I.), die der Zisterziensermönch und Bischof Otto von Friesing schrieb, aufgelistet. Um Friedrichs Namen kreisen viele Legenden, insbesondere darüber, dass er nicht wirklich starb, sondern in einer Höhle des Kyffhäusergebirges südöstlich des Harzes schlafe. Sobald man ihn brauche, würde er auf und davon reiten. Nach dieser Legende wächst sein roter Bart durch den Tisch, vor dem er mit seinen halb geschlossenen Augen sitzt. Hin und wieder regt er sich und schickt einen Jungen aus, der nachsehen soll, ob die Raben noch um das Gebirge kreisen. Denn die Prophezeiung lautet: Wenn die Raben nicht mehr fliegen, braucht Deutschland seine Hilfe.

▼ *Der Widerstand gegen das Papsttum und die Autorität in Deutschland ließen Friedrich im 19. Jahrhundert zum Symbol für deutschen Stolz und deutsche Einheit werden.*

DEUTSCHE AUTORITÄT

Als Kaiser des Heiligen Römischen Reiches wollte Friedrich sein Reich wieder so groß machen, wie es zur Zeit Karls des Großen und im 10. Jh. unter Otto I. war. Zu Beginn seiner Herrschaft befahl er den Frieden für Deutschland und erteilte eine Reihe von Konzessionen an die Prinzen seines Territoriums. Er agierte energisch und effektiv, um seine Autorität durchzusetzen. Er sah sich in der Nachfolge Karls des Großen und 1165 richtete er eine Feier zur Heiligsprechung des Frankenkönigs aus.

FELDZÜGE IN ITALIEN

Friedrich führte sechs Feldzüge nach Italien an, um dort seine imperialen Rechte durchzusetzen. Auf dem ersten Feldzug wurde er von Papst Hadrian IV. (1154–1159) zum Herrscher des Heiligen Römischen Reiches gekrönt. Später geriet er mit dem Papsttum in Konflikt und wurde 1160 exkommuniziert. Auf seiner vierten Reise 1167 gelang ihm ein großer militärischer Sieg über eine mächtige päpstliche Armee in der Schlacht von Monte Porzio bei Tuskulum (Mittelitalien).

Der Sieg eröffnete Friedrich die Möglichkeit, Papst Alexander III. (1159–1181) abzusetzen. Er ernannte seinen eigenen Gegenkandidaten, Paschalis III., doch der Ausbruch der Pest in seiner Armee beendete den Feldzug und Friedrich ging zurück nach Deutschland.

DER KAISER, DER DEM TOD EIN SCHNIPPCHEN SCHLUG

Auf dem fünften italienischen Feldzug mit 8000 Rittern musste Friedrich eine heftige Niederlage hinnehmen, als er gegen die papstfreundliche Liga der Lombarden in der Schlacht von Legnano kämpfte. Mitten in der Schlacht wurden Friedrichs Leibwache und Standartenträger getötet und der Kaiser selbst wurde vom Pferd gestoßen und zurückgelassen. Die Armee geriet in Panik und floh. Die Ritter überbrachten seiner Ehefrau Beatrix in Pavia die Nachricht, dass ihr Mann getötet worden sei. Drei Tage lang wurde Friedrichs Tod beklagt, doch dann tauchte er plötzlich in Pavia auf. Er hatte sich von seiner Verletzung erholt und konnte heimkehren.

DER 3. KREUZZUG

Friedrich schloss Frieden mit dem Papst, bevor er sich auf den 3. Kreuzzug begab. Er nahm das Kreuz in der Mainzer Kathedrale am 27. März 1188 und setzte eine große deutsche Armee in Bewegung, zu der 3000 Ritter gehörten. Sie wollten auf dem Landweg ins Heilige Land, da die Armee zu groß war für die Beförderung auf Schiffen.

Sie reisten durch Ungarn und Serbien und erreichten Konstantinopel 1189. Weiter ging es nach Anatolien und im Mai 1190 nahmen sie Ionicum (heute Konya in der Türkei, damals die Hauptstadt des Rum-Sultanats) ein. Das Anrücken der Armee versetzte die muslimischen Anführer in Bestürzung, auch Saladin war entsetzt. Die Muslime begannen, ihre Armee für einen großen Kampf zusammenzuziehen.

Am 10. Juni 1190 fiel Friedrich, als er den Fluss Saleph durchquerte, vom Pferd und starb. Vielleicht löste das kalte Wasser einen Herzinfarkt aus oder er war durch seine Rüstung so behindert, dass er im Fluss ertrank, obwohl das Wasser angeblich nur hüfthoch gewesen sei. Der Tod ihres Anführers ließ die Armee panisch reagieren, viele gaben den Kreuzzug auf und gingen zurück in ihre Heimat.

Das Kommando ging an seinen Sohn Friedrich von Schwaben. Er führte die restliche Armee nach Antiochia. Er wollte seinen Vater in Jerusalem beerdigen, doch die Bemühungen, den Körper mit Essig zu konservieren, waren nicht wirklich erfolgreich. Barbarossas Fleisch wurde in Antiochia durch Kochen von den Knochen gelöst und dort bestattet. Seine Knochen wurden von der Armee mitgenommen. Die von Fieber dezimierte Armee bewegte sich in Richtung Tyrus, wo Friedrichs Gebeine zu Grabe getragen wurden. Der Kreuzzug wurde von Philipp II. von Frankreich und Richard I. von England fortgeführt, die mit ihrer eigenen Armee getrennt von Barbarossa aufgebrochen waren.

▲ *Eine Chronikillustration aus dem 12. Jh. zeigt Friedrich auf dem Thron mit seinen zwei Söhnen Kaiser Heinrich VI. und Herzog Friedrich V. von Schwaben.*

▼ *Das Kyffhäuserdenkmal zeigt eine 6,5 m hohe Sandsteinstatue Barbarossas. Sie erweckt den Eindruck, als sei er gerade aufgewacht, bereit, Deutschland zu helfen.*

ERZÄHLUNGEN ÜBER LÖWENHERZ

FARBENFROHE LEGENDEN ÜBER KÖNIG RICHARD I. VON ENGLAND

Schon vor seinem Tod 1199 war König Richard I. von England eine Legende. Fest etabliert war sie um etwa 1250, als die anglo-normannische Rittererzählung über „Richard Coeur de Lion" geschrieben wurde. Vor Ende des 13. Jh. war diese in ein englisches Gedicht eingeflossen, das Richard als perfekte Verkörperung ritterlicher Tugend rühmte. Zu dieser Zeit suggerierte die romanhafte Erzählung, dass Rittertum in Kämpfen mit den Sarazenen und in höfischer Liebespoetik bestand. Den Richard der Legende kennzeichnete zudem eine übermenschliche Tapferkeit.

Die Erzählung weist Richard eine prachtvolle Herkunft zu. Das war typisch für die Literatur dieser Epoche, in diesem Fall war es jedoch merkwürdig, weil es bei Richards leiblichen Eltern, König Heinrich II. und Eleonore von Aquitanien, eigentlich keine Steigerungsmöglichkeiten gab. Im Gedicht heißt es, dass König Heinrich die Feentochter des Heidenkönigs von Antiochia geheiratete habe und sie drei Kinder hatten: Richard, Johann und eine Tochter namens Topias.

Eines Tages floh die Mutter, weil ihre Feennatur es nicht zuließ, dass sie an einer heiligen Kommunion teilnahm. Sie rannte aus der Kirche, nahm Topias und Johann, den sie jedoch fallen ließ, wobei er sich ein Bein brach. Richard wurde König und in einer ersten Amtshandlung rief er zu einem Turnier auf, in dem sehr viel Tapferkeit gezeigt wurde.

Er wählte die beiden Turnierprofis Sir Thomas Multon und Sir Fulk Doyly als seine engsten Begleiter. (In Wirklichkeit war Richard kein kühner Turnierkämpfer, aber seine Regierungszeit wurde in England mit Turnieren assoziiert, nachdem er ein Lizenzsystem für derartige Veranstaltungen eingeführt hatte.)

DAS BLUT DER SARAZENEN

Später berichtet die Erzählung von Richards ausgesprochener Begeisterung, auf dem Kreuzzug Sarazenen zu töten, und sie beschreibt, wie er nicht nur die wildesten Krieger besiegte, sondern sie auch kochte und mit Vorliebe ihr Fleisch aß. Auch erfährt man etwas über ein imaginäres Duell zwischen Richard und dem Sarazenen-General Saladin.

In einem Traum wurde Richard gewarnt, dass Saladin einen ausgeklügelten Plan hatte: Saladin hatte seinem Gegner ein edles Reitpferd für das Gefecht zur Verfügung gestellt, einen Sohn der besonderen Stute, die Saladin selbst ritt. Wieherte die Stute, würde das Pferd Richards in die Knie gehen, um Muttermilch zu trinken, und Richard der Gnade des Sarazenen ausliefern. Richard erkannte die List seines Gegners und wandte sich ab, indem er in die Ohren des Pferdes Wachs träufelte, damit es das Wiehern der Stute nicht hören konnte. Er besiegte Saladin, erlaubte ihm aber dennoch zu fliehen.

▲ *Philipp II. von Frankreich empfängt einen Gesandten und nimmt mit Richard I. das Kreuz, um in den 3. Kreuzzug zu ziehen.*

▼ *Richard und der muslimische General Saladin treffen im 3. Kreuzzug aufeinander. Ein Bild aus dem englischen „Luttrell Psalter" aus den 1340ern zeigt beide beim Lanzenstechen. Richards Gesicht wird vom Helm geschützt.*

WIE RICHARD DEN NAMEN LÖWENHERZ BEKAM

Das englische Gedicht „Löwenherz" aus dem 13. Jh. berichtet farbenfroh darüber, wie Richard zu seinem „nom de guerre" (Kriegsnamen) kam. Man erfährt, wie der König, bevor er sich auf den Kreuzzug begab, von einer Erkundungstour aus dem Heiligen Land zurückkehrte und von einem gewissen König Modard aus Deutschland gefangengenommen wurde. Richard erwies sich als unbequemer Gefangener, denn er tötete Modards Sohn und schlief mit seiner Tochter. In seiner Wut schickte Modard einen hungrigen Löwen in Richards Zelle.

Richard, der als überaus tapfer galt, zeigte keinerlei Furcht, als der Löwe mit weit geöffnetem Maul in seine Zelle lief. Blitzschnell griff er in den Rachen des Löwen und riss sein Herz heraus. Danach floh er aus dem Gefängnis und betrat die große Halle des Schlosses. Dort saß der König mit seiner Dienerschaft und seiner Tochter gerade zu Tisch. Richard hielt das blutige Löwenherz unter Modards Nase, tauchte es in etwas Salz und aß es genüsslich auf – ohne Brot, wie der Autor anmerkte. Aus Ehrfurcht vor seinem Gefangenen erklärte König Modard, dass er zukünftig „Richard Löwenherz" genannt werden sollte.

▼ *Richards Minnesänger Blondel hört schließlich aus dem Kerker des österreichischen Schlosses Leopolds die Stimme seines Königs.*

▲ *Richards Legende betont vor allem seine edlen Eigenschaften. Auf seinem Sterbebett verzeiht er Bertrand de Gurdun. Der junge Mann hatte ihn schwer verletzt.*

RICHARD UND BLONDEL

Ein oft zitierter Teil der Legende basierte auf den Ereignissen nach dem Kreuzzug. Richard kehrte auf unheilvolle Weise nach Europa zurück. Nach einem Schiffbruch bei Venedig wurde er gefangengenommen und zunächst von Herzog Leopold von Österreich, dann von Heinrich VI., Kaiser des Heiligen Römischen Reiches, ins Gefängnis gesperrt.

Als Richard sich in Leopolds Kerker aufhielt, wusste – so die Geschichte – niemand am englischen Hof, was mit ihm geschehen war. Richards Lieblingsdichter Blondel machte sich auf die Suche nach seinem König. Der Dichter durchwanderte alle Länder Europas und traf schließlich in Österreich ein, wo er vernahm, dass ein edler Herr im Schloss von Herzog Leopold gefangengehalten wurde. Da er den Verdacht hatte, es könnte sich um Richard handeln, ließ er sich dort als Musiker anstellen. Mehrere Monate arbeitete er dort, ohne dass er herausfinden konnte, ob der Gefangene wirklich Richard war. Eines Tages hielt er sich im Garten auf und Richard, der aus seinem Zellenfenster blickte, entdeckte ihn. Richard sang mit lauter Stimme die ersten Verse eines Liedes, das sie zusammen komponiert hatten und kein anderer kennen konnte. Als Blondel das Lied hörte, wusste er, dass hier sein König gefangen war. Kurz danach verließ er das Schloss und kehrte nach England zurück. Dort berichtete er von des Königs Gefangenschaft.

Blondels Legende entstand mit dem Erfolg eines französischen Troubadours namens Blondel de Nesle (einem Ort bei Amiens in Nordfrankreich). Blondel, der seinen Namen aufgrund seines langen blonden Haares erhalten hatte, komponierte 25 Lieder. Bei ihm handelte es sich entweder um Jean, Graf von Nesle, der wie Richard im 3. Kreuzzug kämpfte, oder um seinen Sohn Jean, der seinem Vater nachfolgte und im 4. Kreuzzug gegen die Albigenser kämpfte.

Eine spätere Romanversion gibt die Blondel-Legende anders wieder. Wir lesen, dass Blondel durch Europa zog und den inhaftierten König mithilfe eines Liedes suchte, das er und Richard komponiert hatten. Als er die Verse schließlich am richtigen Ort sang, hörte er Richard, der die zweite Strophe anstimmte.

LIEBES- UND KREUZZUGABENTEUER

DER ERFOLG BEI HOFE DES BONIFAZ VON MONTFERRAT

Bonifaz, Markgraf von Montferrat in Nordwestitalien, residierte an einem der geschätztesten Ritterhöfe Europas. Seine ritterlichen Heldentaten wurden von seinem Hofdichter und Freund, dem Troubadour Raimbaut de Vaqueiras, zu Liedern verarbeitet. Bonifaz kämpfte gegen die Liga der Lombarden in Italien und Sizilien und führte den 4. Kreuzzug 1201–1204 an.

Raimbaut stellte fest, dass die ritterlichen Tugenden des Bonifaz so außergewöhnlich und einzigartig waren, dass er in die Abfolge der großen legendären Ritterfiguren eingegliedert werden müsse. Nicht nur die großen Rittergestalten aus der Vergangenheit wurden als inspirierende Beispiele herangezogen, sondern auch Gottheiten. Alexander der Große gab Bonifaz seine Großzügigkeit, seine Tapferkeit und seinen Wagemut erhielt er von Roland und den anderen zwölf Rittern Karls. Seine Höflichkeit und sein Charme den Frauen am Hof gegenüber gehen zurück auf Berart de Montdidier (er war das Thema eines verlorengegangenen Versgedichtes).

▼ *Zu Beginn des 4. Kreuzzugs griff die Armee der Kreuzritter die Stadt Zara in Dalmatien an und nahm sie ein.*

BESCHÜTZER DER DAMEN

Seine Leistungen, die er als junger Mann in den 1170ern vollbrachte, waren – glaubt man Raimbauts „Epischem Brief" – das Bestmögliche höfischer Ritterlichkeit. In einem Abenteuer rettete er Saldina de Mar, eine berühmte junge Frau aus der Stadt Genua, die von Albert von Malaspina belagert und eingenommen worden war. Bonifaz und Raimbaut ritten zur Abendessenszeit nach Genua und nahmen die junge Frau in ihre Obhut. Anschließend brachten sie sie zu ihrem Geliebten Ponset d'Aguilar, der Raimbaut zufolge in seinem Bett bereits auf die junge Frau wartete.

Der „Epische Brief" beschrieb zudem die Rettung der wohlhabenden jungen Frau Jacopina von Ventimiglia aus der Hand ihres Onkels Graf Otto. Dieser plante in einer Verschwörung, sie um ihr Geld zu bringen und von Sardinien zu vertreiben. Als Ritter Bonifaz davon hörte, seufzte er tief, denn er erinnerte sich an den Kuss, den Jacopina ihm gab, als sie ihn bat, ihr gegen ihren Onkel zu Hilfe zu kommen. Er und Raimbaut sowie die drei Ritter Bertaldo, Guiot und Hugonet del Far ritten die Nacht hindurch, um Jacopina im letzten Augenblick vor dem Exil zu retten.

▲ *Ein byzantinisches Mosaik zeigt die Kreuzritterarmee des Bonifaz, wie sie 1204 Konstantinopel einnimmt. Das Mosaik stammt aus einer Kirche in Ravenna.*

RITTERABENTEUER

Laut dem Versepos erlebten sie danach, als sie durch Europa ritten, viele Abenteuer in Jacopinas Begleitung. Feindliche Ritter nahmen ihre Verfolgung auf. Da sie in der Minderheit waren, mussten sie sich verstecken, als Ritter aus Pisa aufbrachen, um nach ihnen zu suchen. Sie blieben zwei Tage in dem Versteck – ohne Essen und Trinken. Dann hatten sie einen dramatischen Zusammenstoß mit einer Gruppe von zwölf Briganten am Belhestarpass. Raimbaut wurde am Hals verwundet, konnte aber von Bertaldo und Hugonet del Far gerettet werden. Nachts wurden sie in einem komfortablen Haus willkommen geheißen und ihr Gastgeber Sir Aicio war so von der Tugendhaftigkeit, dem Aussehen und guten

▲ *Der französische Romantikmaler Eugène Delacroix schuf 1840 dieses Gemälde von der Einnahme Konstantinopels durch die Kreuzritter. Der Angriff auf die Stadt war der Höhepunkt nach jahrhundertelangen Auseinandersetzungen zwischen Kreuzrittern und Byzantinern.*

Benehmen des Bonifaz angetan, dass er ihm seine wunderschöne Tochter Aigleta als Braut anbot. Doch Bonifaz lehnte ab, stattdessen suchte er nach passenden Männern für Aigleta und Jacopina. Letzterer versprach er, ihr das Erbe zurückzugeben.

Raimbaut schrieb, dass er mit Bonifaz eine Vielzahl von höfischen Liebesdramen erlebt habe. Sein Herr soll mindestens 100 Hochzeiten für Damen, die sonst dahingewelkt wären, arrangiert haben. Er fand edle Barone, Markgrafen und Grafen. Und – so Raimbaut – er widerstand der Versuchung, mit einer dieser Damen anzubändeln.

TAPFER AUF DEM SCHLACHTFELD

An diese Abenteuer erinnert der „Epische Brief" in einem späteren Teil. Die ersten Abschnitte rühmen die außergewöhnliche Tapferkeit des Kriegers Bonifaz und erinnern an die Taten, die Herr und Dichter auf dem Schlachtfeld vollbrachten – Feinde wurden aus dem Sattel geworfen, auf Brücken und in Flüssen mit Lanzen bekämpft, Burgen wurden angegriffen, hohe Mauern erklommen und so manch andere Gefahr tapfer gemeistert.

1191–1193 kämpften Bonifaz und Raimbaut an der Seite der Cremonaliga gegen die Verbündeten Mailands in Italien. Im Jahr 1194 schlossen sie sich dem Feldzug Heinrichs VI. in Sizilien an. In der Schlacht von Messina rettete Raimbaut seinen Herrn. Nach seiner Aufzeichnung verteidigte er ihn mit seinem Schild gegen einen Sturm von Speeren, Schwertern, Dolchen, Messern und Armbrustbolzen. Für diesen äußerst tapferen Akt belohnte Bonifaz seinen loyalen Freund und Hofpoeten mit dem Ritterschlag.

Im „Epischen Brief" feierte Raimbaut einen Vorfall in Italien, bei dem Bonifaz mit nur zehn Begleitern an seiner Seite von 400 Rittern verfolgt wurde. Doch er ergriff nicht die Flucht. Stattdessen wandte er sich seinen Verfolgern zu und verteilte derart harte Hiebe, dass diese in Panik gerieten. Der „Epische Brief" rühmte auch den Anteil des Bonifaz am 4. Kreuzzug, auch wenn es sich dabei nicht wirklich um heldenhafte Anstrengungen handelte, und schwenkte dann auf die Plünderung Konstantinopels, Hauptstadt des byzantinischen Reiches. Raimbaut schildert dieses Ereignis als große ritterliche Tat: Der Herrscher von Konstantinopel floh wie ein Dieb vor der Armee der Kreuzritter.

▼ *1201 sollte Bonifaz den 4. Kreuzzug anführen. Er wurde Nachfolger des Grafen Theobald von Champagne, der an einer geheimnisvollen Krankheit gestorben war.*

DER BEDEUTENDSTE RITTER SCHOTTLANDS

SIR WILLIAM WALLACE

Sir William Wallace wird als bedeutendster Ritter in der schottischen Geschichte gefeiert: Er führte den Widerstand gegen die englische Invasion Schottlands an und erzielte in der Schlacht von Stirling Bridge 1297 einen vernichtenden Sieg. Seine Rittertaten führten zu einer mündlichen Überlieferung von Geschichten, gesammelt in der Ballade „The Acts and Deeds of Sir William Wallace, Knight of Elderslie". Verfasst hat sie ca. 1470 ein Dichter, der „Henry, der Bedienstete" oder „Blinder Harry" genannt wurde. Auch andere Werke befassten sich mit dem schottischen Ritter, im 16. Jh. erschien z. B. die „History of William Wallace" (Die Geschichte von William Wallace).

▼ *Eine Bronzestatue von William Wallace steht in einer Nische rechts vom Torhaus des Schlosses von Edinburgh. Daneben steht die Statue eines anderen großen schottischen Kriegers: Robert Bruce.*

Wallace soll aus bescheidenen Verhältnissen gestammt haben, im Gegensatz zur adligen Abkunft seines Zeitgenossen Robert Bruce. Neuen Studien zufolge glaubt man jedoch, dass Williams Vater zum niederen Adel gehörte. Sir David Wallace, Ritter von Ayrshire, war als Landbesitzer ein Vasall von James Stewart, 5. Hoherichter Schottlands. Der Name „Ritter von Elderslie" bezieht sich auf Elderslie bei Paisley in Renfrewshire, das – wie man glaubte – ca. 1270 Williams Geburtsort war.

GUERILLAKÄMPFER

Wallace trat zunächst als Guerillakämpfer in Erscheinung. Er kämpfte gegen die Herrschaft König Edwards I. von England, der 1296 Berweck-upon-Tweed plünderte, eine Schottenarmee in der Schlacht von Dunbar besiegte, den schottischen König Johann Balliol zur Abdankung zwang und den schottischen Krönungsstein, den Stein aus Scone, entfernte.

Im Mai 1297 führte Wallace eine Kompanie von 30 Männern in einem Angriff auf Lanark an. Hierbei wurde der englische Schultheiß William Heselrig getötet. Wallace setzte seinen Angriff fort und besiegte eine Reihe englischer Garnisonen, die zwischen den Flüssen Forth und Tay lagen. Die Ballade des Blinden Harry führte eine Hintergrundgeschichte ein, um den Ereignissen zusätzliche Farbe zu verleihen. Nach seiner Version wurde der Vater oder Bruder von Wallace nach einem Kampf mit einigen englischen Soldaten getötet. Und der Angriff auf den Schultheiß von Lanark war ein Racheakt für die Misshandlung seiner Ehefrau Marion durch einen Engländer.

Der Blinde Harry führte ebenso eine Szene ein, in der Edward I. 360 schottische Barone in Ayr in den Tod schickte, indem er sie auf dem Rücken der Pferde durch einen Torweg reiten ließ – dabei wurden sie von einem Galgenstrick vom Sattel gerissen und gehängt. In Harrys Bericht wurde Wallace dadurch dazu provoziert, die

▲ *Die Geschichte von William Wallace basierte mehr auf Legenden als auf Tatsachen. Die Ballade des Blinden Harry bildete die Grundlage für den Historienfilm „Braveheart" (1995).*

gesamte Garnison zu töten, indem er die Tore schloss und die Stadt in Brand setzte. Danach soll er seine Männer nach Selkirk Forest in ein Versteck geführt haben.

DIE SCHLACHT VON STIRLING BRIDGE

Die beste Stunde von William Wallace schlug am 11. September 1297. Obwohl sie in der Minderzahl waren, besiegte eine schottische Armee unter seiner Führung die englischen Streitkräfte unter John de Warenne, Earl von Surrey, in der Schlacht von Stirling Bridge. Die schottischen Kräfte bezogen Position auf ebenem Boden im Norden einer sehr schmalen Brücke über den Fluss Forth. Sie waren in der Lage, die Vorhut der englischen Armee herauszupicken, sobald diese den Fluss überquert hatte, während der Rest der englischen Armee an der Südseite des Wassers feststeckte.

Die Brücke war so schmal, dass nur zwei Ritter gleichzeitig hinübergehen konnten.

Das Gewicht der Männer ließ die Brücke zusammenbrechen und viele Engländer – behindert durch Waffen und Rüstung – fielen in den Fluss. Mehr als 100 englische Ritter starben, auch König Edwards Schatzmeister in Schottland, Sir Hugh de Cressingham. Nach der Schlacht wurde Wallace zum Ritter geschlagen.

SCHLACHT VON FALKIRK

In der Folge der Schlacht überfiel Wallace Northumberland und Cumberland – Schottland war zu diesem Zeitpunkt bereits frei von englischen Streitkräften. Im darauffolgenden Sommer marschierte Edward I. ein und besiegte Wallace in der Schlacht von Falkirk am 22. Juli 1298, als die englische Königskavallerie und die Bogenschützen zu weit weg waren für die Speerwerfer von Wallace. Ein Bericht über die Schlacht notierte, dass Wallace sich nach der Niederlage insoweit konsolidierte, als er den englischen Ritter Sir Brian de Jay tötete, der Meister der englischen Templer war. Dennoch war der Ruf von William Wallace durch diese Niederlage ruiniert.

▲ *Eine sehr idealisierte und sentimentale viktorianische Sicht des Prozesses von William Wallace in Westminster.*

FLUCHT NACH FRANKREICH?

Wallace verschwand aus der Öffentlichkeit, bis er unweit von Glasgow von den Engländern am 5. August 1305 gefangengenommen wurde.

Die Zeit dazwischen soll er als Guerillakämpfer tätig gewesen sein. Vermutlich aber entkam er nach Frankreich – wahrscheinlich mit einem Schiff, das dem Piraten Richard Longoville gehörte. Dieser Pirat war wegen der roten Segel seiner Schiffe auch unter dem Namen „Red Reiver“ (Roter Viehdieb) bekannt. Auf dem Meer soll Wallace Longoville überwältigt und gezwungen haben, ihn und seine Männer nach Frankreich zu bringen. Angeblich soll er in seiner Not auch nach Rom gereist sein, um den Papst gegen die Engländer um Hilfe zu bitten.

▼ *Dieses 67 m hohe Sandsteinmonument bei Stirling erinnert an die Heldentaten von Sir William Wallace und insbesondere an den Sieg in der Schlacht von Stirling Bridge.*

SCHRECKLICHER TOD

Nach seiner Verhaftung wurde Wallace nach London gebracht, wo er wegen Hochverrats angeklagt wurde – er trug eine Girlande aus Eichenblättern, um deutlich zu machen, dass er der „König der Geächteten“ war. Er verneinte, Landesverrat begangen zu haben, nur weil er Edward I. als König nicht akzeptiert hätte, und betonte, nur König Johann Balliol von Schottland gegenüber zur Loyalität verpflichtet zu sein. Nach dem Prozess, in dem er in allen Punkten schuldig gesprochen wurde, wurde Wallace nackt ausgezogen und an den Füßen von London bis nach Smithfeld geschleift, wo er aufgehängt und schließlich gevierteilt wurde. Sein unversehrter Kopf wurde an der London Bridge und die vier Teile seines Körpers in Aberdeen, Berwick, Newcastle und Stirling zur Schau gestellt.

VERTEIDIGER DES FRANZÖSISCHEN RITTERTUMS

MARÉCHAL DE BOUCICAUT

▲ *Maréchal de Boucicauts letzte Rittertaten gab es auf dem Schlachtfeld von Agincourt am 25. Oktober 1415. Seine letzten Jahre verbrachte er in englischer Gefangenschaft.*

Jean le Meingre, auch bekannt als Boucicaut, war ein führender französischer Ritter des 14. und 15. Jhs., eine wichtige Gestalt im Hundertjährigen Krieg, der auch auf Kreuzzügen gegen die Litauer Heiden und gegen die spanischen Mauren kämpfte. Für seine Festigkeit im Sattel war er berühmt und er besiegte viele bedeutende englische Ritter auf Turnieren. Er gründete einen Ritterorden, gewidmet der höfischen Liebe und zur Verteidigung ihrer Ideale. Boucicauts Taten wurden in der Biografie „Le livre des faits du Jean le Meingre, dit Boucicaut" gefeiert. Der romantisierte Bericht kombinierte reale Ereignisse mit Schilderungen von Heldentaten. Geschrieben wurde die Biografie 1408, als Boucicaut noch lebte.

LEBEN ALS KNAPPE UND ERSTE MILITÄRLEISTUNGEN

Boucicaut begann seine ritterliche Erziehung als Knappe am Hof König Karls VI. von Frankreich. Mit zwölf Jahren war er erstmals militärisch involviert. Er ritt auf einen Feldzug Ludwigs II., Herzog von Bourbon, in die Normandie. Mit 16 wurde er vom Herzog im November 1382 zum Ritter geschlagen und am darauffolgenden Tag kämpfte er in der Schlacht von Roosebeke in Flandern. Er zeichnete sich besonders aus, als die herzogliche Bourbonenarmee die flämischen Streitkräfte unter Philipp van Artevelde besiegte.

Boucicauts romantisierte Biografie behauptet, dass er anderen jungen Leuten hinsichtlich seines Charakters weit überlegen war. Er war von natürlicher Zurückhaltung und Überheblichkeit, die sein Biograf für geeignete Eigenschaften eines Ritters hielt. Zwei Jahre später, im Jahr 1384, diente Boucicaut Seite an Seite mit den Rittern des teutonischen Ordens im Kreuzzug gegen die heidnischen Litauer. Er war begierig nach Gelegenheiten, bei denen er sein ritterliches Können unter Beweis stellen konnte und war angesichts eines Mangels an Kriegen in Frankreich frustriert. So kämpfte er gegen die Mauren in Spanien, um dann ins Heilige Land zu reisen.

LANZENSTECHEN IN ST. INGLEVERT

1390 nahmen Boucicaut und zwei weitere Ritter, Reginald de Roye und der Lord von Sempy, die Herausforderung an, gegen sämtliche Teilnehmer am Turnier von St. Inglevert bei Boulogne zu kämpfen. Im Krieg zwischen England und Frankreich gab es gerade ein Jahr Waffenruhe. Schirmherr war König Karl VI. von Frankreich, der ein Preisgeld von 6000 Francs ausgesetzt hatte.

Die französischen Ritter versprachen, dass sie die Verzeichnisse vom 20. Mai 30 Tage bereithalten würden. Die Herausforderer mussten sich einen Tag, bevor sie kämpfen wollten, eintragen. Ob sie „à outrance“ (mit geschärfter Lanze) oder „à plaisance“ (mit stumpfer Lanze) kämpfen wollten, mussten sie mittels Berührung eines Kriegs- oder eines Friedensschilds anzeigen, welche die Verteidiger an einer Fichte neben den Verzeichnissen befestigt hatten. Das Lanzenstechen wurde überall angekündigt, und so kamen 100 Ritter und Knappen aus England und 40 Herausforderer aus anderen Ländern.

Vom 21. bis 24. Mai fanden 39 Durchgänge statt, die meisten wurden *à outrance* gefochten. Doch größere Verletzungen oder Tote gab es nicht. Die über das Ereignis berichtende Chronik betonte, dass das Turnier auf sehr hohem Niveau abgehalten worden sei. Viele Ritter seien vom Pferd gefallen, viele verloren ihre Helme und eine große Zahl von Lanzen gingen entzwei. König Karl VI. sah dem ganzen Spektakel inkognito zu. Nach dem 24. Mai fand kein Lanzenstechen mehr statt, obwohl die drei französischen Ritter die Verzeichnisse wie versprochen bis zum 20. Juni offenhielten.

▼ *Boucicaut war ein loyaler Diener seines Landes und König Karls VI., der hier am Hof englische Gesandte empfängt.*

Danach wurden sie in Frankreich als Helden gefeiert.

MARÉCHAL FRANKREICHS

Weihnachten 1391 wurde Boucicaut aufgrund seiner Verdienste im Kampf gegen die Heiden von König Karl VI. in einer Zeremonie in der Kathedrale St. Martin in Tours zum Maréchal von Frankreich geschlagen. 1396 nahm Boucicaut dann in der französischen Armee am Kreuzzug von Nikopolis teil; mit ihnen zogen Truppen aus dem Heiligen Römischen Reich, Ungarn, Polen, England und anderen Staaten gegen das Osmanische Reich. Der Feldzug endete in einer großen Niederlage in der Schlacht von Nikopolis. Der französische General Jean de Vienne wurde getötet und viele Ritter, auch Boucicaut, wurden verhaftet. Später wurde er gegen ein Lösegeld freigelassen.

RITTERORDEN ZUR VERTEIDIGUNG DER EDELDAMEN

Zurück in Europa, gründete Boucicaut 1399 den Ritterorden des „Emprise de l'Escu Vert à la Dame Blanche“ (Mission des Grünen Schilds der Weißen Dame). Der Orden hatte zwölf Mitglieder. Sie schworen, für die Zeit von fünf Jahren diejenigen Frauen zu schützen, die unterdrückt wurden,

▲ *Boucicaut war einer der herausragenden Ritter Frankreichs, der sich im Mai 1390 gegen alle Herausforderer bewährte.*

insbesondere Witwen. Wie andere Ritterorden hatte auch der „Grüne Schild der Weißen Dame“ enge Verbindungen zu Turnierkämpfen. Die Ordensmitglieder versprachen, Gegner für diejenigen in die Verzeichnisse aufzunehmen, die durch ein Gelöbnis einer Dame gegenüber in einem Turnier besondere Leistungen zur Schau stellen wollten und selbst keine Mitstreiter finden konnten.

1401 ernannte König Karl VI. Boucicaut zum Gouverneur von Genua, das 1396 unter französische Herrschaft gefallen war. Boucicaut konnte einige Erfolge in Streitigkeiten zwischen Venedig und Zypern verbuchen, aber die Ernennung war trotzdem nur von kurzer Dauer. Im Jahr 1409 erhoben sich die Genueser gegen die französische Herrschaft, als Boucicaut anderweitig beschäftigt und nicht vor Ort war.

NIEDERLAGE IN AGINCOURT

Boucicaut kämpfte in der Schlacht von Agincourt 1415; dort befehligte er die französische Vorhut. Die Engländer siegten und Boucicaut wurde gefangengenommen. Er starb in Yorkshire 1421, nachdem er seine letzten Lebensjahre als Gefangener zugebracht hatte. Sein Körper wurde nach Frankreich gebracht und in Tours beerdigt.

DER ADLER DER BRETAGNE

BERTRAND DU GUESCLIN

Der bretonische Ritter Bertrand du Guesclin war einer der größten Kriegsanführer seiner Zeit und ein herausragender Befehlshaber auf französischer Seite im Hundertjährigen Krieg. Es versteht sich von selbst, dass man ihn in Ritterbiografien feierte. Bekannt als fähiger General, der Guerilla-Taktiken einsetzte, um die englische Armee zu erschüttern, war du Guesclin vor allen Dingen wegen dieser kriegerischen Heldentaten berühmt. Er wurde als „Adler der Bretagne“ verehrt.

Du Guesclin erreichte schon zu Lebzeiten einen legendären Status und bereits kurz nach seinem Tod 1380 wurde er in der „Chronique de Bertrand du Guesclin“ (Chronik über Bertrand du Guesclin), einem Gedicht von Cuvelier, groß gefeiert. Er stammte aus dem niederen Adel und wurde zwischen 1370 und 1380 zum Konstablen Frankreichs ernannt.

SCHLECHTE AUSSICHTEN

Cuveliers Bericht betonte, dass du Guesclins Zukunftsaussichten als Ritter in jungen Jahren eher schlecht aussahen. Seine Eltern waren von seinem wenig anziehenden, dunkelhäutigen Aussehen und seiner aggressiven Art wenig angetan. Und obwohl er ihr ältester Sohn war (sie hatten zehn Kinder), behandelten sie ihn wie einen Diener. Eine Nonne jedoch sagte dem jungen Mann nur Gutes voraus und veranlasste die Eltern zum Umdenken. Dann lief Bertrand du Guesclin von zu Hause weg und lebte als Führer von umherziehenden Jungenbanden.

DER UNBEKANNTE RITTER

Wir wissen wenig über die ersten Jahre du Guesclins. Cuvelier konstruierte eine Geschichte, nach der du Guesclin sich selbst um 1337 im Alter von 17 Jahren als unbekannter Ritter bei einem Turnier in Rennes anmeldete. Die Geschichte erzählt weiter, dass er auf einem Arbeitspferd beim Turnier ankam, an dem sein Vater ebenfalls teilnahm. Mit einer derartig unpassenden Ausstattung wurde der junge Mann ausgelacht, aber er schaffte es, sich Rüstung und Pferd von einem Cousin auszuleihen. Er trug sich mit geschlossenem Visier in das Verzeichnis ein, sodass niemand ihn erkennen konnte. Er besiegte zwölf Ritter, indem er sie aus dem Sattel warf. Als sein eigener Vater ihn herausforderte (nicht wissend, dass er gegen seinen Sohn antrat), weigerte sich du Guesclin zu kämpfen. Er fuhr mit dem Lanzenstechen fort, bis ein normannischer Ritter zu ihm ritt und sein Visier mit der Spitze seiner Lanze öffnete: Alle waren über die Enthüllung erstaunt und sein Vater war glücklich über die wahre Identität dieses jungen Mannes. In den 1340ern soll du Guesclin als „Raubritter“ von einer Basis im Wald von Paimpont bei Rennes gekämpft

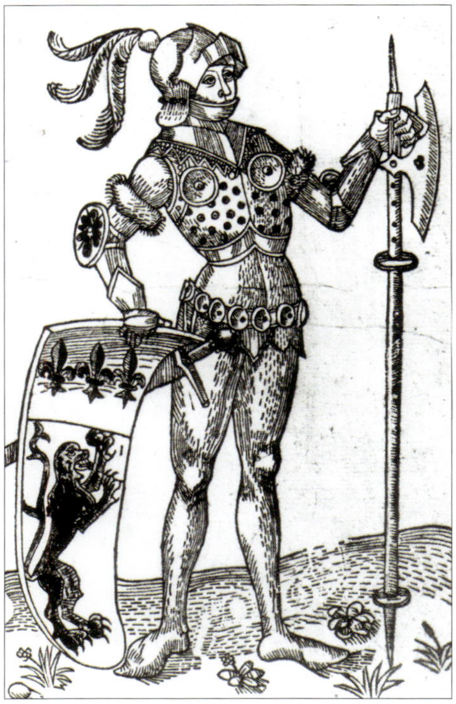

▲ *Bertrand du Guesclin erlangte ein hohes Amt; seine Tugenden als Krieger – Großzügigkeit und Ausdauer – machten ihn beliebt.*

▼ *Du Guesclins Eigenschaften waren so bedeutend, dass Karl V. ihn 1370 zum Konstablen Frankreichs ernannte.*

und englische Streitkräfte schikaniert haben. Eine Geschichte berichtete, wie er die Burg von Grand Fougeray mit einem cleveren Trick einnehmen konnte: Er verkleidete einige seiner Begleiter als Holzfäller und schickte sie mit Holz zum Burgtor. Die Engländer ließen die vermeintlichen Holzfäller herein, die ihr Holz zu Boden warfen und so die Tore blockierten. So konnten seine Truppen mühelos in die Burg einrücken.

FRÜHE ERFOLGE EINES RITTERS

Du Guesclin gehörte nicht zu denjenigen, die nach Ruhm strebten – er war bereits 34 Jahre alt, als er auf dem Schlachtfeld im Dienst des Maréchal Arnuoul d'Audrehem zum Ritter geschlagen wurde. Ihm wurde die Ehre zuteil, nachdem er sich 1354 in einem kleineren Gefecht ausgezeichnet hatte, bei dem er einen Überfall des englischen Ritters Sir Hugh Calveley abwehren konnte. In den Jahren 1356–1357 verteidigte er Rennes während einer Belagerung durch Henry von Grosment, 1. Herzog von Lancaster. Auch wenn du Guesclin am Ende gezwungen wurde, 100 000 Goldmünzen an die englische Armee zu zahlen, war der

▼ *Für Frankreich war es ein schwarzer Tag, als der „Adler der Bretagne" auf einem Feldzug in der Languedoc an der Ruhr starb. Die Burg, die er in der letzten militärischen Aktion einnahm, ist im Hintergrund.*

▲ *Du Guesclin (links) senkt die Lanze, um nicht gegen seinen Vater kämpfen zu müssen. Er hatte zuvor nicht weniger als zwölf namhafte Ritter im Lanzenstechen besiegen können.*

eiserne Widerstand ausreichend, um die französischen Gemüter nach der Erniedrigung von der Schlacht bei Poitiers wieder aufzurichten. 1364 konnte du Guesclin in der Schlacht von Cocherel einen Sieg über die Armee König Karls II. von Navarre verbuchen. Die Auseinandersetzung war Teil des Streits um das Herzogtum Burgund und du Guesclins Triumph zwang Karl II., seinen Anspruch auf das Herzogtum aufzugeben und mit König Karl V. von Frankreich Frieden zu schließen.

ZWEI NIEDERLAGEN, ZWEIMAL LÖSEGELD

Ende des Jahres 1364 musste du Guesclin in der Schlacht von Auray eine schwere Niederlage hinnehmen. Die Schlacht war Bestandteil des Bretonischen Erbfolgekrieges zwischen John de Montfort (unterstützt von den Engländern) und Charles de Blois (unterstützt von den Franzosen). Du Guesclin wurde gefangengenommen und für 40 000 Goldfrancs vom König freigekauft. 1367 kämpfte du Guesclin dann mit der Hilfe von Heinrich von Trastamara gegen König Pedro von Kastilien. Edward, der Schwarze Prinz, besiegte ihn in der Schlacht von Najera (Navarette) und wieder wurde du Guesclin gefangengenommen. In diesem Fall durfte er seine Lösegeldforderung selbst bestimmen und setzte für sich die stattliche Summe von 100 000 Francs aus. So groß war mittlerweile sein Ansehen, dass der französische König diese Summe zahlte und du Guesclin nach Frankreich zurückkehrte.

BEFEHLSHABER FRANKREICHS

Der Hundertjährige Krieg gegen England flammte 1369 erneut auf und du Guesclin konnte Poitou und Saintonge aus englischer Kontrolle befreien. Er erzielte die höchste militärische Ehrung seines Landes, als er 1370 zum Konstablen Frankreichs ernannt wurde. Er rang den Engländern große Gebiete Frankreichs ab, indem er sich erst dann auf eine Schlacht einließ, wenn sich die Franzosen in einer überlegenen Position befanden.

Bertrand du Guesclin starb 1380 während eines Feldzugs in der Languedoc an der Ruhr. Sein Leben endete mit einem militärischen Erfolg: Er hatte zuvor das Schloss von Châteauneuf de Randon den Engländern entreißen können. Berichten zufolge soll der Kapitän der englischen Garnison den Schlüssel der Burg auf den toten Körper du Guesclins gelegt haben.

EIN HELD AUF DEN TURNIERLISTEN

JACQUES DE LALAING

Der im 15. Jh. lebende Ritter Jacques de Lalaing zählte zu den bedeutendsten Turnierkämpfern seiner Zeit. In seinem Leben erreichte er so viel Ruhm, dass er zum Thema zweier zeitgenössischer Biografien wurde: die „Chronique de Jacques de Lalaing“ (Chronik über Jacques de Lalaing) und das „Livre des faits de Jacques de Lalaing“ (Buch über die Taten Jacques de Lalaings).

Jacques wurde in eine adlige Familie Walloniens (Belgien) hineingeboren und erhielt seine ritterliche Ausbildung durch Herzog von Cleves am Hof von Burgund. Schon im Teenageralter wurde man auf ihn aufmerksam und in den frühen 20ern brillierte er auf dem Turnierplatz. 1443 übertraf er – so die Biografien – während eines wagemutigen Überfalls des Herzogs von Burgund auf Luxemburg sich selbst. Es wurden Leitern verwendet, um nachts die Stadtmauern zu erklimmen, und noch vor dem Morgengrauen waren die Truppen in den Straßen der Hauptstadt. Die Bewohner der Stadt leisteten Widerstand, aber Jacques vollbrachte mit Schwert und Lanze jede Menge ritterliche Heldentaten.

▲ *Im Turnier von Nancy warf Jacques seinen Gegner so heftig aus dem Sattel, dass dieser 7 m weit geschleudert wurde.*

RUHM IN NANCY

1445 – so fahren die Biografien fort – begeisterte Jacques mit seiner Vorstellung auf einem Turnier in Nancy, das in Gegenwart der Könige von Frankreich, Aragon und Sizilien abgehalten wurde, die Zuschauer. Am ersten Turniertag gewann er vier Tjosts, auch einen erfahrenen Ritter aus der Auvergne konnte er schlagen. Er traf diesen mit seiner Lanze so schwer am Helm, dass Funken flogen und der Ritter bewusstlos wurde. Jacques wurde in dieser Nacht als Held gefeiert und bekam von seinen Bewunderern viele Geschenke. Am nächsten Tag besiegte er nicht weniger als acht Ritter, doch zeigte er stets Milde und ritterliches Verhalten.

In diesen Ritterbiografien war es üblich, die Leistungen des Helden hoch zu loben und zu übertreiben. Manchmal wurden Ereignisse aus der Lebensgeschichte mit exemplarischen Ereignissen eines typischen Ritterlebens kombiniert. Im Fall des Jacques de Lalaing jedoch wurden die wirklichen Ereignisse erwiesenermaßen exakt beschrieben. Der Hauptautor des „Livre des faits de Jacques de Lalaing“ war Jean le Fèvre aus St. Remy. Er diente als Herold im Orden des Goldenen Vlieses.

„HELDENTATEN“

Im selben Jahr begann Jacques de Lalaing mit seinen „Heldenkämpfen“ – er plante Zusammentreffen mit anderen Rittern und sie kämpften in voller Rüstung mit Waffen, allerdings nach den zugelassenen Regeln: Der Kampf wurde durch eine bestimmte Anzahl von Läufen auf dem Pferd und zu Fuß begrenzt oder dauerte, bis einer der Beteiligten zu Boden ging. Das erste Treffen dieser Art fand in Antwerpen mit Jean de Boniface statt, einem umherziehenden italienischen Ritter auf der Suche nach ruhmreichen Taten. Man kämpfte im Lanzenstechen gegeneinander, bis einer der Ritter sechs zerbrochene Lanzen hatte, dann ging es auf dem Boden weiter: zuerst mit Speeren, dann mit Streitäxten, Schwertern und Dolchen. Der Kampf war zu Ende, wenn einer der beiden Ritter aufgab oder den

Boden mit Hand oder Knie oder einem anderen Körperteil berührte.

Bevor der Wettstreit begann, wurde Jacques durch den Herzog von Burgund zum Ritter geschlagen. Jetzt war es an ihm zu zeigen, dass er dieser Ehr auch verdient hatte. Er entwaffnete Boniface, indem er ihm die Streitaxt aus den Händen schlug.

IN KASTILIEN UND SCHOTTLAND

1446–1447 war Jacques unterwegs auf der Suche nach Ruhm. In einem Turnier besiegte er einen Turniermeister in Kastilien. 1449 kämpfte Jacques mit seinem Onkel Simon de Lalaing und einem bretonischen Knappen namens Herve de Meriadec in einem Sechskampf gegen drei schottische Ritter in Stirling vor dem König von Schottland. Jacques und seine Mitstreiter schlugen sich gut.

Ende des Jahres besiegte er in Brügge einen englischen Knappen, Thomas Que, obwohl seine Hand durch einen Spieß des englischen Knappen sehr schwer verletzt wurde. Unter großen Schmerzen und heftigem Bluten kämpfte Jacques weiter und schaffte es, Que zu Boden zu werfen.

▲ *Bei den Heldenkämpfen Jacques de Lalaings wurde Lanzenstechen am Boden praktiziert.*

„DIE FURT AM BRUNNEN DER TRÄNEN"

Schließlich forderte Jacques alle, die es wollten, heraus, um gegen ihn anzutreten. Jeweils am ersten Tag eines Monats vom 1. November 1449 bis zum 30. September 1450 errichtete er einen Pavillon und akzeptierte jede Herausforderung zum Kampf: entweder mit Lanze auf dem Pferderücken oder zu Fuß mit Streitaxt oder Schwert. Am Pavillon hingen drei Schilde, die drei Kampfarten repräsentierten: Die Herausforderer näherten sich dem Pavillon und berührten ganz einfach den entsprechenden Schild. Der Pavillon stand neben einem Brunnen mit der Statue einer weinenden Frau. Deshalb nannte man die Herausforderung von Jacques auch „Furt am Brunnen der Tränen". Keiner der elf Ritter und Knappen konnte ihn besiegen.

Danach machte Jacques eine Pilgerreise nach Rom. Als er später zum Hof in Burgund zurückkehrte, wurde er wie ein Held empfangen. 1451 wurde er vom Orden des Goldenen Vlieses, den Philipp der Gute, Herzog von Burgund, 1431 gegründet hatte, aufgenommen.

Jacques wurde in einem Kanonenfeuer getötet, als er für den Herzog von Burgund in der Belagerung von Poucques am 3. Juli 1453 im Feldzug gegen Gent kämpfte. Er war gerade 32 Jahre alt. Nur zwei Wochen später, am 17. Juli, wurde der „englische Achill", Sir John Talbot, ebenfalls durch ein Geschützfeuer in Castillon getötet.

Jacques, der häufig als der letzte Ritter bezeichnet wird, war Tugendhaftigkeit und Ritterlichkeit in einer Person. Er hatte alle Fernkampfwaffen und insbesondere Kanonenfeuer als unritterlich abgelehnt – durch Letzteres war er gestorben.

▼ *In seiner langen Turnierkarriere traf Jacques auf viele Herausforderer, aber weder er noch andere Ritter konnten dem Kanonenhagel in Poucques etwas entgegensetzen.*

DER „ENGLISCHE ACHILL"

SIR JOHN TALBOT

John Talbot, 1. Earl von Shrewsbury, war vermutlich der wagemutigste englische Befehlshaber im Hundertjährigen Krieg. Die Franzosen fürchteten seine Heftigkeit in den Feldzügen von 1427–1453 so sehr, dass sie ihn den „englischen Achill" nannten – in Referenz auf den griechischen Krieger, der Hektor vor den Mauern Trojas bezwang. Talbot war ein profilierter Ritter, der nicht weniger als 40 Schlachten und kleinere Gefechte in Frankreich gewann. Seine Spezialität bestand darin, den Feind zu überraschen und sehr aggressive Angriffe zu führen.

KEIN FREUND DES FRIEDENS

Schon in seiner Jugend war Talbot Soldat. Einigen Überlieferungen zufolge war er schon mit 16 Jahren 1403 in der königlichen Armee bei der Schlacht von Shrewsbury zwischen König Heinrich IV. von England und einer Rebelleneinheit unter „Hotspur" – Sir Henry Percy – zugegen.

▼ *König Heinrich VI. von England wurde nach dem Tode des französischen Königs Karl VI. zum König Frankreichs; er machte Talbot 1436 zum Konstablen Frankreichs.*

SIR JOHN TALBOT
Geburt: 1384
Tod: 17. Juli 1453
Ritterschlag: ungewiss, ca. 1424 Ritter des Hosenbandordens
Berühmt für: seine wilden und flinken Angriffe auf französische Truppen
Größte Erfolge: die Zerschlagung der französischen Kräfte 1436 in Ry – trotz einer wesentlich kleineren Einheit

In den darauffolgenden Jahren diente er dem König in den Kriegen gegen Waliser Rebellen und kämpfte fünf Jahre in Wales bis 1409.

1414–1419 war Talbot Leutnant von Irland. In dieser Zeit hatte er bereits ein hohes Ansehen erworben, was seine wilde Überfalltaktik anbetraf. Diese setzte er beispielsweise gegen die Gälen ein. Ein damaliger Chronist aus der Region stellte über ihn fest, dass „seit der Zeit des König Herodes es keinen gefährlicheren Soldaten" gegeben habe. In Irland und später auch wieder in England trat Talbot als Unruhestifter auf, der sich mit rivalisierenden Feudalherren stritt. Einmal wurde er deshalb sogar in den Tower von London gesperrt.

RITTER DES HOSENBANDORDENS

Talbot diente für kurze Zeit König Heinrich V. in Frankreich; nach dem Tode des Königs 1422 wurde er 1424 von Heinrich VI. zum Ritter des Hosenbandordens ernannt. 1427 begann eine lange Periode seines Militärdienstes in Frankreich. In dieser Zeit machte sich Talbot einen Namen.

Doch der Start war nicht wirklich glückverheißend: In den Jahren 1428/29 nahm er an der Belagerung von Orléans teil und war unfähig, die Befreiung durch Jeanne d'Arc zu verhindern. 1429 wurde er in Patay gefangengenommen und saß vier Jahre im Gefängnis. Er wurde erst freigelassen, nachdem der französische Ritter, der ihn festhielt, von den Engländern verhaftet worden war.

SIEGREICH IN FRANKREICH

Danach zog Talbot von Feld zu Feld. 1434–1435 schützte er Paris gegen die französische Armee Im Herbst 1435 ging er dann nach Rouen, um die Normandie zu verteidigen. Seine wohl berühmteste Stunde kam im Januar 1436, als er mit einer nur kleinen Truppe und der Stadt Rouens in Gefahr einen Überraschungsangriff auf die sehr viel größere französische Armee in Ry startete, die er auf dem falschen Fuß erwischte. 1436 wurde er zum Konstablen Frankreichs ernannt. Eine andere bekannte Heldentat Talbots war die Wiedereinnahme von Pontoise im Februar 1437. Seine Armee griff im Morgengrauen des Aschermittwoch auf dem Wintereis an und überraschte eine Garnison, die sich von den Feierlichkeiten der Fastnacht erholte.

1439 konnte Talbot einen weiteren Sieg mit einer kleinen Einheit gegen eine 6000 Mann starke Armee unter dem Konstablen Richemont verbuchen. Seine flinken Manöver waren sehr oft der Versuch, den Feind zur Schlacht zu bewegen.

DER LETZTE GROSSE RITTER?

Die Art, wie Talbot sein Ende am 17. Juli 1453 erlebte, steigerte sein Ansehen. Er versuchte gerade, die Stadt Castillon, die unter französischer Belagerung stand, zu befreien. Dies machte er auf seine typische Weise, indem er versuchte, die Franzosen mit einem flinken Angriff von der Bewachung abzulenken. Die französische Armee jedoch hatte sich in einer starken Verteidigungsposition verschanzt und hatte ausreichend Artillerie zur Verfügung. Der englische Angriff war vergeblich und Talbot wurde niedergeschossen, als er seine Männer sammelte. Danach wurde er als einer der großen Ritter gefeiert.

Bei alldem war Talbot ein unruhestiftender Mensch, der gänzlich ruhelos sein konnte. Trotzdem besaß er bemerkenswerte ritterliche Eigenschaften. Im Verlauf seiner langen Karriere war er dem Königshaus von Lancaster gegenüber absolut loyal und als Militärgeneral wurde er für seine schnellen Überfälle und seine Tapferkeit auf dem Schlachtfeld bewundert. Er war sehr an den Rittertraditionen interessiert und stellte eine Gedichtsammlung und Handbücher zusammen, die er Margaret von Anjou gab, als sie 1445 König Heinrich VI. von England heiratete. Von 1424 bis 1445 war er Mitglied des Hosenbandordens und stritt sich mit seinem Kollegen Sir John Falstoff, den er anklagte, den Orden in Ungnade gebracht zu haben, als er vom Schlachtfeld in Patay floh. Talbot legte eine Sammlung von Ornamenten mit Hosenbanddekorationen an, die am Tag des heiligen Georgs in der Kirche in Rouen getragen wurden.

Talbot wurde in Castillon beerdigt, wo die Franzosen ihn mit der Errichtung einer Kapelle ehrten. (Die Kapelle wurde in der Französischen Revolution zerstört, aber ein Denkmal kennzeichnet heute den Platz, an dem er starb.) Nach seinem Tod lobte ein französischer Chronist ihn als jemanden, welcher der französischen Seite jahrelang ein Dorn im Auge war. In England genoss Sir John Talbot ein hohes Ansehen als Ritter und in dem Schauspiel von William Shakespeare „König Heinrich VI. Teil 2“ (ca. 1590–1591) spielt Talbot eine gewichtige Rolle.

▲ *Talbot starb 1453 in Castillon. Der Angriff, den er angesichts der französischen Artillerie lancierte, war kühn – die Folge war sein Tod. Danach verlor England nahezu alle französischen Besitztümer.*

▼ *Die Abenteuer von Rittern konnten schon exotisch sein. In einem Bild aus einem „Romanbuch“, das Sir John von Margaret von Anjou 1445 ausgehändigt wurde, stießen Ritter auf recht schwächliche Elefanten.*

KAPITEL 5

HÖFISCHE RITTERLIEBE

Der französische Geistliche und Höfling Andreas Capellanus („Kaplan") bemühte sich, für die Verbindungen zwischen Rittern und ihren Damen am Hofe mit „De Amore" („Über die höfische Liebe") aus dem Jahr 1190 eine Art Ratgeber zu verfassen. Man war überzeugt davon, dass dieses Buch die „höfische Liebe" beschrieb, die am Hofe der Eleonore von Aquitanien in Poitiers praktiziert wurde, und dass das Buch für deren Tochter Marie de Champagne geschrieben worden war. Doch Historiker haben daran Zweifel. Andreas betonte, dass wahre Liebe zwischen Mann und Frau nicht existieren könne, da sie ein Geheimnis sei, auf das man nur schwer einwirken könne. In der Form der unerfüllten Liebe veredele sie die Liebenden und inspiriere sie zu großen Rittertaten.

Das Sozialsystem und die romantischen Konventionen in „De Amore" wurden im 12. Jh. von den Troubadouren aus der Provence entwickelt. Ein Pionier war Eleonores Großvater Wilhelm IX. von Aquitanien. Er soll ein edler Ritter, ein Komponist und Dichter, ein Charmeur Frauen gegenüber und einer der höflichsten Männer überhaupt gewesen sein. Die verfeinerte Gesellschaft von Rittern und Damen, die Konventionen höfischer, unerfüllter Liebe akzeptierten, haderte mit dem schlichten Militärethos der Ritter Karls, wie es in den *Chansons de geste* beschrieben wird. Während Karls edle Paladine sich selbst vor allem durch physische Leistungen, religiöse Inbrunst und schlichte Gefühle zum Ausdruck brachten, sorgten sich diejenigen, die sich der höfischen Liebe widmeten, zuallererst um Herzensdinge und um ihren Status.

▲ *Zwei Ritter führen einen Einzelkampf um das Recht, eine Dame zu umwerben.*

◄ *Sir Lancelot raubt einen ersten Kuss von Königin Guinevere. Ihre Affäre war typisch für die höfische Liebe, die unter Missachtung ehelicher Gelöbnisse nach Geheimnisvollem strebte. Anders als viele romantische Bindungen endete die höfische Liebe oft tragisch.*

LIEBESSPIELE

WIE RITTER IHRE ZUNEIGUNG UNTER BEWEIS STELLTEN

Die Interaktionen zwischen adligen Damen und ihren Rittern hatten Ähnlichkeit mit Spielen – in Gärten, auf Turnieren oder selbst wenn Ritter auf Abenteuerreisen gingen, um ihre Liebe zu beweisen. Der Einsatz war hoch. Der französische Dichter Jean Renart (13. Jh.) produzierte 1220 eine auffallende Charakterskizze edler höfischer Liebe in seinem Erzählgedicht „Le Lai de l'Ombre" (Ballade vom Schatten). Das Gedicht handelt von einem wohlerzogenen Ritter, der geschickt in ritterlichen Zerstreuungen wie Schach und Beizjagd war und eine verheiratete Dame verehrte.

▼ *Jean de Saintré kniet vor seiner Herzensdame, die „Dame de Belles-Cousines", die ihn in höfischer Liebe unterweist. Jean ist ein fik-tiver Ritter, Held eines Buches (ca. 1450) des provenzalischen Autors Antoine de la Sale.*

Im Stile der höfischen Liebe war er aus der Ferne von ihrer Schönheit entzückt und nachdem er sich in sie verliebt hatte, konnte er nichts anderes mehr tun, als den ganzen Tag von seiner Dame zu träumen.

Das Gedicht beschreibt das Zusammentreffen der beiden Liebenden wie eine Schachpartie, bei der jeder versuchte, den anderen innerhalb der Regeln des Liebesspiels zu übertrumpfen und die Distanz zu seinen Gefühlen zum Ausdruck zu bringen: Der Ritter näherte sich seiner Dame in einem Garten. Er war entschlossen, sie zu gewinnen, und sie hieß ihn willkommen. Ihr erstes Gegenargument auf seine Liebeserklärung war zweideutig: Da er zuvorkommend sei, sei es unmöglich, dass seine Gefühle nicht echt seien, und weil er sich in Liebesdingen so geschickt anstellt, sei er es sicher gewohnt, Damen mit falschen Versprechungen zu umgarnen. Er antwortete darauf, ihr Erscheinen würde deutlich machen, dass sie ihn sehen wolle. Sie antwortete, dass ihre Freundlichkeit lediglich eine Form der Höflichkeit sei. Dann kritisierte sie ihn, dass er wie die meisten Ritter Höflichkeit als Zeichen für Leidenschaft missinterpretieren würde. Er verglich sich mit Tristan und beschrieb, wie dieser Ritter ohne Mast ein Segel setzen konnte, weil er auf das Schicksal vertraue, das ihn zu Isolde bringen würde. Sie wies darauf hin, dass sie bereits einen Ehemann habe.

Der Ritter betonte, dies würde ihn in tiefe Trauer stürzen, und er deutete an, dass es ihre christliche Pflicht sei, diesen Schmerz zu lindern. Sonst würde er an einem Kreuzzug teilnehmen, denn er sei bereit, für die Liebe zu ihr zu sterben.

Dann zog er einen Ring von ihrem Finger und streifte stattdessen seinen Ring darüber, bevor er schnell verschwand. Sie rief ihm zu, wenn er sie wirklich liebe, würde er den Ring zurücknehmen, da alle Liebenden durch Konventionen an ihre Dame gebunden seien. An diesem Punkt sah es so aus, als hätte sie ihn ertappt. Er sah hinunter auf das Wasser des Brunnens, wo sich ihr Gesicht spiegelte, und sagte zu ihr, wenn sie sein Geschenk nicht akzeptieren würde, dann wolle er den Ring ihrem Schatten schenken. Sie war von der Liebenswürdigkeit der Geste so angerührt, dass sie sein Liebesangebot akzeptierte.

LIEBESHÖFE

Die verschachtelten Argumente in „Le Lai de l'Ombre" suggerieren, dass manchmal eine dritte Partei vonnöten war, um den Sieger des höfischen Liebesspiels zu ermitteln. Andreas Capellanus' Ratgeber „De Amore" enthielt eine Vielzahl von Urteilen, die Edeldamen über Liebhaber auf Liebeshöfen fällten. Diese Höfe waren theoretisch wie Gerichtshöfe, aber mit adligen Damen als Richter, die ihre Entscheidungen nach den Regeln der höfischen Liebe trafen.

▲ *Eine der Qualitäten, die von einem Ritter verlangt wurden, war die Fähigkeit, Schach zu spielen. Sie machte ihn zu einem angenehmen Freier.*

Zu den Damen, die Andreas als Richter erwähnte, gehörten Eleonore von Aquitanien, Marie de Champagne und Ermengarde, Gräfin von Narbonne. Im 19. Jh., als der Terminus der höfischen Liebe erstmals verwendet wurde, vermuteten Historiker, dass diese Liebeshöfe Urteile fällten. Doch moderne Historiker finden keine Nachweise dafür, dass die Höfe bereits vor ihrer schriftlichen Erwähnung in Gedichten existierten. Heute glaubt man, dass es sich hierbei um ein poetisches Bild für die Treffen handelt, die adlige Frauen, Ritter und Dichter abhielten. Bei diesen Zusammenkünften wurden Gedichte vorgetragen und es wurde über die Feinheiten der höfischen Liebe debattiert.

WILHELM IX. VON AQUITANIEN

Als Troubadour und Poet war Wilhelm von Aquitanien ein Mann von schillerndem Charakter und Verhalten. Zweimal wurde er exkommuniziert und war dennoch einer der Anführer des Kreuzzuges von 1101. Er war Herzog von Aquitanien und Gascogne und Graf von Poitou. Wilhelm war der erste bekannte Troubadour-Dichter; er schrieb Gedichte über die Liebe in der provenzalischen Volkssprache. Elf Gedichte aus seiner Hand sind unter dem Namen des Grafen von Poitou überliefert. Er war unverblümt und erfreute sich an Kontroversen. Eines seiner Gedichte beschrieb einen Konvent, in dem die Nonnen nach ihrer Schönheit ausgewählt werden sollten – oder nach ihren Fähigkeiten als Huren.

Das erste Mal wurde Wilhelm exkommuniziert, weil er keine Kirchensteuer gezahlt hatte. Er drohte dem Bischof von Poitiers mit vorgehaltener Klinge, konnte ihn aber nicht überzeugen, den Bann zurückzunehmen. Das zweite Mal wurde er exkommuniziert, weil er die Gräfin Dangereuse, die Ehefrau seines Vasallen Aimery I. von Rochefoucauld, gekidnappt hatte (obwohl es so aussah, als wäre sie freiwillig mitgegangen). Wilhelm holte sie auf sein Schloss, obwohl er selbst auch verheiratet war. Seine Ehefrau zog sich in ein Kloster zurück und die Gräfin lebte offen mit Wilhelm zusammen.

Als Ritter war er weniger vorbildhaft: Auf dem Kreuzzug 1101 unterlag er in vielen Begegnungen. Danach kämpfte er in Spanien, wieder mit geringem Erfolg. Sein hohes Ansehen ist auf seine Dichtung zurückzuführen und auf den Einfluss, den er auf seine Enkelin Eleonore von Aquitanien hatte. Eleonore sollte eine der bedeutendsten Schutzpatroninnen der höfischen Liebe werden.

▼ *In dem französischen Gedicht über höfische Liebe „Roman de la Rose" aus dem 13. Jh. ist ein Garten Schauplatz für Romanzen. Das Gedicht besteht aus zwei Teilen: Der erste stammt von Guillaume de Lorris (ca. 1230), der zweite von Jean de Meung (ca. 1280).*

IM DIENSTE EINER ADLIGEN DAME

LIEBESPFLICHTEN EINES RITTERS

Ritter glaubten, dass die Liebe, die sie für eine Dame empfanden, ein Ansporn dafür war, sich ritterlich zu verhalten. Wie die Liebe zu Christus und der Glaube an Gott die Ritter angetrieben hatte, auf den ersten Kreuzzug zu ziehen, um das Unmögliche zu erreichen und Jerusalem zurückzuerobern, so zogen säkular geprägte Ritter seit Mitte des 12. Jhs. ihre Inspiration aus der Dame am Hof.

ANSPORN ZUM WAGEMUT

Etwa 1130 notierte Geoffrey von Monmouth in seiner „History of the Kings of Britain" (Geschichte der britischen Könige) in einer Beschreibung eines Buhurts (Geschicklichkeitsturnier) oder eines friedlichen Turniers am Hofe König Artus', dass die „Damen sich weigerten, ihre Liebe irgendeinem Mann zuzugestehen, der nicht mindestens dreimal seine Tapferkeit in einer Schlacht bewiesen hatte". Das führte dazu, dass die Ritter der Tafelrunde ständig „waghalsig handelten".

LADY WIRD LORD

Der französische Troubadour Bernart de Ventadorn (ca. 1130–1190) verglich die Bande zwischen einem Liebhaber und seiner Angebeteten mit den feudalen Beziehungen zwischen einem Ritter und seinem obersten Herrn. In den Gedichten über höfische Liebe wurde dies zum gängigen Bild. Da ein Ritter normalerweise ein langes Training durchlief, erst als Page, dann als Knappe und schließlich als Ritter, so musste sich eine Liebe langsam entwickeln: vom hoffnungsvollen Bewunderer zum angebeteten Verehrer – und bei sehr guten Leistungen vielleicht zum Liebhaber der Dame.

Der Ritter bot seiner Dame wie in einer feudalen Verbindung seine Dienste an und sie wiederum bot ihm als Gegenleistung Schutz, wie es auch ein Feudalherr tat. Aus dieser Idee entwickelte sich die Sitte der Ritter, die „Gunst" der Dame bei Turnieren oder Feldzügen mit sich zu tragen – meist handelte es sich um ein Stück Tuch. Aus der Liebe oder dem Interesse der Dame bezog der Ritter seine Kraft.

EIN BESONDERES ZIEL

Innerhalb der Konventionen der höfischen Liebe erklärten einige Ritter ihre Liebe und Zuneigung Damen, die sie noch nicht getroffen hatten. Es reichte schon, Geschichten über die Schönheit einer Dame oder über ihr außergewöhnliches Verhalten zu hören, um einen Ritter davon zu überzeugen, dieser Dame seine Dienste anzubieten. Selbst wenn sie in der Nähe war, war die Dame doch oft erhaben dem Ritter gegenüber. Sie konnte eine sehr harte Gebieterin sein – in manchen Fällen reichten sogar die allergrößten Taten nicht aus, um ihre Gunst zu gewinnen.

GEHORSAM UND GEFÜGIGKEIT

Der Ritter musste seiner Dame unerbittlich gehorchen. In der Ritterliteratur wurden

◀ Um die Bewunderung seiner Dame zu gewinnen, stürzt sich ein Ritter herzhaft in ein Lanzenstechen auf dem Land.

Ritter manchmal von ihrer Dame aufgefordert, etwas zu tun, was eigentlich undenkbar war – etwa auf Turnieren schlecht zu kämpfen und Schande auf sich zu laden. Im alten französischen Romanstück „Perlesvaus" (ca. 1210) forderte die Dame von Sir Gawain ihn auf, im Turnier ständig zu verlieren. Er gehorchte ihr. Näherte sich ein Ritter zum Kampf, floh Gawain auf dem Rücken seines Pferdes und versteckte sich für den Rest des Turniers hinter König Artus. (In einer bildhaften Beschreibung heißt es, dass sich Gawain so eng an Artus klammerte wie eine Elster an einen Busch, wenn sie versucht, einem Falken zu entwischen.)

Gawain büßte bei dieser Eskapade seine Ehre ein, Artus schämte sich für seinen Ritter und die anderen Ritter sagten offen, Gawain wäre seines Ansehens nicht wert. Aber er hielt stand – in dem Wissen, dass er dies aus reiner Ritterlichkeit getan hatte. Er wollte beweisen, dass seine Liebe zu seiner Angebeteten größer war als der Wunsch, bei Hofe Ansehen zu genießen.

▲ *Ein Ritter kehrt in diesem romantischen Gemälde von Frank Bernard Dicksee (1921) zu seiner Herzensdame zurück.*

REISEN DER ANBETUNG

Es war eine Pflicht für neue Ritter, sich Gelegenheiten zu suchen, bei denen sie beweisen konnten, dass sie der Zugehörigkeit zum Ritterstand würdig waren. Das war einer der Gründe, warum Ritter an Feldzügen oder Schlachten teilnahmen, denn hier konnten sie ihre ritterlichen Leistungen zeigen.

Ebenso musste ein Ritter, der die Liebe oder die Aufmerksamkeit einer Dame gewinnen wollte, innerhalb der Konventionen höfischer Liebe beweisen, dass er ihrer Liebe wert war. Dafür musste ein Ritter weite Reisen – auch mit dem Schiff – unternehmen, um nach Abenteuern zu suchen, die seine Dame von seiner Liebe überzeugen würden.

▼ *Lancelot enthauptet Meleagant, der Guinevere verführt hatte, und bringt ihr dessen Kopf. Darüber schrieb Chrétien de Troyes in „Knight of the Cart".*

KIRCHE UND HÖFISCHE LIEBE

Die katholische Kirche verdammte die Konventionen und die Kultur der höfischen Liebe. Die offizielle Kirchenhaltung war, dass die Ehe ein Sakrament der christlichen Kirche sei und dass Sexualität nur in der Ehe zum Zwecke der Fortpflanzung erlaubt sei. Idealerweise lebten Christen, so die Kirchenmeinung, zölibatär. Die Dichter der höfischen Liebe rühmten andererseits die romantische Liebe – oft zwischen Rittern und verheirateten Frauen –, betonten die Macht der sexuellen Anziehung und führten an, dass der Ehebruch nicht zu vermeiden war, wenn die Gefühle überhandnahmen. Die Kirche antwortete im 12. Jh unter anderem damit, dass sie den Kult der Jungfrau Maria in den Fokus der leidenschaftlichen Anbetung rückte.

FAHRENDE RITTER

ABENTEUERLICHE RITTERREISEN

In mittelalterlichen Romanen ist der fahrende Ritter ein bekanntes Bild. Er schiffte sich für eine Abenteuerreise ein, um seine Auserwählte von seinem Können zu überzeugen und damit ihre Liebe zu gewinnen. Auf der Reise erlebte der Ritter wunderbare Abenteuer, so traf er etwa auf Riesen oder auf skrupellose Ritter.

ERSTE FAHRENDE RITTER

Der erste fahrende Ritter in der Ritterliteratur war Sir Gawain in der englischen Ritterromanze „Sir Gawain and the Green Knight" (Sir Gawain und der Grüne Ritter) aus dem späten 14. Jh. Auf seiner langen Reise bestand Gawain viele Abenteuer. Als er das Schloss von Sir Bercilak (der sich im Nachhinein als der Grüne Ritter entpuppte) erreichte, wurde er als ein „fahrender Ritter" begrüßt.

▼ *Das Erschlagen eines Drachens gehörte zu den Heldentaten, die Sir Iwein mit seinem Begleiter, einem Löwen, vollbrachte.*

Viele Ritter verpflichteten sich jedoch zu einem abenteuerlichen Leben, das wir heute „fahrendes Rittertum" nennen, lange bevor das Gedicht über Gawain verfasst wurde. Diese Konvention hatte ihre Wurzeln in volkstümlichen Abenteuern – etwa den Waliser Legenden, die Berichte über die Ritter der Artusrunde enthalten – und in Turnierreisen, die Ritter im 11. und 12. Jh. unternahmen. Auf diesen Reisen suchten Ritter Turniere auf, weil sie Interesse an der sportlichen Herausforderung hatten und Ruhm und Reichtum durch gezahlte Lösegelder erlangen wollten.

EIN FRÄNKISCHER RITTER AN DER WEGSCHEIDE

Eine Anekdote berichtete von einem französischen Ritter in der Zeit des 1. Kreuzzugs. Sie macht deutlich, dass Ritter, die sich auf Abenteuerreisen begaben, nicht nur Turniere bestehen wollten, sondern reisten, um sich mit anderen im Kampf zu messen. Die Geschichte, die Anna Comnena, Tochter des byzantinischen Herrschers Alexios Comnenus, erzählte, berichtet von einem Ritter, der mit seinem Vater zusammen auf dem Kaiserthron von Byzanz saß, aber für seinen Mangel an Respekt gerügt wurde. Er bezeichnete sich als fränkischer Edelmann und antwortete mit aufsässigem Stolz, dass es auf dem französischen Land einen Ort gäbe, der Gelegenheiten und Herausforderungen böte, mit denen er seine Würde als Ritter unter Beweis stellen könnte. Die Gegend befand sich an einer Wegscheide und jeder zum Kampf bereite Ritter konnte dort warten, bis ein anderer Krieger kam, der mit ihm kämpfen wollte, um den besten Ritter zu ermitteln. Der Ritter in der Geschichte von Anna Comnena soll so berühmt gewesen sein, dass niemand ihn je herausgefordert hat, auch wenn er oft an dieser Stelle wartete.

▲ *Eine Dame kümmert sich um ihren Ritter, dem sie befohlen hat, sich auf eine Abenteuerreise zu begeben.*

DER RITTER MIT DEM LÖWEN

Bei einigen Rittern führte das Umherziehen dazu, dass die Verbindung zu ihrer Dame unterminiert wurde. Der Artusritter Sir Iwein blieb so lange auf einer Reise, dass er seine Herzensdame am Hof schlichterdings vergaß – und eine Zeitlang verbot sie ihm zurückzukehren.

Sir Iweins Grundlage war Owain, ein Artusritter in einer Waliser Legende, in der er mit seiner Schwester Isolde verheiratet wurde. In einigen Versionen war er der Sohn einer Gottheit namens Modron. Seine Geschichte wurde ca. 1170 vom französischen Dichter Chrétien de Troyes in dem Gedicht „Iwein, ou le Chevalier au lion" (Iwein, oder der „Ritter des Löwen") bekannt gemacht. In seiner Darstellung reiste Sir Iwein in einen geheimnisvollen Wald, um einen Ritter namens Sir Esclados herauszufordern. Dieser hatte Iweins Cousin, Sir Calogrenant, besiegt und gedemütigt. Iwein tötete Esclados, gewann die Liebe von dessen Witwe Laudine und sie heirateten.

Wieder am Hof überzeugte Gawain Iwein davon, auf eine Abenteuerreise zu gehen, und Laudine erlaubte es ihm – unter der Bedingung, dass er innerhalb eines Jahres zu ihr zurückkehren würde. Als er sie vergaß und sie ihn daraufhin daran hinderte zurückzukehren, wurde Iwein vor Kummer wahnsinnig. Er rettete einen Löwen vor einer Schlange und dieser wurde sein Begleiter. Mit ihm als Symbol seiner ritterlichen Tugend reiste er umher. Schließlich gestattete ihm Laudine die Rückkehr.

Diese Geschichte war 1278 Grundlage für die Inszenierung eines Artusturniers in Le Hem in der Picardie. Dort tauchte Sir Iwein mit einem Löwen an seiner Seite auf. Die Geschichten von den fahrenden Rittern waren häufig die Inspiration für theatralische Darbietungen bei Turnieren und es gab viele andere Beispiele von reisenden Rittern in der Artuslegende, insbesondere die Geschichte von Sir Lancelot.

SIR AMADIS DE GAULA

Ein anderer bekannter umherreisender Ritter in der Artustradition war der portugiesische Held Sir Amadis de Gaula. Dessen Abenteuergeschichte datiert aus dem frühen 14. Jh., veröffentlicht wurde sie 1508. In Spanien und Portugal wurde die Geschichte im 16. Jh. zu einem Bestseller.

Sir Amadis soll der Sohn von Königin Elisena von England und König Peron von Gaula gewesen sein und wurde auf einem Kahn zurückgelassen. Von dem Ritter Sir Gandales erhielt er seine Ausbildung zum Ritter in Schottland, dann wurde er von König Peron zum Ritter geschlagen und bestand anschließend zahlreiche Abenteuer in einem verzauberten Land. Seine Dame Oriana wurde eifersüchtig und sandte ihm einen Brief, in dem sie ihn als Ketzer bezichtigte. Amadis verfiel dem Wahnsinn und konnte sich erst erholen, als Orianas Dienstmädchen ausgesandt wurde, um ihn zu retten.

Nachdem er mit der Unterstützung von Orianas Vater König Lisuarte gekämpft hatte, reiste er zehn Jahre als „Ritter des Grünen Schwertes" bis nach Konstantinopel, wo er einen Riesen besiegte. Amadis erwies sich als frommer Christ. In der Schlacht war er unbesiegbar und hatte keine Furcht, Blut zu vergießen.

▲ *Weibliche Geister hielten sich besonders gerne im Wald und am Wasser auf. Fahrende Ritter begegneten ihnen oft und wurden von ihren Reizen in Versuchung geführt.*

DIE LOBPREISUNG DER RITTERLIEBE

ULRICH VON LICHTENSTEIN, JAUFRÉ RUDEL, LORD VON BLAYA UND SIR WILLIAM MARMION

Die in höfischen Romanzen beschriebenen fahrenden Ritter hatten im Mittelalter viele Nachahmer. Der österreichische Ritter und Minnesänger Ulrich von Lichtenstein aus dem 13. Jh. beschrieb, wie er eine lange Abenteuerreise machte und auf vielen Turnieren kämpfte, um seiner Dame seine Liebe zu beweisen. Die Taten des französischen Ritters und Troubadours Jaufré Rudel, Lord von Blaya, im 12. Jh. und die des englischen Ritters Sir William Marmion im 14. Jh. ergeben faszinierende Vergleiche.

REISEN FÜR EINE DAME

Ulrich von Lichtenstein war ein führender Adliger aus dem Herzogtum Steiermark; er diente Markgraf Heinrich von Istrien als Page und Knappe und wurde 1222 von Herzog Leopold VI. von Österreich zum Ritter geschlagen. Darüber hinaus war er ein bemerkenswerter Dichter, der sich in seinem Gedicht „Frauendienst“ von 1255 selbst als Ritter und höfischer Liebhaber par excellence porträtierte.

Nach „Frauendienst“ reiste Ulrich 1226 von Venedig nach Wien – verkleidet als römische Liebesgöttin Venus –, um die Gunst seiner Dame zu gewinnen. Jeden Ritter, den er traf, forderte er im Namen seiner Dame zum Lanzenstechen heraus. Im Verlauf seiner Reisen brach er nicht weniger als 307 Lanzen und wurde nur in einem einzigen Tjost besiegt. Doch seine Feudalherrin und Dame blieb unbeeindruckt und forderte weitere Taten, um seine Zuneigung zu beweisen. Er plante daraufhin einen zweiten Versuch zu Ehren einer anderen Dame und verkleidete sich als König Artus, doch er konnte auch diesmal nicht bestehen.

In seinem Gedicht erklärte er, dass ein mutiger Ritter, der das Lob seiner Dame erntete, mit einer großen Ehre beschenkt werden würde. Er erklärte zudem, dass der Ritter jegliche Furcht verbannen sollte, weil ihn schon die kleinste Spur für seine angebetete Dame uninteressant machen würde. Ein Ritter sollte lieber sterben, als eine Niederlage hinzunehmen.

JAUFRÉ RUDEL UND DIE LIEBE AUS DER FERNE

Jaufré Rudel, Lord von Blaya (unweit von Bordeaux in Westfrankreich), war als Ritter und Troubadour im 12. Jh. so angesehen, dass über ihn eine schillernde Biografie geschrieben wurde.

In seinen Gedichten spezialisierte er sich auf die Konvention der Ritterliebe aus der Distanz – zu Damen, die man niemals traf. Eine der wenigen Referenzen auf ihn – abgesehen von seinen Liedern – findet man in einem Gedicht des Troubadours Marcabru aus dem 12. Jh. Dort heißt es, dass er „oltra mar“ (jenseits des Meeres, d. h. auf einen Kreuzzug) war. Rudel starb vermutlich auf dem Weg zum 2. Kreuzzug, der von 1145 bis 1149 stattfand.

In der Legende über sein Leben erfährt man, dass er auf Kreuzzug ging, weil er von dem Wunsch beseelt war, der Gräfin Hodierna von Tripolis zu gefallen. Viele Pilger, die aus dem Heiligen Land kamen, rühmten ihre Schönheit und Erhabenheit über alle Maßen. Er erklärte ihr seine „amour de loin“ (Liebe aus der Distanz) und gelobte ihre Anbetung, bevor er abreiste. Aber während der Reise wurde er schrecklich krank und als er endlich Tripolis erreichte, lag er praktisch schon im Sterben. Die Gräfin, die von seiner Anbetung und seiner Krankheit hörte, verließ ihr Schloss,

◄ *Auf Plätzen wie diesen war es den Rittern nicht wirklich möglich, Lanzenstechen auszutragen. Auf dieser Illustration aus dem 15. Jh. trägt der Ritter links einen schönen heraldischen Schwan auf seinem Helm.*

um nach ihm zu sehen. Er starb in ihren Armen und war glücklich, dass sein Verlangen erfüllt worden war.

DAS BEISPIEL VON SIR WILLIAM MARMION

In den Grenzkriegen des 14. Jhs. zwischen England und Schottland ritt Sir William Marmion fast in den Tod, nur um das Verlangen seiner Dame nach Ruhm zu erfüllen. 1320 hatten die Schotten die Oberhand in dem Konflikt und das Schloss Norham in Northumberland bildete den Hintergrund für konstante Kämpfe zwischen der englischen Garnison und schottischen Angreifern. William befand sich auf einem Festgelage in Lincoln, als seine Dame ihm einen vergoldeten Helm mit der Botschaft sandte, dass er den gefährlichsten Ort im Land aufsuchen und den Helm tragen sollte, um ihre Anerkennung zu ernten. Er beriet sich mit seinen Ritterkameraden und alle kamen darin überein, dass der beste Platz Norham sei. Nur vier Tage nach seiner Ankunft marschierten etwa 160 tapfere Krieger zum Schloss. Der Konstabler des Schlosses, Sir Thomas de Gray, ließ Sir William rufen und überzeugte ihn, dass dies seine Chance sei, um Ruhm zu gewinnen: „Sir", erklärte er, „Sie müssen kommen, um ihren Helm berühmt zu machen … Klettern Sie auf Ihr Pferd, betrachten Sie Ihre Feinde, nutzen Sie Ihre funkelnden Sporen, um ihre Mitte anzugreifen." Der Konstabler bereitete sich auf den Kampf vor, hielt sich jedoch zurück, bis William seine Chance hatte, seinen Wert unter Beweis zu stellen.

▲ *Ein Ritter nimmt Abschied von seiner Edelfrau. Abenteuer oder Erkundungen auf Feldzügen brachten im Ehre ein.*

▼ *Als Turner 1823 diese Sicht auf Norham Castle in Northumberland malte, war der Schauplatz von Sir Williams Heldentaten längst eine Ruine.*

Mit der einzigartigen Rüstung, die golden und silbern glänzte, und seinem im Sonnenlicht funkelnden Helm ritt Sir William allein los, um die Plünderer anzugreifen. Er lieferte einen ehrenvollen Kampf, wurde aber trotzdem im Gesicht verletzt, fiel von seinem Pferd und war kurz davor zu sterben. In diesem Moment ritten Sir Thomas und die Garnison los und vertrieben alle Plünderer. William Marmions ritterliche Tat wird in der Chronik „Salacronica" erzählt. Geschrieben wurde sie ca. 1355 von Sir Thomas Gray, dem Sohn des Konstablers.

VERLIEBTER ORLANDO

ROMANZEN IN ITALIEN

Ein Zyklus von epischen Texten, die im 15. und 16. Jh. in Italien entstanden, wirft ein neues Licht auf die Abenteuer Rolands, Olivers und anderer Vorbilder für Ritterlichkeit am Hofe Karls des Großen. Matteo Maria Boiardos Gedicht „Orlando Innamorato" (Verliebter Orlando) und Lodovico Ariostos „Orlando Furioso" (Rasender Orlando) kombinierten die kämpferische Seite des Ritterlebens im Umfeld Karls mit der höfischen Liebesdichtung der Artusepik.

LIEBE, DURCH DIE AUGEN EINES RITTERS BETRACHTET

Matteo Maria Boiardo war Ritter und Lyriker. Er diente als Hauptmann von Modena 1480–1482 und Reggio Emilia von 1487–1494. Er schrieb eine äußerst persönliche Sammlung von Liebesgedichten, die seine Leidenschaft für Antonia Capara zum Inhalt hatte und 1499 als „Amorum libri tres" (Drei Bücher über die Liebe) veröffentlicht wurde. Sein „Orlando Innamorato" war das erste Gedicht, das karolingische und arturische Elemente miteinander verknüpfte. Boiardo fügte zudem klassische Elemente hinzu – er war ein Dichter der italienischen Renaissance und übersetzte viele klassische Autoren wie Herodot, Xenophon und Apuleius.

Die Epik Boiardos, die bei seinem Tod unvollendet war, beschreibt die Bemühungen Orlandos (Rolands) und anderer Ritter, die Liebe der wunderschönen heidnischen Prinzessin Angelica, Tochter Galafrones, König von China, zu gewinnen; und sie erzählt von Angelicas Liebe zu Orlandos Cousin Ranaldo (er wurde im Vorfeld im *Chansons-de-geste*-Zyklus „Doon de Mayence" als der Held Renaud de Montauban vorgestellt). Hintergrund der Handlung, bei der auch die großen, zauberhaft und magisch geprägten Vorbilder der Rittertradition verehrt werden (z. B. das Pferd Bayard), bildet der Angriff einer großen Maurenarmee auf den in Paris weilenden Karl den Großen. Religiöser Glaube, Vaterlandsliebe und Ehrenhaftigkeit im Kampf stehen hier an oberster Stelle.

▼ *Orlando hört, dass Angelica mit dem Sarazenenritter Medoro von Cathay (China) durchgebrannt ist. Diese Szene stammt aus Lodovico Ariostos „Orlando Furioso".*

VERLIEBT AUF DEM TURNIER

„Orlando Innamorato" beginnt mit dem Bericht über ein großes Turnier, das Karl in Paris veranstaltete. Angelica und ihr Bruder und Champion Argalia kamen dort an und erklärten, dass derjenige, der Argalia besiegen würde, Angelica zur Frau bekäme.

Orlando verliebte sich auf der Stelle in Angelica, trotz der Tatsache, dass an seiner Seite die schöne Dame Alda (in dieser Version seine Ehefrau) stand. Argalia behauptete, durch seine magische Rüstung unbesiegbar zu sein. Er und seine Schwester waren zu dem Turnier gekommen, um die größten Kämpfer von Karl dem Großen von der Invasion der von Agramante, dem Herrscher Afrikas, angeführten Mauren abzulenken. Argalia war zudem vom Ruhm der französischen Ritter angezogen worden. Er wollte vor allem das berühmte Schwert Orlandos (bekannt als Durindan) und Ranaldos Pferd Bayard erbeuten.

Nach den ersten beiden Runden, in denen Argalia triumphierte, zogen sich die Geschwister in einen magischen Wald, der Wald von Arden genannt wurde, zurück. Die führenden Hofritter folgten. Ranaldo trank von einem magischen Bach, dessen Wasser bewirkte, dass ein Ritter seine Dame hasste; danach verabscheute er Angelica. Sie dagegen trank das Wasser eines Bachs, das verliebt machte. Und als sie Ranaldo in der Nähe schlafen sah, verliebte sie sich in ihn. Er wachte auf, sah sie, blickte sie hasserfüllt an und ritt auf und davon. Sie schlief an Ort und Stelle ein.

Orlando entdeckte Angelica und beobachtete sie, als er von einem vorbeikommenden Ritter herausgefordert wurde – ein typisches Ereignis in den Romanzen und Geschichten reisender Ritter, das im Zeitalter des Rittertums äußerst beliebt war. Der Ritter namens Feraguto kämpfte mit

▲ *Ruggiero, ein Ritter in „Orlando Furioso", reitet bei seiner Rettung Angelicas auf einem Hypogreif, einer legendären Kreatur, halb Pferd und halb Greif.*

Orlando, bis sie von Feragutos Schwester Fiordespina unterbrochen wurden. Sie berichtete ihrem Bruder von einem Angriff Spaniens durch einen asiatischen König, der seine Rückkehr erforderte.

KAMPF AUF DER VERZAUBERTEN LICHTUNG

Viele weitere Abenteuer folgten. Orlando verbrachte eine Zeit in einem verzauberten Garten, in dem er seine Liebe zu Angelica, seine Loyalität zu Karl und selbst seine eigene Liebe Ehrenhaftigkeit vergaß. Irgendwann entkam er aus dem Garten und bekämpfte in Angelicas Schloss in Albraca (vermutlich Bukhara in Usbekistan) er den Tartarenherrscher Agricane, einen weiteren Rivalen um die Gunst Angelicas. Die epische Schlacht in einem magischen Wald dauerte den ganzen Tag und die Nacht bis zum Morgengrauen. Als schließlich Orlando obsiegte, erklärte sein Rivale, er wolle Christ werden, und bat um die Taufe.

ORLANDO WIRD WAHNSINNIG

Das Umherirren von Ranaldo, Orlando und Angelica führte sie vermutlich zurück nach Frankreich, wo Karl immer noch von einer Heidenarmee belagert wurde. Das Gedicht blieb unvollendet, da Boiardo starb, aber Lodovico Ariosto schrieb daran weiter und veröffentlichte 1516 den „Orlando Furioso". Ariosto war ein Ritter und Höfling, der nach kurzem Dienst als Befehlshaber der Zitadelle von Canossa in den Dienst von Kardinal Ippolito d'Este trat und später Gouverneur der Provinz Garfagnana in den Apenninen war. Sein Gedicht findet ebenfalls vor dem Hintergrund des Krieges bei Paris zwischen den Christen unter Karl und den Sarazenen unter Agramante statt. Sein Gedicht beschreibt, wie Orlando in den Wahnsinn getrieben wurde und an seiner unerfüllten Liebe zu Angelica verzweifelte, während ein Heide namens Ruggiero (ein Nachkömmling von Hektor von Troja) die christliche Jungfrau Bradamante vergötterte. Sie war Ranaldos Schwester und ritt in weißer Rüstung als die „jungfräuliche Ritterin". Die Handlung, in die sie involviert wurden, war ein Tribut an die Mäzene des Dichters, die Este-Familie, die der Legende nach von diesen beiden Liebenden abstammen soll.

WENN EIN CHRIST EINE HEIDIN LIEBT ...

PARTNERSCHAFTEN UNTERSCHIEDLICHEN GLAUBENS

Liebesgeschichten zwischen Christen und Heiden, wie die zwischen dem heidnischen Krieger Ruggiero und der christlichen Jungfrau Bradamante in „Orlando Furioso", waren in den höfischen Romanzen ein beliebtes Thema. Ein weiteres berühmtes italienisches Versepos – „La Gerusalemme liberata" (Das befreite Jerusalem) von Torquato Tasso – stellt die Gestalt des Tankred de Hauteville, eines Helden des 1. Kreuzzugs, in den Mittelpunkt einer Romanze und erfindet eine Liebesaffäre mit einer muslimischen Krieger-Jungfrau namens Clorinda. Solch schwierige interreligiöse Romanzen machten es möglich, Abenteuer an exotischen Plätzen stattfinden zu lassen und den „wahren Glauben" zu feiern. Natürlich bekannte sich der Heide bzw. die Heidin zum Christentum und ließ sich taufen wie in „Orlando Furioso".

EINE GESCHICHTE VON KREUZRITTERN

Eine sehr populäre Version war „Floire et Blancheflor", eine französische metrische Romanze aus dem 12. Jh. Sie erzählt die Geschichte der Liebe zwischen Floire, Sohn eines Sarazenenkönigs, und Blancheflor, die Tochter einer christlichen Gräfin. Die Handlung soll ursprünglich aus einer griechisch-byzantinischen Quelle stammen und wurde vielleicht von den Kreuzrittern, die aus dem Heiligen Land nach Europa zurückkehrten, mitgebracht.

Die älteste Version war eine französische von 1160, und nach 1200 gab es 150 Jahre lang eine Vielzahl von landessprachlichen Fassungen überall in Europa. Eine englische Version von ca. 1250 wurde begeistert aufgenommen. Im 14. Jh. erzählte Giovanni Boccaccio eine Version dieser Geschichte im „Decameron" (ca. 1350).

PILGER IN GEFAHR

Die französische Urfassung begann mit einem fränkischen Ritter, der auf dem Pilgerweg nach Santiago de Compostela in Nordwestspanien unterwegs war. In seiner Begleitung war seine schwangere Tochter, die kurz zuvor Witwe geworden war. Der fränkische Ritter wurde in einem Angriff von Fenix, König des muslimischen Spaniens, getötet und die Tochter geriet in Gefangenschaft. Am Hofe von Fenix – vermutlich Neapel – brachte sie am Palmsonntag Blanchefleur zur Welt. Am selben Tag brachte die Ehefrau von Fenix einen Sohn zur Welt – Floris. Die Kinder wuchsen zusammen auf und als die Zeit reif war, verliebten sie sich ineinander. Fenix wollte verhindern, dass sein Sohn eine christliche Jungfrau heiratete. Er schickte Blanchefleur nach Kairo und erzählte seinem Sohn, dass sein Liebe gestorben sei.

◀ *Die Engel sehen freudig zu, als Tankred die muslimische Jungfrau Clorinda in „Das befreite Jerusalem" tauft.*

▲ *Für Kreuzritterveteranen und Pilger waren die Liebesgeschichten zwischen Christen und Muslimen eine Abwechslung zum Kriegsgeschehen der Glaubenskriege.*

Der Kummer von Floris war so groß, dass König Fenix ihm die Wahrheit erzählte. Floris reiste nach Kairo, um Blanchefleur zu suchen.

Er fand sie in einem „Frauengefängnis", dessen Insassen dem Emir von Kairo zu Diensten sein mussten. Jedes Jahr suchte der Emir eine neue Jungfrau aus dem Turm, um sie als Frau zu nehmen; die vorherige brachte er um. Floris spielte gegen den Gefängniswächter Schach und schaffte es, sich selbst in den Kerker einzuschleusen und sich dort zu verstecken. Dort traf er mit Blanchefleur zusammen und das Paar war glücklich wiedervereint. Der Emir jedoch schöpfte Verdacht und als er das Gefängnis aufsuchte, erwischte er das Liebespaar. Zuerst wollte er Floris töten, aber er beherrschte sich und fragte seine Vertrauten um Rat. Diese waren von der großen Liebe der beiden so beeindruckt, dass sie um ihre Freilassung baten.

Floris wurde zum Ritter geschlagen und heiratete Blanchefleur; Blanchefleurs Freundin Claris heiratete den Emir, der fortan mit seiner Verruchtheit den Frauen gegenüber aufhörte. Kurz danach traf die Nachricht vom Tod von Floris' Vater, König Fenix, ein; also kehrten Floris und Blanchefleur nach Spanien zurück. Floris konvertierte zum Christentum und regierte zusammen mit seiner Frau.

Die englische Version dieser Geschichte betont die Sittsamkeit der Liebenden. Als sie vom Emir entdeckt wurden, berichteten sie, dass sie ihre Liebe noch nicht vollzogen hätten. Der Emir überprüfte ihre Unschuld, indem er Blanchefleur bat, ihre Hände in magischem Wasser zu waschen, das sich verfärben würde, sollte sie keine Jungfrau mehr sein. Sie bestand die Prüfung und beide wurden wegen ihrer Sittsamkeit freigelassen.

AUCASSIN UND NICOLETTE

Eine andere beliebte Liebesgeschichte über die religiöse Kluft war die von „Aucassin et Nicolette", einer französischen *Chantefable* (Liebeserzählung aus Prosa und Versen, deren Prosa gesprochen und Verse gesungen werden) aus dem frühen 13. Jh. Sie erzählt die Liebe zwischen Aucassin (einem christlichen Ritter und Sohn des Herzogs von Beaucaire) und einer Sarazenen-Jungfrau in Gefangenschaft – Nicolette. Vermutlich hat die Geschichte die gleiche griechisch-byzantinische Vorlage wie „Floire et Blanchefleur".

Nicolette, Tochter des Königs von Karthago, wurde als junges Mädchen von Sklavenhändlern geraubt und als Dienerin zu Sir Garin, Herzog von Beaucaire, bei Arles in der Provence gebracht. Garins Sohn Aucassin sah das Sklavenmädchen und begann sich in sie zu verlieben. Er war ein vielversprechender Ritter, ein starker und tapferer Mann, aber plötzlich begann er, die Kriegskunst zu vernachlässigen, und träumte nur noch vor sich hin – er träumte von Nicolette.

Die Situation verschlechterte sich, als die Stadt belagert wurde. Aucassin weigerte sich, seinen Vater im Kampf zu unterstützen und erklärte, dass er nur noch über seine Liebe zu Nicolette sinnieren wolle. Sein Vater wurde wütend und schickte Nicolette fort, was er Aucassin verschwieg. Aucassin erklärte sich bereit, für die Verteidigung der Stadt zu kämpfen, wenn er Nicolette nur noch ein einziges Mal sehen könnte.

▲ *Der Wald, in dem Aucassin und Nicolette (und andere Liebende) wiedervereint wurden, ist von weltlichen Gesetzen unberührt.*

Sein Vater stimmte zu, ohne zuzugeben, dass er Nicolette fortgeschickt hatte. Aucassin stand an der Spitze der Garnison der Stadt und errang zusammen mit der belagerten Armee einen großen Sieg.

Dann gab Garin zu, was er mit Nicolette gemacht hatte. Aucassin war tief bekümmert. Er ritt in einen nahen magischen Wald und entdeckte dort Nicolette. Sie blieben eine Weile zusammen, aber später reiste er in ein entferntes Land und sie waren erneut getrennt. Nicolette kehrte zu ihrem Vater nach Karthago zurück und Aucassin reiste traurig heim.

Zum Schluss der Tragödie verließ Nicolette – verkleidet als Minnesänger – ihr Zuhause. Ihr Gesicht hatte sie mit Beerensaft dunkel gefärbt. Sie erreichte Frankreich und trug Aucassin ein Lied vor, doch er erkannte sie nicht. Das Lied über eine Frau namens Nicolette ließ Aucassin in Tränen ausbrechen und er bot dem Minnesänger sehr viel Geld an, damit er nach Karthago reiste und Nicolette davon überzeugte zurückzukehren. Als sie sah, dass ihr Geliebter immer noch tiefe Liebe für sie verspürte, gab Nicolette endlich ihre wahre Identität preis und beide waren glücklich wiedervereint.

IN DER ANDERSWELT

RITTER UND IHRE FEENGELIEBTEN

Es war ein gängiges Thema in den höfischen Ritterromanzen, in eine geheimnisvolle „Anderswelt" einzutreten, wo man Geliebter von Feenfrauen sein konnte. Diese Anderswelt konnte unbeschadet betreten und verlassen werden, auch wenn das Zusammentreffen gefährlich war.

LANVAL UND SEINE DAME

In der Lieddichtung „Lanval" aus dem 12. Jh. geriet ein Ritter von König Artus in Armut, weil der König ihn nicht unterstützte. Aber er fand eine Geliebte und Beschützerin in der magischen Welt der Feen. Das Gedicht ist eines von zwölf anglo-normannischen Liedern, die von der französischen Dichterin Marie de France geschrieben wurden. In ihren Gedichten glorifiziert sie die Themen der höfischen Liebe.

Das Lied „Lanval" beschreibt, wie eines Tages Lanval auf der Wiese unweit des Königshofes spazierenging, als ihm von zwei lieblichen Feenfrauen aufgelauert wurde. Eine von ihnen trug Wasser in einer goldenen Schale, die andere hielt ein Tuch in den Händen. Sie nahmen ihn mit in das fabelhaft reiche Zuhause ihrer schönen Gebieterin, die in einem eleganten Pavillon lebte, der von einem goldenen Adler gekrönt war und unweit der Wiese hinter einer unsichtbaren Barriere stand. Die Gebieterin wurde Lanvals Geliebte. Sie soll ihm, immer wenn er es wollte, erschienen sein. Unter einer Bedingung wollte sie ihn so reich machen, wie er es wünschte: Er durfte niemandem von ihrer Existenz erzählen. Sir Lanval akzeptierte ihre Bedingungen. Er genoss es, gut zu essen und sich schön zu kleiden, und er freute sich, einem Ritter entsprechend freizügig sein zu können. Für seine Großzügigkeit wurde er denn auch bekannt: Er bezahlte für Gefangene das Lösegeld, bezahlte Gaukler und Jongleure und ernährte diejenigen, die keinen eigenen Schutzpatron hatten. Seine Fee war glücklich, dass er sich wohlfühlte,

MARIE DE FRANCE

Die Autorin des Liedes „Lanval" – Marie de France – verfasste die „Lais", eine große Sammlung von zwölf Versnovellen, die jeweils zwischen 100 und 1000 sich paarweise reimende Achtsilbler umfassen und um 1170 entstanden sind. Marie war die erste bekannte Autorin der französischen Literatur und ihr Werk beeinflusste viele nachfolgende Troubadoure. Ihre Identität ist ungewiss. Vielleicht handelt es sich um Marie de Champagne, die Tochter Eleonores von Aquitanien. Da ihre Lieder jedoch sehr wahrscheinlich in England geschrieben worden sind, kommt eher Marie, die Äbtissin von Shaftesbury, die Halbschwester König Heinrichs II. von England in Betracht. Nicht auszuschließen sind ebenfalls Marie, die Komtesse von Boulogne, Tochter König Stephans von England sowie Marie de Meulan, Tochter des großen französischen Feudalherrn.

◄ *Die Insel Avalon, wo König Artus seine letzte Ruhe gefunden haben soll, ist Teil des Reichs der Anderswelt. Die Feenfrauen dieses Landes bewachen den König in seinem Todesschlaf.*

erinnerte ihn aber daran, dass er ihre Existenz geheimhalten müsse.

Eines Tages jedoch näherte sich Lanval Königin Guinevere und sie versuchte, ihn zu verführen. Er lehnte ihre Avancen ab und sie sagte, dass er wohl keine Frauen möge. Er stritt das sofort ab und erzählte, dass er eine Frau besäße, die gerechter sei als Königin Guinevere. Guinevere beschuldigte schließlich Lanval der versuchten Verführung und denunzierte ihn, gesagt zu haben, ein Zimmermädchen sei schöner als sie. Lanval wurde vor den König zu Gericht gerufen, wo er Rede und Antwort stehen musste. Sollte Lanval, so die Jury, in der Lage sein, seine Gebieterin vor Gericht zu bringen und sei diese wirklich schöner als Guinevere, dann wäre er frei. Lanvals Herz brach, als er feststellte, dass er die Übereinkunft mit seiner Fee gebrochen hatte.

Im letzten Moment jedoch erschien die Fee vor dem Hofgericht, um zu beweisen, dass ihr Ritter die Wahrheit gesagt hatte. Sie erklärte, dass sie jeglichen Schaden von ihm abwenden wolle. Selbst König Artus war von der Schönheit dieser Fee so angetan, dass er eingestand, sie sei schöner als Guinevere. Lanval und seine Fee setzten sich auf ihr weißes Pferd und ritten in den magischen Nebel. Der Dichter bekundet, dass Sir Lanval nie wieder gesehen wurde, weil die Fee ihn auf die Insel Avalon gebracht hätte – den märchenhaften Ort, an dem auch König Artus seine Ruhe fand.

▲ *Unter dem Einfluss von Feenfrauen der Anderswelt verloren die Ritter jegliche Kontrolle. Hier liegt König Artus benommen vor der Feenkönigin.*

▼ *In „La Belle Dame Sans Merci" schrieb der englische Dichter John Keats über eine schöne Feenfrau, die einen Ritter gefangennahm und ihm all seine Energie und Ziele raubte.*

Begegnungen mit Feenfrauen und der Anderswelt waren nach keltischem Volksglauben üblich und diese Tradition wurde von den Artus-Romanzen und den bretonischen Liedern aufgenommen. Die Geschichte von Lanval hat vermutlich eine gemeinsame volkstümliche Quelle mit der Geschichte von Iwein („Iwein, oder der Ritter des Löwen"), denn auch Iwein traf eine Frau, die mit dem Wasser assoziiert war, und auch er brach das Versprechen, das er ihr gegeben hatte.

SIR GUINGAMOR

Ein anderes bretonisches Lied erzählt die Geschichte von Guingamor. Wir finden hier ähnliche Themen wie bei Lanval (einst glaubte man, es handele sich um ein weiteres Werk von Marie de France, aber Historiker denken heute anders darüber). In dieser Geschichte näherte sich der Ritter der Königin der Bretagne, die versuchte, ihn zu verführen. Er widerstand ihren Versuchen und so verspottete sie ihn und sagte ihm, er solle sich auf die Jagd nach dem weißen Eber machen – eine Aufgabe, die bereits zehn Ritter das Leben gekostet hatte. Wie jeder andere gute Ritter konnte Guingamor dieser Herausforderung nicht widerstehen und er ging mit dem Pferd des Königs und Hunden auf die Suche.

Unterwegs entdeckte er einen grünen Marmorpalast und dahinter eine wunderschöne Jungfrau, die badete. Sie versprach, ihm zu helfen, wenn er drei Tage ihr Liebhaber sein wolle. Guingamor blieb und fing danach den besagten Eber. Seine Feenfrau erlaubte ihm, nach Hause zurückzukehren, verlangte aber, dass er in der Zeit dort nichts essen dürfe. Als er in die Bretagne zurückkehrte, schienen ihm 300 Jahre vergangen zu sein. Er vergaß sein Gelöbnis, biss in einen Apfel und wurde auf der Stelle sehr schwach. Er wurde in die Anderswelt zurückgeführt und von zwei schönen Jungfrauen im grünen Palast gepflegt.

TAPFERE RITTER UND WEIBLICHE MISCHWESEN

LEGENDEN ÜBER MELUSINE UND DAS HAUS VON LUSIGNAN

Weibliche Mischwesen, ursprünglich Wassergeister aus dem keltischen Volksglauben, erscheinen im mittelalterlichen Europa wiederholt in den Gründungsmythen von Adels- und Königshäusern. Auch die Mutter des Kreuzritters Guy de Lusignan, König von Jerusalem, soll zu ihnen gehört haben.

Diese Mischwesen waren halb Frau, halb Schlange. Sie durften so lange unter den Menschen leben, wie sie ihre Natur geheimhalten konnten. Beim Baden durften sie von ihrem adligen Liebhaber nicht gesehen werden. In einigen Versionen offenbarten sie ihre wahre Natur – ihren schuppigen Unterkörper – nur am Samstag oder Sonntag. Die berühmteste Version einer solchen Geschichte wurde im 15. Jh. vom französischen Troubadour Jean d'Arras erzählt. Danach traf ein schottischer König namens Alynas auf der Jagd im Wald eine wunderschöne Frau mit dem Namen Pressyne. Er war von ihrer Schönheit gefangen und bat sie, ihn zu heiraten. Sie stimmte zu – unter der Bedingung, dass er sie niemals beim Baden beobachten dürfe. Sie lebten einige Zeit zusammen und Lady Pressyne gebar drei Töchter: Melusine, Melior und Palatyne. Doch als König Alynas sein Versprechen brach, verließ sie ihn und floh mit ihren Töchtern auf die Insel Avalon.

Melusine erfuhr später, was ihr Vater getan hatte. Sie versuchte, ihn zu strafen und im Inneren eines Berges einzusperren. Dafür wurde sie jedoch selbst damit bestraft, einen Tag in der Woche vom Unterleib an eine Schlange zu sein.

Jahre später verfolgte Raymond de Lusignan zusammen mit seinem Vater in den

▲ *Die Fee Melusine soll die Vorfahrin einer der bedeutendsten Familien im Mittelalter, der Familie von Lusignan, gewesen sein. Hier ist sie als Teil des Familienstammbaums zu sehen.*

▼ *Graf Raymond kann letztlich der Versuchung nicht widerstehen, seine Feenfrau beim Baden zu beobachten, und entdeckt ihr Geheimnis.*

▲ *Melusine flieht vor Raymond in Drachengestalt, kehrt jedoch nachts zurück, um ihre Kinder zu stillen.*

magischen Wäldern Frankreichs einen Eber. Er hatte die Chance, das Tier zu töten, doch sein Schwert prallte am Fell des Ebers ab und tötete seinen Vater. Raymond floh in Panik, bis er an ein melodisch dahinplätscherndes Gewässer kam, an dem sich die drei schönen Töchter Lady Pressynes aufhielten. Er bat Melusine, ihn zu heiraten. Sie stimmte zu und versprach, direkt am Wasser ein wunderschönes Schloss für sie beide zu erbauen. Bedingung war, dass er nicht versuchen sollte, sie am Samstag zu beobachten, denn dies sei der Tag, der ihr ganz zur persönlichen Verfügung stünde.

Melusine hielt ihr Wort. Auf magische Weise ließ sie eine prachtvolle Festung erbauen und lebte dort mehrere Jahre mit Raymond. Ihre elf Söhne, darunter Guy de Lusignan, waren alle stark und in den Kriegskünsten bewandert. Sie kämpften im Namen des Kreuzes und brachten ihrem Vater sehr viel Ruhm und Ehre ein. Aber alle hatten wie ihre Mutter ein Geheimnis.

Nachdem in der Stadt Gerüchte über Melusine laut geworden waren, brach Raymond sein Versprechen und beobachtete seine Frau durch das Schlüsselloch im Bad. Er entdeckte, dass sie einen Schlangenschwanz besaß. Er war schockiert, entschloss sich aber, das Ganze geheimzuhalten. Kurze Zeit später gerieten die beiden in Streit über einen ihrer Söhne und Raymond vergaß sein Taktgefühl und beschuldigte seine Frau, eine Schlange zu sein. An diesem Tag verwandelte sich Melusine in einen Drachen und verließ ihren Mann und die zwei jüngsten Söhne.

Am Tag blieb Melusine fern, nur nachts kehrte sie in Geistgestalt zurück, um ihre beiden Jüngsten zu stillen. Morgens war sie wieder verschwunden.

Lady Melusine soll eine Vorfahrin Heinrichs VII., Kaiser des Heiligen Römischen Reiches, gewesen sein, galt aber auch als Vorfahrin des Königshauses von Luxemburg. Eine ähnliche Feenfrau soll die Vorfahrin von Richard I. von England gewesen sein, wie seine Lebensgeschichte andeutet. Wie viele andere Feenfrauen konnte Melusine nicht in der Kirche bleiben, wenn die Messe gelesen wurde, und sie floh beim Anblick der Hostie.

PARTONOPE UND MELIOR

Eine Romanzenversion aus dem 12. Jh. erzählt, wie ein französischer Ritter namens Partonope die Hand von Melusines Schwester Melior durch seine Tapferkeit auf Turnieren eroberte. Die Geschichte hat einen traditionellen Anfang: Partonope wurde von einer Fee gefangen, während er auf der Eberjagd war. Sie brachte ihn in ein magisches Schloss, wo er im Dunklen von Melior verführt wurde. Sehen durfte er sie jedoch nicht.

Partonope bat die geheimnisvolle Frau darum, ihn zu heiraten, und sie stimmte unter der Bedingung zu, dass er nie versuchen sollte, sie anzusehen. Nach einem Jahr des Zusammenlebens in der Anderswelt der Feen musste Partonope nach Frankreich zurückkehren, um die Invasion der Wikinger zurückzuschlagen. Danach überredete ihn seine Mutter, eine reale Frau zu ehelichen.

Später besann sich Partonope, stieß seine neue Frau zurück und versuchte, zu Melior zurückzukehren. Seine Mutter gab ihm eine Laterne mit, damit er wenigstens einen Blick von ihr erhaschen konnte. Als das Licht der Laterne auf Melior fiel, wurde er verbannt und kehrte nach Frankreich zurück.

Dort ging er in seiner Verzweifelung auf Wanderschaft, bis er tief in den Wäldern auf Meliors Schwester (hier Urrake genannt) traf. Sie erzählte ihm, dass ganz in der Nähe ein großes Turnier stattfinden würde und dass der Ritter, der die meisten Lanzen bräche, die Hand von Melior gewinnen würde. Sie half ihm und während des Turniers bewies er sein Können. Er gewann das Turnier und den Preis: die Liebe seiner Feenfrau Melior.

KAPITEL 6

HEILIGE UND GESETZLOSE

Die Idealvorstellung von Ritterlichkeit, wie sie in „miles Christi" (Soldat Christi) dargestellt ist, verlangte eine fromme Hingabe an die Verpflichtung, Schwache zu beschützen und zu verteidigen. Dieses Ideal fand Ausdruck in den Regeln, nach denen Glaubensgemeinschaften wie die Tempelritter lebten. Sie mussten Armut und Keuschheit geloben. In der Literatur war der fromme Ritter Galahad, der reinste unter Artus' Rittern, das entsprechende Vorbild.

1128 billigte das Konzil von Troyes die Regeln der Tempelritter, die der Mitbegründer des Ordens, der französische Ritter Hugues de Payens, festgelegt hatte. Die Präambel, wahrscheinlich von dem Ordensreformer Bernhard von Clairvaux geschrieben, stellte die neue Form von Ritterlichkeit der weltlichen gegenüber. Der weltlichen wurde vorgeworfen, gottgegebene Verpflichtungen, wie „Arme, Witwen, Waisen und die Kirche zu schützen und verteidigen", vernachlässigt zu haben. Weit entfernt davon seien die Ritter damit beschäftigt, „zu vergewaltigen, zu plündern und zu morden" und sich darin zu übertreffen.

Die Rechtfertigung von Gewalt aus christlichen Motiven, die der Soldat Christi verkörpert, fand Unterstützung in dem Bild von heiligen, ritterlichen Kriegern. Dieses Ideal wurde allerdings von vielen Rittern missachtet und Ritter wie Robert le Diable, Guy of Warwick oder Fulk Fitzwarin, die kämpften, ohne die Gesetze zu beachten, wurden verherrlicht. Man pries ihre kriegerischen Fähigkeiten, zugleich aber auch die und ritterliche Vollkommenheit von Kriegern, wie dem Heiligen Georg.

▲ *Kreuzritter in einer Schlacht.*

◀ *Im Mittelalter deuteten Christen den Sieg des Heiligen Georg über den Drachen als den Sieg christlicher Ritterlichkeit über Sündhaftigkeit und falschen Glauben.*

DER IDEALE CHRISTLICHE RITTER

DER HEILIGE GEORG

Der heilige Georg wurde im Mittelalter als Vorbild christlicher Ritterlichkeit verehrt. Die Vorstellung von einem vollkommenen, heiligen Krieger hat ihren Ursprung zum Teil in der östlichen orthodoxen Kirche. Sie stellt ihn seit dem 7. Jh. als Beispiel eines Soldaten dar, das Meinung und Einstellung der Kreuzritter sehr beeinflusst hat.

Georg war ein bedeutender Märtyrer des 3. Jhs., der angeblich in Lydda (dem heutigen Lod in Israel) gestorben ist. Über sein Leben ist nichts Genaues bekannt, aber seine Geschichte wird seit dem 6. Jh. verbreitet und ist im Westen seit dem 8. Jh. bekannt. Die Ritter des ersten Kreuzzuges machten seinen Namen und die damit verbundenen Taten überall bekannt.

VON DIOKLETIAN ZUM MÄRTYRER GEMACHT

In seiner Hagiografie ist Georg der Sohn eines Offiziers der römischen Armee aus Kappadokien (eine antike Region, die heute zur Türkei gehört) und einer Mutter aus Lydda. Beide waren Christen. Georg war ein exzellenter Soldat und stieg zum persönlichen Leibwächter des Kaisers Diokletian auf.

Der Kaiser soll im Jahr 303 eine große Christenverfolgung angeordnet haben. Georg gab sich ihm als Christ zu erkennen und weigerte sich, an der Verfolgung seiner Glaubensbrüder teilzunehmen. Er wurde brutal gefoltert. Schließlich wurde er am 23. April 303 in Nikodemia geköpft. Im Sterben widmete er Christus seine Seele. Sein Beispiel bekehrte Kaiserin Alexandra und den Priester Athanasius, die beide Christen wurden und dafür ebenfalls hingerichtet wurden. Einer Erzählung zufolge konvertierten etwa 1000 römische Soldaten zum Christentum und mussten dafür sterben. Georgs Leichnam wurde in Lydda, dem Geburtsort seiner Mutter, beerdigt.

Eine Kirche, die während der Regierungszeit des ersten christlichen Kaisers, Konstantin I., erbaut wurde, ist wahrscheinlich ihm gewidmet. Sie wurde mit der Zeit zu einem bedeutenden Pilgerort. Die Kirche wurde 1010 zum ersten Mal völlig zerstört und von den Kreuzrittern schon bald wieder aufgebaut. Während des dritten Kreuzzugs zerstörte die brutale Armee des islamischen Generals Saladin das Gebäude dann noch einmal. Im Laufe des 19. Jhs. wurde es schließlich zum zweiten Mal aufgebaut.

▼ *Als Georg sich weigerte, Christen zu verfolgen, und sich zum Christentum bekannte, ließen ihn die römischen Herrscher vor den Stadtmauern Nikodemias hinrichten.*

GEORG UND DER DRACHE

Die Geschichte vom heiligen Georg und dem Drachen stammt ursprünglich aus dem Osten. Die Kreuzritter haben sie bei ihrer Rückkehr in den Westen mitgebracht. In Europa wurde sie dann den Bräuchen mittelalterlichen Ritterlebens angepasst. Georg reitet demnach ein weißes Pferd und tötet den Drachen mit gezogener Lanze wie ein Ritter in einem Turnier oder ein Kreuzritter in der Schlacht. Die Geschichte ist Teil der sehr beliebten „Legenda Sanctorum“ oder „Legenda Aurea“, einer Legendensammlung von Jakobus de Voragine über die Heiligen. Jakobus war der Erzbischof von Genua.

Die Bewohner von „Silene" (vielleicht Kyrene in Lybien), in einigen Ausgaben auch von Georgs Heimatstadt Lydda, wurden von einem Drachen terrorisiert, der an einer Wasserquelle (oder auch an einem See) hauste. Um an das Wasser zu kommen, mussten sie ihn mit Tieren oder mit einer Jungfrau ablenken. Die Jungfrau wurde unter den Dorfbewohnern durch Losverfahren ausgewählt.

Eines Tages fiel das Los auf die Prinzessin. Und obwohl der König seinen ganzen Besitz für das Leben seiner Tochter hergeben wollte, war das Volk nicht damit einverstanden, auf das Opfer zu verzichten. Also wurde sie zum Drachen gebracht. Doch bevor sie dem Drachen zum Opfer fiel, erschien Georg auf seinem weißen Ross. Die Prinzessin wollte ihn fortschicken, aber Georg blieb und bereitete sich wie ein guter Christ auf den Kampf mit dem Drachen vor. Er bekreuzigte sich, bevor er auf den Drachen zuritt und ihn schwer verletzte. An den Gürtel der Prinzessin gekettet, führte er den Drachen in die Stadt und tötete ihn vor den Augen der furchtsamen Menschen. Die Stadtbewohner waren Georg dankbar dafür, dass sie die Bedrohung durch den Drachen nicht mehr fürchten mussten. Sie wandten sich von ihrem heidnischen Glauben ab und wurden Christen.

▲ *Georg repräsentiert die Kirche und die Ritter, die sie unterstützen. Er rettet die Unschuld in Gestalt der Prinzessin. Dieses Fresko entstand 1350 in Verona, Italien.*

▼ *Der Georgs-Kult wurde in der Ostkirche gepflegt. Ein Künstler der Nowgorod-Schule hat diese Ikone 1150 gemalt.*

In allen mittelalterlichen Romanzen wird Georgs Lanze Aschkelon genannt, nach der Stadt Aschkelon im heutigen Israel. In dieser Stadt fand die entscheidende Schlacht des ersten Kreuzzuges statt. Die Kreuzritter hatten Jerusalem eingenommen und stießen nun in der Schlacht von Aschkelon am 12. August 1099 auf die zur Unterstützung gedachte Armee Fatimids von Ägypten.

Die Geschichte vom Drachenkampf stammt aus der Antike und hat möglicherweise ihren Ursprung bei indoeuropäischen Stämmen, die von Zentralasien bis nach Indien, Griechenland und Westeuropa gewandert sind. Sie findet sich in den Mythen des antiken Nahen Ostens (bei den Hethitern), im antiken Indien und im antiken Griechenland.

DER SCHUTZHEILIGE

Im 14. Jh. war der heilige Georg der eigentliche Schutzheilige der Ritterschaft. König Edward III. von England ernannte ihn 1348 zum Patron seines neuen Ritterordens, dem Hosenbandorden. Unter Edwards Regierung wurde Georg zum Schutzpatron Englands und ersetzte den Heiligen Edmund. Während der Regierungszeit König Heinrichs V. (1413–1422) wurde der St.-Georgs-Tag zum nationalen Feiertag. Georg ist zum Patron sehr vieler Länder geworden, u. a. von Griechenland, Montenegro, Georgien, Russland und Palästina. Hinzu kommen Städte wie etwa Beirut und Moskau.

SCHUTZHEILIGE IM KRIEG

HEILIGE ALS RITTERLICHE KRIEGER

◀ *Der heilige Jakob ist der Schutzheilige Spaniens. Hier ist er mit dem heiligen Judas und dem heiligen Simon abgebildet. Alle drei gehörten zu den zwölf Aposteln Jesu.*

Kreuzritter berichteten, die Schutzheiligen Georg, Demetrius und Mauritius wären bei der Schlacht von Antiochia im Juni 1098 unter ihnen gewesen. (Der heilige Demetrius und der heilige Mauritius wurden wie Georg zu Märtyrern bei der Christenverfolgung im Römischen Reich.) Der Konflikt in Antiochia entstand in einer Zeit vorherrschender religiöser Perspektive. Kurz vor deren Zuspitzung hatte ein Mönch namens Peter Bartholomäus behauptet, den heiligen Andreas gesehen zu haben. Dieser hatte angeblich berichtet, die heilige Lanze, mit der Christus am Kreuz verletzt wurde, wäre in Antiochia vergraben. Sie soll auch tatsächlich dort gefunden worden sein. Der Heilige sei noch ein zweites Mal erschienen und habe den Kreuzrittern dringend geraten, fünf Tage eisern zu fasten, um sich den Sieg damit zu sichern.

Die Schlacht war schnell gewonnen und die Heiligen, insbesondere Georg, waren eng mit dem ersten Kreuzzug verbunden. König Richard I. von England erklärte den heiligen Georg während des dritten Kreuzzugs in Palästina zum Schutzheiligen seiner Armee. Etwa zur gleichen Zeit wurde das Banner des heiligen Georg (rotes Kreuz auf weißem Hintergrund) Teil der Kleidung englischer Soldaten.

DER HEILIGE ANDREAS UND DIE SCHOTTISCHE TRADITION

Der heilige Andreas wurde im 10. Jh. zum Schutzpatron Schottlands. In der Bibel ist Andreas ein Fischer am See Genezareth und der Bruder von Simon Petrus, dem ersten Papst. Er wurde an einem diagonalen Kreuz (wie das Andreaskreuz auf der schottischen Flagge) zu Tode gequält. Das Kreuz hatte auf Andreas' eigenen Wunsch hin diese Form. Er hielt sich nicht für würdig, an einem Kreuz zu hängen, das mit dem identisch wäre, an dem Christus starb. Der schottischen Sage nach wurden seine Reliquien unter Gottes Führung von Konstantinopel nach Schottland gebracht. Eine Geschichte erzählt, der piktische König Ongus (wahrscheinlich Oengus mac Fergus von den Pikten, 729–761) habe den heiligen Andreas vorbeiziehen sehen, als er gegen die Engländer kämpfte. Daraufhin habe er behauptet, der Heilige bewache die Schlacht und werde Schottland zum Sieg führen.

GESCHICHTEN ÜBER DEN HEILIGEN GEORG

Es gibt viele Geschichten und romanhafte Erzählungen, die den Heiligen als ritterlichen Krieger beschreiben. Der englische Roman „The Famous History of the Seven Champions of Christendom“ (Geschichte von den sieben Verfechtern der Christenheit)

▼ *Geschwächt durch Hunger, aber stark im Glauben, schlagen die Kreuzritter eine große Armee in Antiochia. Sie sind den Heiligen, die sie begleitet haben, dankbar.*

▲ *Andreas, Schutzheiliger Schottlands, wird mit vielen kriegerischen Aktionen in Verbindung gebracht. Nach dem Johannes-Evangelium ist er ein Anhänger Johannes des Täufers.*

aus dem Jahr 1596 lobt die legendären Leistungen der Schutzpatrone Wales', Irlands, Schottlands, Italiens, Frankreichs und Spaniens. Geschrieben wurde er gegen Ende des Ritterzeitalters vom englischen Autor Richard Johnson. Er blieb in der Tradition von Geschichten über Heilige, die als tapfere Ritter gegen große Armeen von Heiden antreten und hinausreiten, um Hofdamen zu retten, verhaftet. In Johnsons Roman ist der heilige Georg Sohn des Hochrichters von England. Er kam auf die Welt, nachdem seine Mutter geträumt hatte, sie werde einen Drachen gebären. Bei seiner Geburt soll ein rotes Kreuz auf seiner Hand und die Abbildung eines Drachens auf seiner Brust gewesen sein.

Wie schon viele Ritter vor ihm, wird er von einer märchenhaften Gestalt im Wald aufgezogen. Als er älter ist, stattet die Dame ihn ritterlich aus. Er bekommt eine Rüstung aus Libyen, in der sich das Licht des Himmels spiegelt, ein Pferd namens Bayard (so hieß auch das Pferd des karolingischen Helden Renaud von Montauban) und ein Schwert namens Ascalon, das von griechischen Zyklopen stammt. Die Dame zeigt ihm schließlich ein verzaubertes Schloss im Wald, in dem sie sechs andere Schutzheilige gefangenhält. Darunter sind der heilige Denis aus Frankreich, der heilige Jakob von Spanien, der heilige Antonius von Italien, der heilige Andreas von Schottland, der heilige Patrick von Irland sowie der heilige David von Wales. Georg kann die Dame überwältigen und sie in einem Felsen gefangensetzen. Er befreit die Gefangenen und sie bestehen viele Abenteuer.

Georg reist nach Ägypten und tötet dort einen silbernen Drachen. Damit rettet er Sabra, die Tochter des Königs Ptolemaios. Sie wäre das nächste Opfer des Drachens gewesen. Sabra verliebt sich in Georg, was ihren Verehrer König Almidor von Marokko verärgert. Der plant eine Verschwörung gegen Georg und schickt ihn mit einem Brief zum Sultan von Persien. Ahnungslos trägt Georg sein eigenes Todesurteil mit sich. In dem Brief wird er als Feind des Islam bezeichnet. Man bringt ihn ins Gefängnis, doch am Tag seiner Hinrichtung kann er seine Geiselnahme im Stil Richards I. überwinden. Zwei Löwen werden zu ihm geschickt. Er hat die Kraft, ihnen mit seinen Händen das Herz aus dem Leib zu reißen. Daraufhin wird das Todesurteil in sieben Jahre Gefängnis abgemildert.

▼ *Nach der Überlieferung hat der heilige Georg die Prinzessin, die er vor dem Drachen gerettet hatte, geheiratet.*

DURCH ZAUBEREI ERLEDIGT

Georg kann fliehen und trifft wieder auf die sechs Schutzheiligen. Er schickt fünf von ihnen nach Persien, um den Sultan und seine Sarazenen-Armee zu schlagen. Dies gelingt ihnen nach einem fünftägigen Kampf. Schließlich werden sie alle Opfer einer Zauberin, die einen schillernden Pavillon und einen Harem schöner Frauen bereithält, mit denen sie die Heiligen in den Pavillon lockt.

An dieser Stelle tritt der heilige Georg auf. Er ist der Einzige, der die Zauberin durchschaut. Er zerstört den Pavillon und befreit die Heiligen ein zweites Mal. Darauf folgt ein zweiter Kampf gegen die Heiden aus Persien, in dem 200 000 Feinde des christlichen Glaubens umkommen.

Georg ordnet Kreuzzüge mit politischen Zielen an. Er wird zum Herrscher über Persien und teilt das übrige eroberte Land unter den Schutzheiligen auf. Am Ende kehren die Schutzheiligen nach Europa zurück und es gelingt ihnen, viele Menschen vom christlichen Glauben zu überzeugen.

HEILIGER KRIEGER

DER NORMANNISCHE RITTER ROBERT GUISCARD

Der normannische Ritter Robert Guiscard war im 11. Jh. als heiliger Krieger berühmt. Er kämpfte für das Papsttum in Italien und Sizilien gegen die byzantinischen Griechen und Sarazenen. Der italienische Dichter Dante Alighieri pries ihn in dem Gedicht „La Divina Commedia“ (Die Göttliche Komödie) von 1310–1314 als einen der größten christlichen Krieger. Ihm wurde sogar ein Platz im „Himmel des Mars“ zugestanden, eine Ehre, die nur denen zuteil wurde, die im heiligen Kampf unsterblichen Ruhm erlangt hatten (siehe Kasten).

▲ Papst Gregor VII. verließ sich in seinem Streit mit Heinrich IV., dem Herrscher über das Heilige Römische Reich, auf Guiscard.

RITTER DES GLÜCKS

Robert war der sechste Sohn des Normannen Tankred von Hauteville, einem Adligen aus der Normandie. Er ging 1047 nach Italien, um sein Glück zu suchen. Seine älteren Brüder Wilhelm Eisenarm, Drogo und Humfred hatten sich schon in Italien niedergelassen. Sie kämpften für die lombardischen Prinzen gegen die Griechen des byzantinischen Reiches. Der Sage nach nahm Robert nur fünf Ritter und 30 Fußsoldaten aus der Normandie mit. Am Anfang erhielt er keine Hilfe von seinen Brüdern und wurde Anführer einer Gruppe von Räubern.

STARK UND RAFFINIERT

Laut eines Berichts der byzantinischen Prinzessin Anna Comnena (1083–1153) war Robert ein Mann von außerordentlicher körperlicher Präsenz. Er war größer als seine Altersgenossen, breitschultrig, hatte ein rötliches Gesicht, flachsfarbenes Haar und eine Stimme, die Menschen Angst einflößen konnte. In seinen Augen brannte ein unbeugsamer Geist, der sich niemandem unterwerfen würde. (Am Ende seiner Karriere war Robert ein gefürchteter Gegner von Anna Comnenas Vater Alexius Comnenus.)

◀ Darstellung des byzantinischen Herrschers Alexius II. Comnenus (Regierungszeit 1180–1183), Sohn von Kaiser Johannes Comnenus und Kaiserin Irene, in der Hagia Sophia.

Robert war außerdem sehr gerissen. Der Name Guiscard ist eine alte Form des altfranzösischen Wortes „viscart“, das so viel wie „gerissen“ oder „schlau wie ein Fuchs“ bedeutet. Der normannische Chronist Wilhelm von Apulien lobte Guiscards Taten in dem Gedicht „Die Taten des Robert Guiscard“ von 1096–1099.

FURCHT IM KAMPF

Robert machte sich einen Namen im Kampf gegen die päpstliche Armee in der Schlacht von Civitate in Süditalien von 1053. Der Papst versuchte zu dieser Zeit, die Normannen aus Italien zu verdrängen. Wilhelm von Apulien berichtete, Robert sei während der Schlacht dreimal von seinem Pferd geworfen worden und dreimal wieder aufgestiegen. Das war eine außergewöhnliche Leistung, bedenkt man das Gewicht der Rüstung, die er trug, und das Chaos des Schlachtfeldes, was eine enorme Kraft und viel Glück verlangte.

VERBÜNDETER DES PAPSTES

Schließlich machte der Papst die Normannen zu seinen Verbündeten. 1059 setzte Papst Nikolas II. (1059–1061) Guiscard als Herzog von Apulien, Kalabrien und Sizilien ein. Guiscard ernannte sich selbst zu einem

▲ *Guiscard war Anführer der normannischen Armee, die das Heer Papst Leos IX. in der Schlacht von Civitate besiegte.*

feudalen Vasallen des Papstes in diesen Ländern. Allerdings bedurfte es in den folgenden 20 Jahren noch Eroberungen, um diesen Titel zu rechtfertigen. Kalabrien war zum größten Teil unter der Herrschaft der byzantinischen Griechen, Sizilien hauptsächlich in muslimischer Hand. Guiscard und sein Bruder Roger konnten in der Zeit von 1059–1060 die byzantinischen Standorte Cariati, Rossano, Geraco und Reggio einnehmen. Dann kehrten sie nach Apulien zurück und vertrieben eine byzantinische Armee, bevor diese Sizilien einnehmen konnte. So brachten sie die Insel nach und nach unter ihre Kontrolle.

Auf dem Festland besetzte Guiscard 1068–1071 Bari, die Hauptstadt des byzantinischen Reiches in Italien. Mit dem Sieg am 16. April 1071 vertrieb er die Byzantiner endgültig aus Süditalien. 1072 nahm er Palermo ein und wurde auch noch Herrscher über Sizilien.

HERRSCHER ÜBER SÜDITALIEN

Guiscard machte es sich zur Aufgabe, seine Siege und das damit gewonnene Territorium zu festigen. Er war mit einigen Aufständen normannischer Adliger, die er als Vasallen eingesetzt hatte, konfrontiert, die bis 1073 alle niedergeschlagen waren. Er hatte seine Macht derartig ausgeweitet, dass Papst Gregor VII. ihn wegen einiger Angriffe auf päpstliches Territorium exkommunizierte. Ende der 1070er hatten sie sich wieder ausgesöhnt. Guiscard hatte ganz Süditalien, außer dem unabhängigen, normannischen Fürstentum Capua und der Stadt Neapel, unter seine Kontrolle gebracht.

ANGRIFF AUF DAS BYZANTINISCHE REICH

1081 machte sich Guiscard (im Alter von 64 Jahren) auf, Herrscher über das byzantinische Reich zu werden. In diesem Jahr besetzte er Korfu und im Oktober schlug er den byzantinischen Herrscher Alexius in der Schlacht von Dyrrhachium bei Durazzo. Diese Schlacht zwischen den größten Kriegern ihrer Zeit wurde legendär.

Guiscard hätte Herrscher über das byzantinische Reich werden können. Doch als er Durazzo eingenommen hatte und der Weg nach Konstantinopel offenstand, rief ihn Papst Gregor VII. zu Hilfe. Der Papst wurde auf Schloss Sant' Angelo in Rom vom Kaiser des Heiligen Römischen Reiches Heinrich IV. belagert, der sich mit Alexius verbündet hatte.

Guiscard gelang es, die Belagerung aufzuheben und den Papst in Sicherheit zu bringen. Seinen Angriff auf das byzantinische Reich wiederholte er 1084. Er besetzte Korfu, doch am 17. Juli 1085 starb er auf der Ionischen Insel Kefalonia an Fieber.

Nach seinem Tod wurde Guiscard dafür geehrt, die kirchlichen Reformen Papst Gregors VII. gegenüber Heinrich IV. verteidigt und ein normannisches Königreich in Italien gegründet zu haben. Er war der typische Fall eines jüngeren Sohnes, der gezwungen wurde, eigene Wege zu gehen.

KRIEGER FÜR DEN GLAUBEN IM HIMMEL DES MARS

Der italienische Dichter Dante beschreibt den Himmel des Mars in seinem Werk „Die Göttliche Komödie“ als den fünften von neun Himmeln. Dieses Werk gehört zu den größten literarischen Werken des Mittelalters.

Der Himmel gehörte den Märtyrern, Bekennenden und Soldaten. Die biblischen Krieger Josua und Judas Makkabäus erschienen dem Dichter unter den „Kriegern für den Glauben“ in diesem Himmel, wie auch Karl der Große, Roland und Wilhelm von Orange. Außerdem wird noch der berühmte Kreuzfahrer Gottfried von Bouillon erwähnt.

Dante preist auch Guiscard in dem Abschnitt über die Hölle. Hier beschreibt er eine verwüstete Landschaft, in der die Geister bis weit hinaus zum Horizont reichten. Es ist das Bild, das Guiscards Feinde abgeben, nachdem sie von der vollen Kraft seiner kriegerischen Energie getroffen wurden.

▼ *Beatrice führt den Dichter Dante in „Die Göttliche Komödie“ durch den Himmel. Das Paar (links) beobachtet die acht Heiligen Krieger (rechts).*

GEÄCHTETE RITTER

HEREWARD DER WACHSAME UND EDRIC VON SHREWSBURY

Neben den Geschichten über ritterliche Heilige und biblische Krieger, über die Paladine Karls des Großen, über König Artus' Gefolge und über die Kreuzritter gibt es unter den mittelalterlichen Prosatexten auch Sagen über geächtete Ritter. In England hat diese Sagentradition ihre Wurzeln in beliebten Erzählungen über sächsische und britische Krieger im Kampf gegen die Invasion der Normannen im 11. Jh.

Bekannt unter den Sachsen, den Gegnern der Normannen, waren Hereward und Edric. Hereward war ein Edelmann aus Lincolnshire, der den Widerstand gegen König Wilhelm I. von England anführte. Sein Standort war Ely mitten im tückischen Sumpfgebiet. Am Ende musste er sich der normannischen Kriegsmaschinerie ergeben. Er war Thema einer sehr beliebten Tradition, die besonders in den „Deeds of Hereward" (Die Taten des Hereward) von „Ingulp of Crowland" aus dem 15. Jh. zelebriert wurde. Crowland war Abt des Benediktinerklosters in Croyland.

GRUNDBESITZER IN LINCOLNSHIRE

Im „Domesday Survey" ist Hereward ein Grundbesitzer. Die angelsächsische Chronik erwähnt ihn für das Jahr 1070 als Anführer eines Angriffs auf die Abtei in Peterborough. Der Angriff war ein Protest gegen die Ernennung eines Normannen namens Turold zum Abt des Klosters. Später soll er sich nach Ely zurückgezogen und den Angriffen der Normannen ein Jahr standgehalten haben. Als der Stützpunkt der Rebellen fiel, soll er geflüchtet sein.

▼ Hereward wird für seinen Widerstand gegen die Normannen gepriesen. Sein Beiname soll „der Wachsame" bedeuten.

▲ Einigen Berichten zufolge war Hereward der Sohn von Leofric, Graf von Mercien, und seiner Frau Godiva. Godiva soll nackt durch Coventry geritten sein, damit ihr Mann seinen Pächtern einen Zoll erlässt.

HÖFISCHE ABENTEUER

In der Legende ist Hereward die Figur aus einer höfischen Romanze. Er soll recht unkontrolliert und launenhaft gewesen sein und seinem Vater so viel Ärger bereitet haben, dass dieser ihn von seinem Grundstück jagte. Darauf erlebte Hereward verschiedene Abenteuer. Er jagte und tötete einen Bären in Schottland, befreite eine Edelfrau aus der Gewalt eines Riesen in Cornwall und kämpfte in Irland. Schließlich reiste er nach Flandern, wo er nach kurzer Zeit im Gefängnis seine spätere Frau Tulfrida kennenlernte.

RITTER IN FLANDERN

Vermutlich haben diese Abenteuer eine historische Grundlage. Hereward scheint gegen König Edward den Bekenner rebelliert zu haben. Er war gegen die enge Verbindung des Königs zu den Normannen und wurde aus England verbannt. Im Exil fand er eine Aufgabe als Söldner in den Diensten von Balduin V., Graf von Flandern. Während seines dortigen Aufenthalts lernte er alles über das Rittertum. Der Sage nach kehrte er 1068 nach England zurück. Er musste entdecken, dass die Normannen den Besitz seines Vaters übernommen, seinen Bruder getötet und dessen Kopf am Eingangstor zum Familienbesitz zur Schau gestellt hatten. Von diesem Moment an bekämpfte Hereward die Normannen. Er tötete den Mörder seines Bruders und sammelte Rebellen um sich. Doch die Armee der Normannen besiegte sie in Ely.

► *Wilhelm schlägt den angelsächsischen König Harold. Diese Illustration entstand zwischen 1280 und 1300.*

STURM AUF ELY

Die Normannen versuchten zunächst, frontal auf einem Holzweg über den Sumpf anzugreifen. Aber der Damm brach zusammen und viele Ritter und wertvolles Material gingen verloren. Danach versuchten die Normannen, die Rebellen durch Zauberei zu besiegen. Wilhelm ließ eine Hexe kommen, die versprach, die Sachsen mit einem Zauberspruch zu entwaffnen.

Hereward sollte herausfinden, was die Normannen planten, und besuchte in Verkleidung eines wandernden Töpfers das Lager. Hier erfuhr er von den Plänen der Hexe. Man entdeckte ihn, denn seine Verkleidung war nicht überzeugend. Nach einem kurzen Kampf jedoch gelang es ihm zu fliehen. Auf dem Weg ins sichere Sumpfgebiet demütigte er einen normannischen Edelmann. Er entwaffnete ihn und ließ ihn mit der Botschaft zurück, seine Gefährten hätten die Gelegenheit verpasst, Hereward persönlich gefangenzunehmen. Hereward und seine Gefährten legten im Marschland ein Feuer und vereitelten damit einen weiteren Angriff der Normannen. Die Flammen vertrieben die Belagerer in alle Richtungen und die Hexe brach sich in der Panik das Genick. Schließlich erreichten die Normannen doch ihre Insel und die Mönche der Abtei von Ely zeigten den Angreifern einen sicheren Weg durchs Marschland. Hereward und seine Männer aber waren gewarnt und konnten mit ihren Booten im Nebel verschwinden.

In einer Version der Sage vergibt Wilhelm Hereward wegen seiner herausragenden Kriegskünste und erstattet ihm seine Ländereien zurück. Nach einer anderen Fassung wird Hereward von den Normannen aufgespürt und getötet.

DIE WILDE JAGD

Hereward und Edric sollen in der „wilden Jagd", einem Ansturm von Jägern, Pferden und Hunden, die Feen oder Geister des Todes gewesen sein sollen, geritten sein. Sie wurden manchmal durch den Wald jagend oder am Himmel gesehen. Wenn die wilde Jagd gesehen wurde, stand eine Katastrophe bevor. In den verschiedensten Traditionen in Europa werden die großen Figuren der Ritterlichkeit an der Spitze dieser Jagd gesehen. Dazu gehören Karl der Große, Roland, König Artus und Dietrich von Bern, der germanische Heldenkönig. „Herne, der Jäger" war ein weiterer Anführer der Jagd. Der Sage nach war er ein Jäger im Park von Windsor. Er soll König Richard II. das Leben gerettet haben. Danach soll er wahnsinnig geworden sein und sich das Leben genommen haben.

DER WILDE EDRIC

Einem anderen Gegner Wilhelms I. wurde in der Sage „Der wilde Edric" ein Denkmal gesetzt. Edric war ein Aristokrat aus Mercien und soll der Graf von Shrewsbury gewesen sein. Bekannt war er mit seinem lateinischen Namen Edric Sylvaticus (Edric der Wälder). Er führte bevorzugt Guerillaangriffe aus dem Wald und besiegte die Normannen an der Grenze zwischen England und Wales zwischen 1067–1070. Die angelsächsische Chronik berichtet, er habe die normannische Garnison 1067 bei Herford mit einer Gruppe walisischer Verbündeter bezwungen. König Wilhelm soll ihn 1069 bei Shrewsbury geschlagen haben. Er eignete sich das Land gewaltsam an und gab es an normannische Adlige, zum Beispiel an Ranulph de Mortimer oder William Fitz Osbern.

In den Geschichten über den Wilden Edric verirrt er sich während der Jagd im Wald und nimmt sich eine Fee zur Braut. Wie bei vielen anderen Rittern auch, entzieht sich ihm die Dame aus der anderen Welt, weil er ein Versprechen nicht einhält. In diesem Fall darf er ihre Herkunft nicht verraten. In Shropshire wurde Edric als Kriegsanführer in Notzeiten gefeiert. Er soll in den örtlichen Bleiminen gelebt haben und jederzeit bereit gewesen sein, sich für sein Land einzusetzen.

DIE GEISSEL DER WIKINGER

GUY VON WARWICK

Der legendäre Guy von Warwick ist vom 13. bis zum 17. Jh. ein Held englischer und französischer Ritterromane. Er wird als Gegner der Wikinger gefeiert, als Botschafter der Ritterlichkeit und als Besieger von Monstern sowie als Ausbund christlicher Tugend. Im Heiligen Land besiegte er unzählige Sarazenen, bis er sich schließlich als Einsiedler zur Ruhe setzte. Seine Geschichte, die wahrscheinlich für die normannischen Grafen von Warwick geschrieben wurde, ist eines der besten Beispiele für „Ahnen-Romane", die den Aufstieg von Adelsfamilien im Mittelalter verherrlichten.

Die älteste Version der Geschichte ist wahrscheinlich eine französische Erzählung aus dem 12. Jh. Sie wurde dann in die englische und anglo-normannische Sprache übertragen.

Das älteste erhaltene Manuskript ist das Werk „Gui de Warewic" aus dem 13. Jh. Die älteste englische Version datiert auf das Jahr 1300. Das entscheidende Ereignis in der Legende ist der schnelle Sieg über den dänischen Krieger Kolbrand. Dieser Sieg soll König Athelstan von England gerettet haben, dessen Hauptstadt Winchester von einer Armee der Wikinger belagert wurde. Die Armee wurde gemeinsam von den beiden Königen Anlaf und Gonelaph angeführt.

Die historische Grundlage für diese Darstellung mag die Belagerung Südenglands durch dänische Truppen im Jahr 993 sein. Winchester war allerdings eher durch Bestechungsgelder als durch einen Sieg der Engländer gerettet worden.

EIN AUSBUND AN RITTERLICHKEIT

Überlieferte Versionen des Warwick-Romans wurden wahrscheinlich von Mönchen ergänzt. Sie enthalten eine Fülle religiöser Elemente. Die Guy-Legende war über Jahrhunderte hinweg sehr beliebt. Im 16. Jh. war sein Ruf als großer, christlicher Ritter auf dem Höhepunkt angelangt und er wurde in die Liste der „Neun Helden" aufgenommen.

Der Sage nach soll Guy der Sohn eines Bediensteten des Grafen von Warwick gewesen sein, der sich in dessen Tochter Felice verliebt hatte. Er wurde zum Ritter erzogen und musste, um sich Felices als würdig zu erweisen, zunächst einige Abenteuer bestehen.

Er kämpfte in verschiedenen Turnieren in Frankreich und Deutschland und befreite die Tochter des deutschen Kaisers, die als Geisel genommen worden war. Er erlegte einen Drachen und kämpfte in Konstantinopel gegen die Sarazenen. Im Anschluss besiegte er den Sarazenen Koldran, tötete den König von Tyrus und den Sultan von Konstantinopel.

▲ *König Athelstan kniet vor dem zum Bettler gewordenen Krieger. Athelstan war der erste König, der über ganz England herrschte.*

Zurück in Warwick wurde er als großer, christlicher Ritter und als Bezwinger der Feinde des christlichen Glaubens willkommen geheißen – in jeder Hinsicht Grund genug für Felice, schließlich doch noch seine Frau zu werden.

DER REUIGE RITTER

Bereits kurz nach seiner Hochzeit hatte Guy eine Vision von Christus, der ihn zur Buße auf eine Reise schickt. Guy machte sich also schon bald auf zu einer Pilgerreise in das Heilige Land.

In Erinnerung an das Schicksal von Laudine, der Frau des Artus-Ritters Iwein, die von ihrem Mann auf seinen Reisen vergessen wurde, gab Felice ihrem Mann einen Ring mit, der ihn an sie erinnern sollte. Er trug den Ring während seiner Pilgerreise, auf der er Außergewöhnliches, wie z. B. Auseinandersetzungen mit Riesen, erleben sollte.

▼ *Die Erzählungen über Guy von Warwick wurden vor allem wegen der Siege über die dänischen Invasoren berühmt.*

▲ *In dieser Schrift (1477–85) wird den Adligen und Grafen von Warwick gedacht. John Rous, Priester in der Kapelle bei Guys Felsen (Guy's Cliffe), hat sie geschrieben.*

Wieder zurück in Warwick, bezwang er eine gefährliche Kuh und einen Keiler im Windsor Park. In Northumberland besiegte er eine Schlange.

Nach diesen Heldentaten überwand er noch den Dänen Kolbrand, der Winchester besetzt hielt. Diese Ereignisse sollen im England des 9. Jhs. unter der Regierung von König Athelstan stattgefunden haben. Die Schlacht gegen Kolbrand soll am Benediktinerkloster in Hyde ausgefochten worden sein. (Das Kloster wurde von Heinrich VIII. in der Mitte des 16. Jhs. zerstört.)

DER AHNEN-ROMAN

Die Guy-Sage ist ein Beispiel für einen sogenannten „Ahnen-Roman". Sie beschreibt den Aufstieg einer adligen Familie, in diesem Fall der Grafen von Warwick. Die Gedichte beschreiben den sozialen Aufstieg der Familie mitsamt ihren kriegerischen Anstrengungen, die sie unternimmt, um Felice ebenbürtig zu werden. Ein anderes Beispiel für diese Form des Romans ist die sogenannte „Lusignan-Saga", welche die Familiengeschichte des Wassergeistes Melusine begründet. Die ältesten Überlieferungen des Melusinenstoffes stammen aus dem 12. Jh.

DAS LEBEN ALS EINSIEDLER

Guys Sieg über Kolbrand machte ihm König Athelstan ergeben. Der Ritter kehrte unerkannt nach Warwick zurück, um hier als Einsiedler zu leben. Er besuchte seine Frau täglich und bat in Lumpen gekleidet um Almosen.

Als er seinen Tod schließlich näherrücken spürte, schickte er Felice den Ring zurück, um sie wissen zu lassen, was mit ihrem Mann geschehen war. Sie erkannte das Zeichen und begleitete ihn die restlichen Tage seines Lebens.

GUYS FELSEN

Die Erinnerung an Guy wurde in Warwick voller Stolz gefeiert. Seine Einsiedelei soll sich zwischen den Felsen über dem Avon außerhalb der Stadt befunden haben. 1394 wurde das Warwick Castle um einen Turm, der seinen Namen trägt, erweitert.

Gegenstände, die an ihn erinnern, z. B. sein Schwert, wurden hier gesammelt. Richard de Beauchamp, 13. Graf von Warwick, errichtete 1423 eine Kapelle mit einer Statue von Guy. Im 18. Jh. wurde hier noch ein Landhaus gebaut, von dem allerdings nur eine Ruine geblieben ist.

Seine Geschichte ist in England auch heute noch ein beliebter Sagenstoff. Immerhin kämpfte Guy mit Löwen, Drachen und dem dänischen Krieger Kolbrand.

▼ *Christus befahl Guy, mit einer Reise in das Heilige Land für seine Gewalttaten zu büßen. Diese Darstellung ist aus dem Athelstan Psalter (950) aus Winchester.*

RAUBRITTER

EUSTACH DER MÖNCH UND ROBERT DER TEUFEL

◄ *Die Geschichte vom normannischen Ritter Robert dem Teufel hat möglicherweise das Leben des Grafen Robert II. aus der Normandie zur Grundlage. Die Szene ist aus Giacomo Meyerbeers Oper „Robert" (1831).*

Einige legendäre Ritter wurden als Antihelden verehrt, weil sie ihre gemeinen Taten mit größter Energie verfolgten. Eine Geschichte erzählt von Eustach dem Mönch, einem geächteten Ritter, der mit schwarzer Magie arbeitete. Er wechselte die Seiten, wie es ihm passte, und brachte es als Kaufmann zur See zu einem beträchtlichen Vermögen. Ähnliche Geschichten kursierten über Robert den Teufel. In seinem Fall war die Bösartigkeit sinnvoll, weil sie ihm ein schlechtes Gewissen machte. Sein Leben endete in Buße und frommer Ritterlichkeit.

EUSTACH DER MÖNCH

Die Geschichte über Eustach den Mönch schrieb im 13. Jh. ein Autor namens Picardy. Sie basierte auf den Heldentaten eines Edelmannes aus Bologna. Nach historischer Überlieferung war Eustach ein Truchsess von Renaud de Dammartin, Graf von Bologna. Um 1204 wurde er wegen Untreue geächtet und sein gesamtes Land wurde konfisziert.

Er floh in den Wald und fuhr schließlich auf dem Ärmelkanal als Kaufmann zur See. Von 1205 bis 1212 arbeitete er für König Johann von England und führte eine Flotte von 30 Schiffen, mit der er die Küste der Normandie angriff. Mit Unterstützung des Königs konnte er die Kanalinsel Sark als Basis erobern.

1212 wechselte er die Seite und überfiel englische Häfen. 1215 unterstützte er den Aufstand rebellischer Barone gegen König Johann und verlor 1217 sein Leben. Er wollte Rebellen in England mit Nachschub versorgen, wurde von einer englischen Flotte eingeholt und geköpft.

Die Geschichte Eustachs kommt seinem wirklichen Leben sehr nahe. Erfunden zu sein scheint nur, dass er als junger Mann nach Toledo in Spanien ging und dort die schwarze Magie erlernt hat. Der Autor des Ritterromans behauptet auch, er habe als Benediktinermönch in Frankreich gelebt, bevor er kriminell und zum Söldner wurde. Sein frommes Leben habe er nur aufgegeben, um seinen Vater zu rächen.

Im Roman kommen einige Geschichten vor, in denen Eustach aus reinem Vergnügen oder aus Rache die schwarze Magie benutzt. Eine Geschichte berichtet, Eustach habe ein Schwein zum Leben erweckt, als ein Mönch sich weigerte, ihm Nahrung zu geben. Das Schwein soll in Gestalt einer alten, abscheulichen Frau im Refektorium herumgeflogen sein, sodass die Mönche vor Angst fast verrückt geworden seien und den Weg für Eustach freigemacht hätten. Der habe mit Genuss speisen können.

▼ *Der Roman über den bösartigen Ritter Robert den Teufel war im 16. Jh. noch sehr beliebt. Dies ist die Titelseite von „Das Schreckliche und Wunderbare Leben von Robert dem Teufel" von 1563.*

DIE BÖSARTIGKEIT VON ROBERT DEM TEUFEL

Die Sage von Robert dem Teufel erzählt die Geschichte von einem französischen Ritter, Sohn des Teufels, der dazu verdammt war, seine Kräfte ausschließlich in unmoralischen Schlachten einzusetzen.

Er soll nach Vergebung gesucht haben und seine Rettung als unerkannter Ritter im Kampf für Europa gegen die Sarazenen gefunden haben. Sein Name ist mit denen von König Wilhelm I. von England und dessen Vater Robert II., Herzog der Normandie, verbunden. Robert war als Robert der Teufel bekannt.

Herzog Robert II. der Normandie hatte den Ruf eines Bösewichts und den Spitznamen „Teufel" bekommen, weil er seinen Bruder Richard vergiftet hatte, um die Normandie für sich zu gewinnen. Beide Kinder, Wilhelm und Adelaide, waren unehelich. Ihre Mutter war Roberts Mätresse Herleva von Falaise.

Gegen Ende seines Lebens machte Robert Wilhelm zu seinem Erben in der Normandie und pilgerte ins Heilige Land. Nach der „Gesta Normanorum Ducum" (Die Taten der normannischen Grafen) von 1060, die Wilhelm von Jumièges verfasste, kam Robert bis nach Jerusalem, starb aber auf der Rückreise in Nizäa (dem heutigen Iznik in der Türkei) im Juli 1035.

Die älteste überlieferte Version schrieb der Dominikaner Stephan von Bourbon 1250 in lateinischer Sprache. Die Fassung ist im 13. Jh. als metrischer Roman auf Französisch neu geschrieben worden und war außerdem die Vorgabe für ein Mysterienspiel aus dem 14. Jh. Im späten 15. Jh. wurde es als gedruckte Fassung zunächst in Frankreich, später auch in England und Spanien äußerst populär.

KIND DES TEUFELS

Der Sage nach konnte Roberts Mutter keine Kinder bekommen. Sie bat den Teufel um Hilfe und wurde schließlich schwanger. Von seiner frühesten Jugend an war Robert ein außergewöhnlicher Ritter: hervorragend im Sattel, unschlagbar im Turnier. Alle anderen Ritter fürchteten ihn. Wegen seines Vaters, dem Teufel, konnte Robert seine Stärke nicht für gute Zwecke einsetzen. Er war so geplagt von seiner Bösartigkeit, dass er den Papst um Hilfe bat. Der Papst schickte ihn zu einem Einsiedler, der die außerordentliche Fähigkeit besaß, auch die bösen Werke des Teufels zu beherrschen. Der Einsiedler riet Robert zu einer Reihe von Bußetaten, die seinen Willen brechen sollten. Er musste geloben zu schweigen, Essen aus dem Maul eines Hundes holen und sich bemühen, Situationen herbeizuführen, in denen er sich selbst lächerlich machte und erniedrigte. Robert befolgte diesen Rat und fand schließlich seinen Seelenfrieden.

▼ *Nizäa, die Stadt, in der Robert starb, war bereits seit der Klassik ein sehr bedeutender Ort. 1097 wurde er zum Brennpunkt des Ersten Kreuzzuges.*

DER UNBEKANNTE RITTER

Zu diesem Zeitpunkt wurde die Stadt Rom von einer großen Sarazenen-Armee bedroht. Man erinnerte sich schnell an Roberts Furchtlosigkeit im Kampf und rief ihn, um der Christenstadt zu helfen.

Zunächst weigerte er sich, in den Sattel zu steigen, aber Gott schickte einen seiner Engel, der ihm die Notwendigkeit deutlich machte, Rom zu helfen. Robert machte sich also auf den Weg. Er ritt unerkannt und ohne besondere Ausrüstung in den Kampf. Dreimal konnte er die belagernden Sarazenen zurückdrängen.

Schließlich schaffte er es, seine Seele zu retten. Die Geschichte endet unterschiedlich. Er wird entweder mit der Hand der schönen Tochter des Herrschers über das römische Reich belohnt oder verlebt seine letzten Tage friedlich und in großer Frömmigkeit als Einsiedler.

RITTER DER WÄLDER

FULK FITZWARIN UND ROBIN HOOD

In einigen Sagen und Romangeschichten kämpften Ritter als Geächtete, weil man sie unberechtigterweise um ihren Besitz gebracht hatte. Sie wollten nicht mehr, als ihren rechtmäßigen Besitz zurückerobern. Einer von ihnen war Fulk Fitzwarin aus Shropshire, der aus den Wäldern heraus Überfälle startete.

DER HISTORISCHE FULK FITZWARIN

Die Taten Fulk Fitzwarins wurden in einem englischen Versroman, der nicht mehr existiert, beschrieben. Der Roman existiert allerdings noch als Zusammenfassung auf Französisch, Latein und Englisch. Die Berichte basieren auf dem Leben eines Grundbesitzers, der seinen Besitz in Whittington, Shropshire, durch einen Gerichtsentscheid verlor.

Er verbrachte drei Jahre als Gesetzloser im Wald, bis es 1203 zu einer königlichen Entschuldigung kam. Bis 1215 führte er das Leben eines Ritters, doch dann schloss er sich einer Revolte gegen König Johann an. In dieser Zeit verlor er seinen Besitz noch einmal, konnte ihn aber nach Johanns Tod 1216 wieder zurückgewinnen.

Die letzten Jahre bis zu seinem Tod in den 1250er-Jahren verbrachte er wieder auf seinen eigenen Besitztümern. Die Lebensgeschichte verbindet wahrscheinlich diejenige zweier Ritter, Vater und Sohn, mit gleichem Namen.

Der Roman beschreibt, wie Fulk nach dem Tod seines Vaters am königlichen Hof in Windsor Castle aufwächst. Über ein Schachspiel kommt es zu einem Streit mit dem künftigen König Johann. Johann, der verliert, stößt vor Wut das Brett um und schlägt Fulk auf den Mund. Fulk schlägt zurück, woraufhin Johann sich bei seinem Vater, König Heinrich, beschwert. Heinrich hält das Ganze wohl eher für eine Lapalie und will die Geschichten seines Sohns nicht hören, doch Johann wird diese Erniedrigung nie vergessen.

▲ *Weit entfernt von der Sicherheit des Hofes oder Schlosses waren Könige und große Herren leicht verwundbar. So wurde König Johann von Fulk Fitzwarin aufgelauert.*

GESETZLOSER IM WALD

Im Jahr 1200 rächte sich Johann für die Erniedrigung. Er nahm Fulk sein Land ab und übergab es einem rivalisierenden Adligen. Fulk schwor, einem solchen König nicht länger dienen zu wollen, und zog sich mit seinen Brüdern in die Wälder von Shropshire zurück. Er lebte von den Überfällen auf König Johanns Wagen und Soldaten. Im Stil eines echten Ritterromans erlebte er als Nächstes Abenteuer zu Wasser. Er verbrachte einige Jahre als Pirat auf dem Ärmelkanal, befreite die Tochter des Königs von Orkney und rettete den Graf von Karthago vor einem Drachen.

Zurück in England, hörte er davon, dass König Johann in Windsor Castle Hof hielt. Er reiste in den Wald von Windsor. Eines Tages – der König war auf der Jagd – verkleidete sich Fulk als Köhler und führte den König in eine Falle, wo seine Brüder und Gefährten schon warteten. Sie pressten dem König das Versprechen ab, wieder Fulks Freund zu sein. Der Schwur des Königs jedoch war nicht ehrlich gemeint. Sobald er frei war, schickte er Jakob aus der Normandie mit einer Armee aus, um Fulk gefangenzunehmen.

IN SIR JAMES' RÜSTUNG

Fulk war gewarnt und legte eine nächste Falle. Er nahm Jakob gefangen und tauschte Rüstung und Pferd mit dem seinen. Dann ritt er nach Windsor Castle und gab vor, Jakob zu sein. Den wirklichen Jakob übergab er dem König als den Gefangenen Fulk Fitzwarin. Der Trick gelang und Fulk konnte mit einem neuen Pferd, das König Johann ihm zur Verfügung stellte, davonreiten, bevor der König merkte, was gespielt wurde.

Es folgte ein zweiter großer Kampf im Wald, bei dem Fulk verletzt und sein Bruder Wilhelm gefangengenommen wurde.

Fulk konnte mit dem Grafen von Chester bis an die Küste entkommen und nach Spanien fliehen.

Bevor er nach England zurückkehrte, um seinen Bruder zu befreien, erlebte er weitere Abenteuer in Afrika. Noch einmal wurde der König auf der Jagd überfallen und schließlich dazu gebracht, Frieden zu schließen. Fulk war nicht mehr geächtet und erhielt sein Schloss und die Ländereien zurück.

ROBIN HOOD

Auch Robin Hood, eine andere Figur aus der Sagenwelt, lebte als Gesetzloser im Wald. Häufig wurde er als Plage von König Johann beschrieben. In den frühen Balladen ist er ein bescheidener kleiner Grundbesitzer. Vom 16. Jh. an, als seine Geschichten gedruckt erscheinen, wird er, wie Fulk Fitzwarin, als edler, enteigneter Ritter dargestellt. In einigen Versionen ist er auch ein Kreuzritter, der vom Dienst im Heiligen Land zurückkehrt, um zu entdecken, dass sich die korrupten Beamten König Johanns sein Land angeeignet haben.

▲ *Aus dem Wald heraus hatten Robin Hood und andere Gesetzlose Mächte und Kräfte, die mit der wilden Natur in Zusammenhang gebracht wurden.*

▼ *Zwei große Persönlichkeiten treffen aufeinander: Robin Hood und König Richard Löwenherz. Robin verliert an Bedrohlichkeit, als die Sage aus einem archaischen Räuber einen Anhänger des Kreuzzug-Königs macht.*

Wahrscheinlich gab es für Robin Hood nie eine historische Figur als Grundlage. Der Name erschien im 13. Jh. als allgemeine Bezeichnung für Gesetzlose oder Geächtete. Im darauffolgenden Jahrhundert werden die Heldentaten eines Gesetzlosen dieses Namens in beliebten Reimen geehrt. Tatsächlich basiert die Sage auf Heldentaten von Geächteten wie Hereward dem Wachsamen, Eustach dem Mönch und Fulk Fitzwarin, die wirklich gelebt haben.

Im 15. und 16. Jh. wurde Robin Hood in die Feiern zum Ersten Mai integriert. Die Menschen kleideten sich nach Charakteren aus den Balladen, was besonders am Hof von König Heinrich VIII. beliebt war. In den frühen Balladen sind die Geschichten in der Regierungszeit von Edward angesiedelt. Im 16. Jh. wurden die Ereignisse dann zurückverlegt in die 1190er, als König Johann die Existenz vieler Menschen in England zerstörte.

REGISTER